汽车底盘机械系统检修

主　编　尚晓梅　张利雯

副主编　程　嫣　张华鑫　宗明建
　　　　李　民　信云飞

主　审　王爱兵

北京理工大学出版社
BEIJING INSTITUTE OF TECHNOLOGY PRESS

内 容 简 介

本书通过对典型汽车底盘机械系统维修实例的分析，系统地讲解了汽车传动系统、行驶系统、转向系统和制动系统各部件的结构、工作原理、拆装、维护、检测与故障诊断的知识。

本书共分 4 个项目，分别是项目 1：汽车传动系结构与检修；项目 2：汽车转向系结构与检修；项目 3：汽车行驶系结构与检修；项目 4：汽车制动系结构与检修。

本书结合人才培养方案，每个项目前都有学习目标、学习要求，通过引例与情境背景展开知识点，以增强学生的学习兴趣，项目后有本项目内容的总结，并附有习题与思考题，以检验学生的知识掌握情况。

本书采用立体化教学，有配套的 PPT 和多媒体课件，包括大量的图片、表格和视频资料，使教师教学更加生动、具体，教学效果更好。

本书内容丰富具体、实用性强，既可作为高等院校汽车专业相关课程的教材，也可作为汽车培训班等相关课程的教材及各汽车维修技术人员的参考书。

版权专有　侵权必究

图书在版编目（CIP）数据

汽车底盘机械系统检修 / 尚晓梅，张利雯主编. —北京：北京理工大学出版社，2018.8
ISBN 978-7-5682-6257-6

Ⅰ. ①汽⋯　Ⅱ. ①尚⋯ ②张⋯　Ⅲ. ①汽车-底盘-机械系统-车辆检修-高等学校-教材　Ⅳ. ①U472.41

中国版本图书馆 CIP 数据核字（2018）第 200349 号

出版发行 / 北京理工大学出版社有限责任公司
社　　址 / 北京市海淀区中关村南大街 5 号
邮　　编 / 100081
电　　话 /（010）68914775（总编室）
　　　　　（010）82562903（教材售后服务热线）
　　　　　（010）68948351（其他图书服务热线）
网　　址 / http://www.bitpress.com.cn
经　　销 / 全国各地新华书店
印　　刷 / 涿州市新华印刷有限公司
开　　本 / 787 毫米×1092 毫米　1/16
印　　张 / 14.5
字　　数 / 341 千字
版　　次 / 2018 年 8 月第 1 版　2018 年 8 月第 1 次印刷
定　　价 / 58.00 元

责任编辑 / 多海鹏
文案编辑 / 多海鹏
责任校对 / 周瑞红
责任印制 / 李　洋

前　言

随着课题建设与教学改革的不断深化，同时为了适应任务驱动、项目导向的教学方式，结合教学模式的改革，编者根据多年的教学经验，特编写此书。

本书共有四个项目，分别是项目1：汽车传动系结构与检修；项目2：汽车转向系结构与检修；项目3：汽车行驶系结构与检修；项目4：汽车制动系结构与检修。每个项目中又详细讲解了各个部件的结构、工作原理、拆装、维护、检测与故障诊断的知识。

由于汽车底盘机械是汽车专业的核心课程，结合高等院校学生的学习能力，建议课时为100学时。

本书主要特点如下：

（1）任务驱动、项目导向式教学。

每个项目前都有学习目标、学习要求，通过引例与情境背景展开知识点，以增强学生的学习兴趣。

（2）过程考核融入教学。

在每个项目后附有习题与思考题，以检验学生的知识掌握情况。

（3）采用立体化教学。

有配套的PPT和多媒体课件，包括大量的图片、表格和视频资料，使教师教学更加生动、具体，教学效果更好。

（4）内容丰富具体、实用性强。

本节既可作为高等院校汽车专业相关课程的教材，也可作为汽车培训班等相关课程的教材及各汽车维修技术人员的参考书。

本书由尚晓梅、张利雯担任主编，王爱兵主审，信云飞、程嫣、宗明建、李民和张华鑫任副主编。其中，项目1.1和项目1.2由程嫣编写；项目1.3由尚晓梅编写；项目1.4由宗明建编写；项目2由李民编写；项目3由张利雯编写；项目4由张华鑫编写；信云飞参与了部分项目的编写。

由于编者水平有限，书中可能有不妥与疏漏之处，恳请读者批评指正。

编　者

目 录

项目1 汽车传动系结构与检修················1

1.1 离合器················2
1.1.1 离合器概述················2
1.1.2 离合器功用················2
1.1.3 对离合器的基本要求················2
1.1.4 离合器分类················3
1.1.5 膜片弹簧离合器的结构和工作原理················3
1.1.6 离合器操纵机构················4
1.1.7 离合器自由间隙和离合器踏板的自由行程················7
1.1.8 离合器拆装及检测················9

1.2 手动变速器················13
1.2.1 变速器功用················13
1.2.2 变速器的分类················14
1.2.3 普通齿轮传动的基本原理················14
1.2.4 手动变速器的变速传动机构················15
1.2.5 同步器················20
1.2.6 手动变速器的操纵机构················24
1.2.7 手动变速器就车检查················27
1.2.8 手动变速器大修················28

1.3 万向传动装置················65
1.3.1 万向传动装置的功用和组成················65
1.3.2 万向传动装置的应用················65
1.3.3 万向传动装置的结构与工作原理················67
1.3.4 万向传动装置的维护················70
1.3.5 万向传动装置的检修················71
1.3.6 万向传动装置的拆卸················72
1.3.7 万向传动装置的装配················72
1.3.8 万向传动装置的故障诊断与排除················73

1.4 驱动桥················75
1.4.1 驱动桥概述················75
1.4.2 主减速器················76
1.4.3 差速器················83

1.4.4　半轴和桥壳 90
　　1.4.5　驱动桥的常见故障与排除 93
　本项目小结 94
　习题 95

项目2　汽车转向系结构与检修 97
　2.1　机械转向系 98
　　2.1.1　基本组成 98
　　2.1.2　工作原理 98
　　2.1.3　转向系主要参数和转向理论 99
　2.2　转向操纵机构 100
　　2.2.1　功用 100
　　2.2.2　基本组成 100
　　2.2.3　安全式转向柱 100
　　2.2.4　可调节式转向柱 102
　2.3　转向器 104
　　2.3.1　功用 104
　　2.3.2　类型 104
　　2.3.3　转向器的传动效率 104
　　2.3.4　转向器结构、原理和检修 105
　2.4　转向传动机构 109
　　2.4.1　功用 109
　　2.4.2　基本组成 109
　2.5　转向传动机构检修 114
　2.6　机械转向系故障诊断 114
　2.7　液压动力转向系 117
　　2.7.1　动力转向系功用和分类 117
　　2.7.2　机械液压动力转向系基本结构和工作原理 117
　2.8　液压动力转向系主要部件 122
　　2.8.1　动力转向器 122
　　2.8.2　转向油泵 125
　2.9　液压动力转向系维护与故障诊断方法 125
　　2.9.1　液压动力转向系的检查与调整 126
　　2.9.2　液压动力转向系统的故障诊断与排除 126
　本项目小结 130

项目3　汽车行驶系结构与检修 131
　3.1　汽车行驶系概述 132
　　3.1.1　汽车行驶系的功用 132
　　3.1.2　汽车行驶系的组成 132
　　3.1.3　汽车行驶系的类型 132

  3.1.4 汽车行驶系的受力分析 ··· 133
 3.2 车架 ·· 133
  3.2.1 车架的功用 ··· 133
  3.2.2 车架的类型和构造 ··· 134
  3.2.3 车架的失效和检修 ··· 136
 3.3 车桥 ·· 138
  3.3.1 车桥的功用与类型 ··· 138
  3.3.2 车桥的结构、组成 ··· 138
  3.3.3 车轮定位 ·· 140
  3.3.4 车轮定位的检查和调整 ·· 145
  3.3.5 车桥的维护及故障诊断 ·· 147
 3.4 车轮与轮胎 ·· 149
  3.4.1 车轮 ·· 150
  3.4.2 轮胎 ·· 153
  3.4.3 轮胎的拆装、检查及故障诊断 ····································· 161
  3.4.4 车轮与轮胎的维护 ··· 164
  3.4.5 车轮动平衡试验 ·· 166
 3.5 普通悬架 ·· 168
  3.5.1 悬架的功用、组成与类型 ·· 168
  3.5.2 弹性元件 ·· 169
  3.5.3 减震器 ··· 173
  3.5.4 横向稳定器 ·· 175
  3.5.5 非独立悬架与独立悬架 ·· 176
  3.5.6 悬架系统的维护和故障诊断 ··· 183
 本项目小结 ··· 184
 习题 ··· 185

项目4 汽车制动系结构与检修 ··· 187

 4.1 汽车制动系概述 ·· 188
  4.1.1 制动系的功用 ·· 188
  4.1.2 制动系的基本组成 ··· 188
  4.1.3 制动系的分类 ·· 188
  4.1.4 制动系的工作原理 ··· 189
  4.1.5 汽车制动系的要求 ··· 190
 4.2 制动器 ·· 190
  4.2.1 鼓式制动器 ·· 190
  4.2.2 盘式制动器 ·· 195
 4.3 驻车制动器 ·· 197
  4.3.1 驻车制动器的功用 ··· 197
  4.3.2 驻车制动器的类型 ··· 197

  4.3.3 典型驻车制动器 ·············197
  4.3.4 上汽桑塔纳型轿车驻车制动器的检修 ·············198
  4.3.5 驻车制动器常见故障诊断与检修 ·············199
 4.4 制动传动装置 ·············200
  4.4.1 液压制动传动装置 ·············200
  4.4.2 液压制动装置的基本组成 ·············200
  4.4.3 液压制动传动装置的类型 ·············200
  4.4.4 液压式制动传动装置主要部件 ·············201
  4.4.5 真空液压制动传动装置 ·············205
  4.4.6 气压式制动传动装置 ·············207
 4.5 制动系统故障分析 ·············213
 本项目小结 ·············218
 习题 ·············219
参考文献 ·············222

项目 1　汽车传动系结构与检修

学习目标

学习本项目应掌握汽车传动系的类型、组成,传动系主要部件的结构、工作原理、检修与故障诊断;能正确使用离合器与手动变速器;熟悉离合器、手动变速器、万向传动装置和驱动桥等总成的拆装过程。

学习要求

能力目标	知识要点	权重
掌握汽车传动系的类型、组成	1. 传动系的类型; 2. 传动系的组成	10%
熟悉离合器的结构、工作原理,能够对离合器进行检修与故障诊断	1. 离合器的构造; 2. 离合器的工作原理; 3. 离合器的检修; 4. 离合器的故障诊断与排除	20%
熟悉手动变速器的结构、工作原理,能够对手动变速器进行检修与故障诊断	1. 手动变速器的构造; 2. 手动变速器的工作原理; 3. 手动变速器的检修; 4. 手动变速器的故障诊断与排除	20%
熟悉万向传动装置的结构、工作原理,能够对万向传动装置进行检修与故障诊断	1. 万向传动装置的构造; 2. 万向传动装置的工作原理; 3. 万向传动装置的检修; 4. 万向传动装置的故障诊断与排除	20%
熟悉驱动桥的结构、工作原理,能够对驱动桥进行检修与故障诊断	1. 驱动桥的构造; 2. 驱动桥的工作原理; 3. 驱动桥的检修; 4. 驱动桥的故障诊断与排除	20%
运用知识分析案例,知道离合器、手动变速器、万向传动装置和驱动桥的完整拆装、检测与故障诊断过程,以及过程都包括什么内容及其检测与诊断方法	1. 离合器、手动变速器、万向传动装置和驱动桥的拆装步骤与方法; 2. 离合器、手动变速器、万向传动装置和驱动桥的检测过程; 3. 离合器、手动变速器、万向传动装置和驱动桥的常见故障排除过程	10%

1.1 离 合 器

一台 2012 年 9 月出厂的大众桑塔纳 1.8L 轿车，配备 2P 五速手动变速器，在低速行驶时出现故障，表现为挂挡困难甚至无法挂挡，加速行驶时，发动机转速明显上升，但车速上升迟缓，伴有焦煳味。试分析故障原因。

1.1.1 离合器概述

离合器是一个可以分离和接合的总成。它安装在发动机和变速器之间的飞轮壳内，用螺钉将离合器总成固定在飞轮的后平面上，如图 1.1 所示，通过接合时产生的摩擦力来传递发动机的动力。

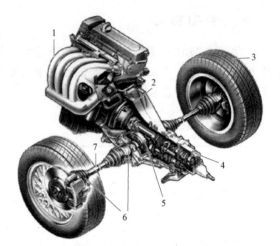

图 1.1　桑塔纳轿车离合器的安装位置
1—发动机；2—离合器；3—前轮；4—变速器；
5—主减速器和差速器；6—万向节；7—半轴

1.1.2 离合器功用

1. 传递动力

当离合器接合时，通过离合器的压紧装置把从动元件和主动元件紧压在一起成为一个整体，达到从动元件与主动元件的转速一致，这样就实现了动力的传递。

2. 切断动力

当离合器分离时，通过分离机构，使从动元件和主动元件分离，导致发动机的动力不能由主动元件传给从动元件，动力终止传递，切断了发动机的动力输出。

3. 平稳起步

当离合器由分离状态慢慢过渡到接合状态时，汽车平顺地从静止到运动，实现平稳起步。

4. 便于换挡

当需要变换挡位时，可以短暂切断发动机动力的输出，让变速器处于自由状态，这样可以轻易顺畅地变换挡位。

5. 防止过载

当离合器载荷超过其可承受的最大载荷时，离合器会出现打滑现象，从而防止传动系过载，起到保护作用。

1.1.3 对离合器的基本要求

（1）合适的储备能力。既能保证传递给发动机最大转矩，又能防止传动系过载。

（2）分离彻底，接合平顺。

（3）从动部分转动惯量尽量小，以减少换挡齿轮所受到的冲击力。

（4）散热能力强。由于离合器接合过程中主、从动部分相对滑动，会产生大量的热量，如不及时散出，会严重影响其使用寿命和工作可靠性。

（5）操作轻便，减轻驾驶人的劳动强度。常用液压助力离合器。

1.1.4 离合器分类

1. 按从动盘片数分

可分为单片离合器、双片离合器、多片离合器。从动盘片数越多，可传递的发动机转矩越大。

2. 按是否浸在油中工作分

可分为干式离合器和湿式离合器。

3. 按工作原理分

可分为摩擦离合器（摩擦传动）、液力偶合器（液体传动）和电磁离合器（电磁力传动）。

4. 按压紧弹簧形式与布置形式分

可分为周布螺旋弹簧离合器、中央弹簧离合器和膜片弹簧离合器。

膜片弹簧离合器是目前被广泛使用的一种结构先进的离合器，本项目主要介绍此类离合器。

1.1.5 膜片弹簧离合器的结构和工作原理

1. 膜片弹簧离合器的结构

膜片弹簧离合器由主动部分、从动部分、压紧装置、分离机构和操纵机构五部分组成，如图1.2所示。

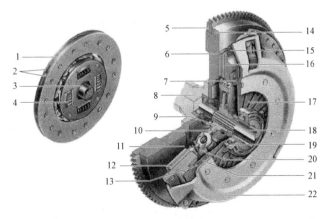

图1.2 膜片弹簧离合器的结构

1—波形片；2，6—摩擦片；3，9—花键轴套；4，11—减振弹簧；5—飞轮齿圈；7—限位铆钉；8—曲轴；10—阻尼片；12—离合器从动盘；13—支承环；14—飞轮；15—传动钢带；16—压盘；17—碟形弹簧；18—变速器输入轴；19—离合器分离轴承；20—从动盘盖板；21—离合器膜片弹簧；22—离合器盖

发动机飞轮和离合器压盘及盖总成都是主动件；带有摩擦片的从动盘组件是从动件，它的花键毂与变速器的输入轴（第一轴）相连；压紧装置由压紧弹簧、压盘、传动片等组成；分离机构由分离杠杆、支承销（环）、分离钩、分离叉、分离套筒等组成；操纵机构由

— 3 —

离合器踏板、杠杆（或钢索）、分离叉拉臂等组成。

2. 膜片弹簧离合器的工作原理

当离合器在自由状态下时，膜片弹簧装合在离合器总成里已经有了一定的变形量，也会产生一定的弹力，把压盘弹开，致使压盘与离合器盖具有较大的空隙和距离，即压盘后移行程。如图1.3（a）所示。

当离合器总成安装在飞轮上时，由于离合器盖与飞轮应完全接合，这样导致压盘往后移动，即向离合器盖方向移动，致使膜片弹簧反方向变形，变形的弹簧对压盘产生一个反作用力，也就是这个力使压盘压紧从动盘。离合器就是在这样压紧的状态下传递动力的。如图1.3（b）所示。

当离合器分离时，分离轴承压向分离杠杆，分离杠杆向内移动，由于离合器盖上的定位钉起到分离杠杆支点的作用，所以分离杠杆的另一端（即与压盘分离钩相接的一端）发生相反方向的移动。由于连接了压盘的分离钩，所以把压盘也往反方向翘起，直至压盘与从动盘不再接触，离合器分离。如图1.3（c）所示。

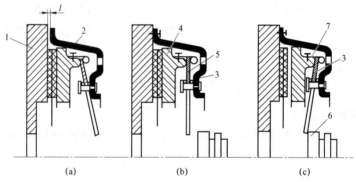

图1.3　膜片弹簧离合器的工作过程
（a）安装前位置；（b）接合位置；（c）分离位置
1—离合器盖；2—压盘；3—分离杠杆以及膜片弹簧；4—分离钩；5—分离轴承

3. 膜片弹簧离合器的特点及应用

膜片弹簧离合器结构简单、轴向尺寸小、压紧力均匀、压盘受力均匀及其弹性特性具有良好的非线性的特点，使操纵轻便、压紧力可以自动调节，高速时压紧力稳定，分离杠杆无须调整，越来越广泛地应用于轿车和轻、中型汽车，甚至某些重型汽车上。

1.1.6　离合器操纵机构

操纵机构是驾驶者使离合器分离和接合的一套装置，有机械式、液压式，也有一些车辆采用了以这两种为基础的气压式或弹簧式助力操纵机构。

1. 机械式操纵机构

机械式操纵机构又分杠杆式和钢索式两种。

杠杆式传动的优点是结构简单、工作可靠。但它的质量及摩擦都较大，传动效率低，操纵比较费力。

钢索式传动结构简单、质量轻，很适合于远距离操纵，安装维修也容易，踏板能采用吊挂式布置，这样可不用在驾驶室地板上开大孔，便于驾驶室的密封和改善驾驶人的工作条件。

1) 机械杠杆式操纵机构

机械杠杆式操纵机构如图 1.4 所示，它主要由离合器踏板及踏板臂、复位弹簧、拉杆、摇臂等组成。当需要离合器分离时，驾驶者踏下离合器踏板，带动摇臂以转轴为中心摆动，通过转轴（套），使离合器分离拨叉轴转动，拨叉带动分离轴承（套筒）向前移动，通过分离杠杆，最终实现离合器的分离。当放松离合器踏板后，各元件分别在踏板复位弹簧和分离杠杆或分离轴承复位弹簧力的作用下复位，离合器实现接合状态。

机械杠杆式操纵机构具有结构简单、工作可靠等优点，东风 EQ1090E 型汽车即为此种结构。但传动杠杆和铰接部位较多、磨损大，车架或车身变形以及发动机移位时都会影响离合器操纵机构的正常工作。

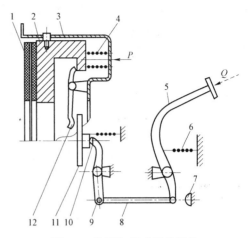

图 1.4 机械杠杆式操纵机构

1—从动盘；2—压盘；3—离合器盖；4—压紧弹簧；
5—踏板及踏板臂；6—复位弹簧；7—限位块；8—拉杆；
9—摇臂；10—分离叉；11—分离轴承；12—分离杠杆

2) 钢索式操纵机构

如图 1.5 所示，机械钢索式操纵机构主要由离合器踏板、钢索、钢索胶套、钢索胶套固定架和操纵臂等组成。

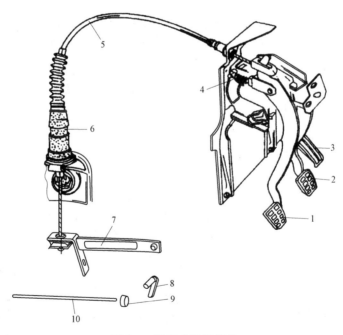

图 1.5 钢索式操纵机构

1—离合器踏板；2—制动踏板；3—加速踏板；4—助力弹簧；5—钢索总成；6—钢索自动调整装置；
7—操纵臂；8—分离臂；9—分离轴承；10—离合器分离推杆

其工作原理与杠杆式相似，只是用钢索代替摆臂、杠杆。当踏下离合器踏板时，钢索被拉动，钢索带动操纵臂，拉动分离推杆，实现分离操纵。它能消除杠杆式操纵机构的一些缺点，并能采用便于驾驶人操纵的吊挂式踏板。但钢索的寿命较短，容易拉伸，所以一般用于轿车或微型车，如早期的桑塔纳、捷达等车型。

2. 液压式操纵机构

离合器液压式操纵机构由工作缸、储液罐、主缸、油管、离合器踏板、分离拨叉等组成，如图1.6所示。它主要是通过液压油作介质，传送压力。首先由驾驶者操纵踏板，带动主缸推杆，驱动主缸的活塞移动，活塞连皮碗一起密封缸筒内的液压油，对液压油施加压力，由于油有不可压缩的特性，所以液压油只能顺着油管被压送到工作缸内。工作缸也有活塞和密封的皮碗，液压油就推动工作缸活塞移动，活塞推动推杆以及分离叉，实现离合器的分离或接合。

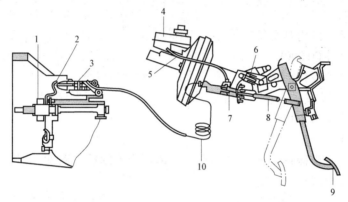

图1.6 桑塔纳2000GSi型轿车离合器液压式操纵机构

1—分离轴承；2—分离拨叉；3—工作缸；4—储液罐；5—低压油管；6—助力弹簧；
7—主缸；8—推杆；9—离合器踏板；10—高压油管

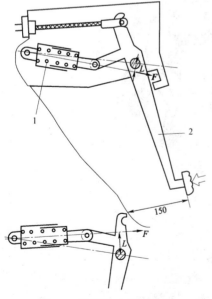

图1.7 弹簧助力操纵机构

1—助力弹簧；2—离合器踏板

3. 弹簧助力操纵机构

为了尽可能减小作用于离合器踏板上的力，减轻驾驶员的劳动强度，离合器操纵机构中常采用各种助力装置。目前常见的助力装置可分为弹簧助力式和气压助力式两种。气压助力式操纵机构一般是利用发动机带动的空气压缩机作为主要的操纵能源或与气压制动系统共用一个空气源，结构较为复杂，应用范围很窄，本书不做介绍。

图1.7所示为弹簧助力操纵机构的示意图。当离合器踏板完全放松时，离合器接合，此时助力弹簧轴线位于踏板转轴下方。踩下离合器踏板，踏板绕自身转轴顺时针转动，压缩助力弹簧，此时助力弹簧实际起到阻碍的作用，即助力弹簧的伸张力产生一个阻碍踏板转动的逆时针力矩 $F \cdot L$，但这个力矩是比较小的。当踏板转动到助力弹簧的轴线与踏板转轴处于一条直线上时，该阻碍力矩为零。随着踏板的进一步踩

下，助力弹簧轴线位于踏板转轴上方，此时助力弹簧的伸张力产生一个有助于踏板转动的顺时针力矩 $F·L$。踏板的后段行程是最需要助力作用的，因而这种弹簧助力式操纵机构可以有效地减轻驾驶员的疲劳强度。前述的桑塔纳 2000GSi 型轿车离合器即采用这种带弹簧助力的操纵机构。

1.1.7 离合器自由间隙和离合器踏板的自由行程

1. 离合器自由间隙

当从动盘摩擦片因磨损而变薄时，压盘向飞轮靠近，分离杠杆内端向分离轴承靠近。如果分离杠杆与分离轴承间没有间隙，则分离杠杆内端将不能后移，相应地也就限制了离合器压盘前移，从而使压盘不能有效地压紧从动盘，造成离合器打滑、传递转矩下降，所以分离杠杆内端与分离轴承间要有适当的间隙，此间隙即为离合器的自由间隙。其定义为：当离合器处于接合状态时，分离杠杆内端和分离轴承之间的预留间隙，称为离合器的自由间隙。

2. 离合器踏板的自由行程

消除离合器自由间隙及分离机构、操纵机构等零件的弹性变形所需的离合器踏板行程，称为离合器踏板的自由行程，如图 1.8 所示。桑塔纳轿车的离合器踏板自由行程为 15～25 mm，东风货车为 30～40 mm。

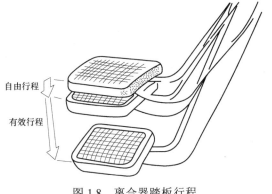

图 1.8 离合器踏板行程

3. 项目实施

1）离合器踏板调整

准备工作如下：

（1）设备。

2011 丰田卡罗拉 ZRE151/152/153。

（2）工具与量具。

车轮止动楔、直尺、组合工具箱、扭力扳手。

（3）耗材、工单及其他。

工单、手套、维修手册等。

（4）工作过程。

以 2011 丰田卡罗拉 ZRE151/152/153 系列手动传动桥（C50、C66）配备的离合器为例，说明离合器踏板的调整过程。

翻起地毯，如图 1.9 所示，检查并确认踏板高度正确，踏板距离地板高度为 143.6～153.6 mm，松开锁紧螺母并转动限位螺栓直至获得正确高度后拧紧锁紧螺母，扭矩为 16 N·m。

2）检查离合器踏板自由行程和推杆行程

（1）如图 1.10 所示，检查并确认踏板自由行程和推杆行程正确。

① 踩下踏板直到开始感觉到离合器阻力。踏板自由行程：5.0～15.0 mm。

② 轻轻踩下踏板直到阻力开始略微增加。踏板顶端处的推杆行程：1.0～5.0 mm。

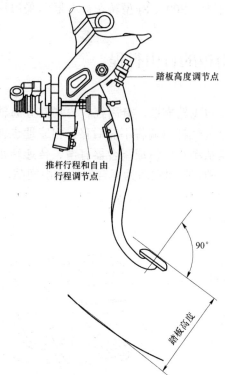

图 1.9　检查并调节离合器踏板高度　　图 1.10　检查踏板自由行程和推杆行程

（2）如有必要，调节踏板自由行程和推杆行程。

① 松开锁紧螺母并转动推杆，直至获得正确的自由行程和推杆行程。

② 拧紧锁紧螺母。扭矩：12 N·m。

③ 调节好踏板自由行程后，检查踏板高度。

3）检查离合器分离点

（1）拉紧驻车制动杠杆并安装车轮止动楔。

（2）起动发动机并使其怠速运转。

（3）未踩下离合器踏板时，缓慢移动换挡杆至倒挡直至齿轮接触。

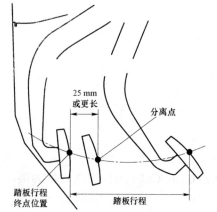

图 1.11　检查离合器分离点

（4）如图 1.11 所示，逐渐踩下离合器踏板，并测量从齿轮噪声停止点（分离点）到踏板行程终点位置的行程距离。标准距离：25 mm 或更长（自踏板行程终点位置至分离点）。

（5）如果此距离不符合规定，则执行以下程序：检查踏板高度；检查推杆行程和踏板自由行程；对离合器管路进行放气；检查离合器盖和离合器盘。

1.1.8 离合器拆装及检测

1. 准备工作

1）设备

2011 丰田卡罗拉 ZRE151/152/153 系列车型手动传动桥总成、工作台。

2）工具与量具

组合工具箱、扭力扳手、百分表、游标卡尺、专用工具。

3）耗材、工单及其他

工单、记号笔、手套、清洁用棉布、专用润滑脂、维修手册等。

4）工作过程

以 2011 丰田卡罗拉 ZRE151/152/153 系列手动传动桥（C50、C66）配备的离合器为例，说明离合器拆装及检测过程。

2. 拆卸

1）拆卸离合器分离叉分总成

如图 1.12 所示，从手动传动桥上拆下带离合器分离轴承的离合器分离叉。

2）拆卸离合器分离叉防尘套

如图 1.13 所示，从手动传动桥上拆下离合器分离叉防尘套。

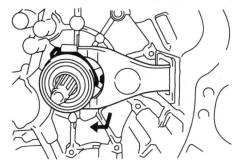 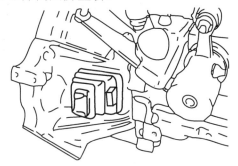

图 1.12　拆卸离合器分离叉　　　　图 1.13　拆卸分离叉防尘套

3）拆卸离合器分离轴承总成

如图 1.14 所示，从离合器分离叉上拆下分离轴承和卡子。

4）拆卸分离叉支撑件

如图 1.15 所示，从手动传动桥上拆下分离叉支撑件。

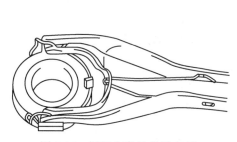 

图 1.14　拆卸分离轴承和卡子　　　　图 1.15　拆卸分离叉支撑件

5)拆卸离合器盖总成

(1)如图1.16所示,在离合器盖总成和飞轮分总成上做装配标记。

(2)每次将各固定螺栓拧松一圈,直至弹簧张力被完全释放。

(3)拆下固定螺栓并拉下离合器盖。

注意:不要掉落离合器盘。

6)拆卸离合器盘总成

注意:使离合器盘总成衬片部分、压盘与飞轮分总成表面远离油污和异物。

3. 检测

1)检查离合器盘总成

(1)如图1.17所示,用游标卡尺测量铆钉头深度。最小铆钉头深度:0.3 mm。

如有必要,更换离合器盘总成。

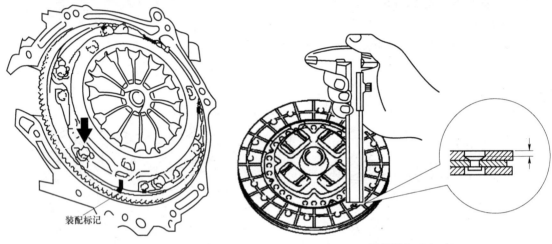

图1.16 固定螺栓及装配标记　　图1.17 测量铆钉头深度

(2)将离合器盘总成安装至传动桥总成。

注意:按正确方向插入离合器盘总成。

(3)如图1.18所示,用百分表测量离合器盘总成的轴向跳动并确定安装方向。最大轴向跳动:0.8 mm。

如有必要,更换离合器盘总成。

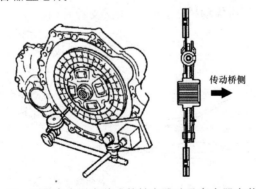

图1.18 测量离合器盘总成的轴向跳动及离合器安装方向

2）检查离合器盖总成

如图 1.19 所示，用游标卡尺测量膜片弹簧磨损的深度和宽度，其最大值见表 1.1。如有必要，更换离合器盖总成。

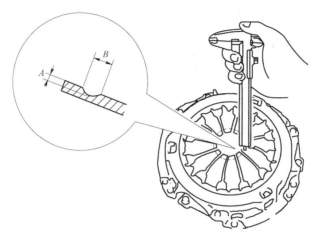

图 1.19　测量膜片弹簧磨损的深度和宽度

表 1.1　膜片弹簧磨损的深度和宽度最大值　　　　　　　　　　　　　　　mm

A（深度）	B（宽度）
0.5	6.0

3）检查飞轮分总成

如图 1.20 所示，用百分表测量飞轮分总成轴向跳动。最大轴向跳动：0.1 mm。如有必要，更换飞轮分总成。

4）检查离合器分离轴承总成

（1）如图 1.21 所示，在轴向施力时，旋转离合器分离轴承总成的滑动部件（与离合器盖的接触面），检查并确认离合器分离轴承总成移动平稳且无异常阻力。

（2）检查离合器分离轴承总成是否损坏或磨损。如有必要，更换分离轴承总成。

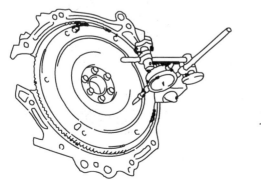

图 1.20　测量飞轮分总成轴向跳动

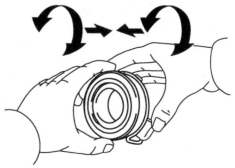

图 1.21　检查离合器分离轴承总成

5. 安装

1）安装离合器盘总成

如图1.22所示，将SST（SST 09301-00110）工具插入离合器盘总成，然后将它们一起插入飞轮分总成。

注意：按正确方向插入离合器盘总成。

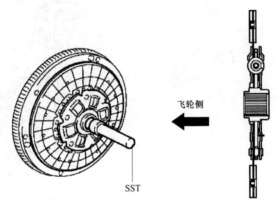

图1.22 安装离合器盘总成

2）安装离合器盖总成

（1）将离合器盖总成上的装配标记和飞轮分总成上的装配标记对准。

（2）按照如图1.23所示的步骤，从位于顶部锁销附近的螺栓开始，按顺序拧紧6个螺栓。扭矩：19 N·m。

提示：

（1）按照如图1.23所示的顺序，每次均匀拧紧一个螺栓。

（2）检查并确认盘位于中心位置后，上下左右轻微地移动SST（SST 09301-00110），然后拧紧螺栓。

3）检查并调节离合器盖总成

如图1.24所示，用带滚子仪的百分表检查膜片弹簧顶端高度偏差。最大偏差：0.9 mm。

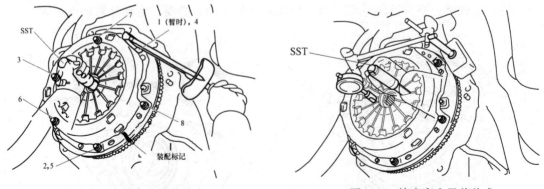

图1.23 安装离合器盖总成　　　　图1.24 检查离合器盖总成

如果偏差不符合规定，如图1.25所示，用SST（SST 09333-00013）工具调节膜片弹簧顶端高度偏差。

74）安装分离叉支撑件

将分离叉支撑件安装至传动桥总成。

5）安装离合器分离叉防尘套

将离合器分离叉防尘套安装至手动传动桥。

6）安装离合器分离叉分总成

（1）如图 1.26 所示，在分离叉和分离轴承总成、分离叉和推杆、分离叉和叉支撑件间的接触面上涂抹分离毂润滑脂。润滑脂：丰田原厂分离毂润滑脂或同等产品。

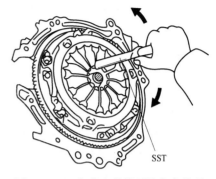

图 1.25　调节膜片弹簧顶端高度偏差

（2）用卡子将分离叉安装至分离轴承总成。

7）安装离合器分离轴承总成

（1）在输入轴花键上涂抹离合器花键润滑脂。润滑脂：丰田原厂离合器花键润滑脂或同等产品。

注意： 不要在图 1.27 所示的 A 部位涂抹润滑脂。

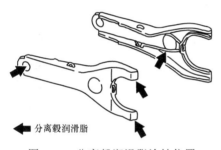 

图 1.26　分离毂润滑脂涂抹位置　　　　图 1.27　离合器花键润滑脂涂抹位置

（2）将带分离叉的离合器分离轴承安装至传动桥总成。

注意： 安装完毕后，前后移动分离叉以检查分离轴承是否滑动平稳。

1.2　手动变速器

一辆宝来 1.6L 轿车，配备 5 挡手动变速器，行驶 7 600 km，行驶中常会出现 3 挡挂不进的现象。试分析故障原因。

1.2.1　变速器功用

由于汽车上广泛采用活塞式发动机，其转矩和转速变化范围较小，而汽车实际行驶的道路条件非常复杂，要求汽车的牵引力和行驶速度必须在相当大的范围内变化。另外活塞式发动机的旋转方向是一定的，而汽车在实际行驶过程中常常需要倒向行驶，为此在汽车传动系中设置了变速器。其功用如下：

1. 改变传动比

通过改变传动比，扩大发动机转矩和转速的变化范围，以适应汽车不同行驶条件的需要。

2. 实现倒车

发动机的旋转方向从前向后看为顺时针方向，不能改变，为了实现汽车的倒向行驶，在变速器中设置了倒挡。

3. 实现中断动力传动

在发动机起动和怠速运转、变速器换挡、汽车滑行和暂时停车等情况下，都需要中断发动机的动力传动，因此变速器中设有空挡。

1.2.2 变速器的分类

现代汽车上所采用的变速器有多种结构形式，分类的方法也有很多。目前，汽车上常用的变速器按操纵方式可分为手动变速器和自动变速器两种。

手动变速器是通过各种大小不同的齿轮组合，获得不同的传动比，其传动比的变化不是连续的，而是分级变速。驾驶员通过操纵变速杆直接操纵变速器换挡机构，选择不同挡位的传动齿轮进行变速。

自动变速器一般由液力变矩器与行星齿轮式有级变速器组成。液力变矩器在一定的范围内可以使输入轴与输出轴之间的传动比连续变化，实现无级变速；而行星齿轮式有级变速器的自动控制系统能根据发动机的负荷和车速的变化自动选定挡位变换，即自动地改变传动比。驾驶员只需操纵加速踏板来控制车速。

1.2.3 普通齿轮传动的基本原理

普通齿轮变速器是利用不同齿数的齿轮啮合传动来实现转矩和转速的改变的。

齿轮传动的基本原理如图 1.28 所示，一对齿数不同的齿轮啮合传动时可以实现变速，两齿轮的转速比与其齿数成反比。设主动齿轮转速为 n_1、齿数为 z_1，从动齿轮转速为 n_2、齿数为 z_2。主动齿轮（即输入轴）转速与从动齿轮（即输出轴）转速之比称为传动比，用字母 i_{12} 表示，即由 1 传到 2 的传动比 $i_{12} = n_1/n_2 = z_2/z_1$。

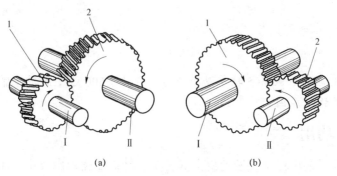

图 1.28 齿轮传动的基本原理

Ⅰ—输入轴；Ⅱ—输出轴；1—主动齿轮；2—从动齿轮

当小齿轮为主动齿轮，带动大齿轮转动时，输出转速降低，即 $n_2<n_1$，称为减速传动，此时传动比 $i>1$，如图 1.28（a）所示；当大齿轮驱动小齿轮时，输出转速升高，即 $n_2>n_1$，称为增速传动，此时传动比 $i<1$，如图 1.28（b）所示。这就是齿轮传动的变速原理。汽车变速器就是根据这一原理，利用若干大小不同的齿轮副传动而实现变速的。

另外，多级齿轮传动的传动比 i = 所有从动齿轮齿数的乘积/所有主动齿轮齿数的乘积 = 各级齿轮传动比的乘积。

对于变速器，各挡的传动比 i 就是变速器输入轴转速与输出轴转速之比，也等于输出扭矩与输入扭矩之比，即 $i = n_{输入}/n_{输出} = T_{输出}/T_{输入}$。

当 $i>1$ 时，$n_{输出}<n_{输入}$，且 $T_{输出}>T_{输入}$，此时实现降速增矩，是变速器的低挡位，且 i 越大，挡位越低；

当 $i=1$ 时，$n_{输出}=n_{输入}$，$T_{输出}=T_{输入}$，此时转速与扭矩均不变，为变速器的直接挡；

当 $i<1$ 时，$n_{输出}>n_{输入}$，$T_{输出}<T_{输入}$，此时实现升速降矩，为变速器的超速挡。

丰田 C66 六挡手动变速器各挡的传动比见表 1.2，其一至三挡为降速挡，四至六挡为超速挡。

表 1.2　丰田 C66 手动变速器传动比

挡　位	传　动　比
一挡	3.166
二挡	1.904
三挡	1.310
四挡	0.969
五挡	0.815
六挡	0.725
倒挡	3.250

1.2.4　手动变速器的变速传动机构

手动变速器包括变速传动机构和操纵机构两大部分。变速传动机构的主要作用是改变转矩的大小和方向，操纵机构的作用是实现换挡。

变速传动机构是变速器的主体，主要由一系列相互啮合的齿轮副及其支承轴以及壳体组成，其主要作用是改变发动机曲轴输出的转速、转矩和转动方向。下面分别介绍三轴式与二轴式变速器的结构和工作原理。

1. 二轴式变速器的变速传动机构

在发动机前置前轮驱动或发动机后置后轮驱动的重、轻型轿车上常常采用两轴式变速器，其特点是输入轴和输出轴平行，且无中间轴。

1）基本结构

图 1.29 所示为桑塔纳 2000 系列轿车二轴五挡变速器的机构简图。

当驾驶者挂上某一挡位时，动力由输入轴传入变速器，通过相啮合的齿轮副将动力由输出轴传至主减速器,在变速器中实现了变速、变矩的作用。变速器设置有超速挡(传动比小于1),主要用于在良好路面或空车行驶时,提高汽车的燃料经济性。

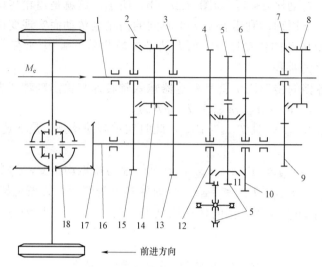

图 1.29 桑塔纳 2000 系列轿车二轴五挡变速器的机构简图

1—输入轴;2—第一轴四挡齿轮;3—第一轴三挡齿轮;4—第一轴二挡齿轮;5—倒挡齿轮组;6—第一轴一挡齿轮;7—第一轴五挡齿轮;8—五挡同步器;9—第二轴五挡齿轮;10—第二轴一挡齿轮;11—一、二挡同步器;12—第二轴二挡齿轮;13—第二轴三挡齿轮;14—三、四挡同步器;15—第二轴四挡齿轮;16—输出轴;17—主减速器主动锥齿轮;18—主减速器差速器

第一轴也叫输入轴或主动轴,第一轴前端用轴承支承在曲轴中心孔内,前端与离合从动盘通过花键连接,中段及后段三处通过轴承支承在变速器壳体上。第一轴上共有六个齿轮、两个同步器,其中三、四、五挡齿轮(见图中序号 3、2、7)分别用滚针轴承空套在第一轴上,三、四挡中间有一个同步器 14,五挡有一个同步器 8,它们通过花键毂与轴连接,花键毂内、外都有花键,内花键与轴固定连接,用卡环轴向定位,外花键与接合套内花键啮合,接合套在拨叉作用下可沿花键毂轴向移动,与啮合齿轮上的接合齿圈啮合。一、二、倒挡齿轮(见图中序号 6、4、5)与第一轴固定。第二轴 16 也叫输出轴或从动轴,其前后端两处通过轴承安装在壳体上。第二轴上有七个齿轮、一个同步器,其中,六个圆柱齿轮与第一轴齿轮对应,一个锥齿轮作为主减速器的主动齿轮。三、四、五挡从动齿轮(见图中序号 13、15、9)与第二轴固定,一、二挡从动齿轮(见图中序号 10、12)用滚针轴承空套在第二轴上,同步器 11 位于一、二挡从动齿轮中间,第二轴上倒挡齿轮 5 与同步器接合套连成一体。

在第二轴中部一侧,还装有一根较短的倒挡轴,它是固定式轴,倒挡齿轮 5 空套在倒挡轴上,它可在倒挡拨叉的作用下左右移动。

2) 动力传递路线及传动比

该变速器有 5 个前进挡位和 1 个倒挡位。操纵变速杆,通过接合套的移动即可实现不同传动机构的动力传递。

(1) 当挂一挡时,同步器 11 的接合套右移,动力传递路线如下:

第一轴 1→第一轴一挡齿轮 6→第二轴一挡齿轮 10→同步器 11 的接合套→同步器 11

的花键毂→第二轴输出,传动比为

$$i_1 = z_{10}/z_6 = 38/11 = 3.455$$

(2)当挂二挡时,同步器 11 的接合套左移,动力传递路线如下:

第一轴 1→第一轴二挡齿轮 4→第二轴二挡齿轮 12→同步器 11 的接合套→同步器 11 的花键毂→第二轴输出,传动比为

$$i_2 = z_{12}/z_4 = 35/18 = 1.944$$

(3)当挂三挡时,同步器接合套 14 右移,动力传递路线如下:

第一轴 1→同步器 14 的花键毂→同步器 14 的接合套→第一轴三挡齿轮 3→第二轴三挡齿轮 13→第二轴输出,传动比为

$$i_3 = z_{13}/z_3 = 36/28 = 1.286$$

(4)当挂四挡时,同步器接合套 14 左移,动力传递路线如下:

第一轴 1→同步器 14 的花键锻→同步器 14 的接合套→第一轴四挡齿轮 2→第二轴三挡齿轮 15→第二轴输出,传动比为

$$i_4 = z_{15}/z_2 = 31/32 = 0.969$$

(5)当挂五挡时,同步器接合套 8 左移,动力传递路线如下:

第一轴 1→同步器 8 的花键毂→同步器 8 的接合套→第一轴五挡齿轮 7→第二轴五挡齿轮 9→第二轴输出,传动比为

$$i_5 = z_9/z_7 = 28/35 = 0.800$$

(6)当挂倒挡时,通过拨叉拨动倒挡轴上的惰轮,使其同时与第一轴与第二轴上的倒挡齿轮啮合,其动力传递路线如下:

第一轴 1→第一轴倒挡齿轮→倒挡轴惰轮→第二轴倒挡齿轮→一、二挡同步器 11 的接合套→一、二挡同步器 11 的花键毂第二轴输出,传动比为

$$i_R = z_{R(2)}/z_{R(1)} = 38/12 = 3.176$$

式中,$z_{R(1)}$——一轴倒挡齿轮的齿数;

$z_{R(2)}$——二轴倒挡齿轮的齿数。

由于倒挡位的齿轮传递中多一个中间惰轮,因此,第二轴的旋转方向与前进位时相反。

3)挡位分析

当传动比 $i>1$ 时,为减速挡,且 i 越大,挡位越低;当传动比 $i=1$ 时,为直接挡;当传动比 $i<1$ 时,为超速挡。

可以看出,桑塔纳 2000 系列轿车手动变速器一、二、三挡为减速传动,四、五两挡为增速传动,即超速挡。

2. 三轴式变速器的变速传动机构

三轴式变速器除有第一轴、第二轴外,还增设了中间轴。其特点是空间布置比较灵活,传动比的范围大,可设有直接挡传动。

1)基本结构

图 1.30 所示为东风 EQ1092 型汽车变速器,它通过螺栓固定在飞轮后端面上。变速器第一轴 1(输入轴)前后端用轴承分别支承在曲轴后端的中心孔及变速器壳体的前壁,其前部花键部分装离合器的从动盘,后部有齿轮 2,其后端有一接合齿圈 3,用作挂直接挡。

第一轴轴承盖26的外圆面与离合器壳相应的孔配合，保证第一轴和曲轴的轴线重合。中间轴15两端用轴承支承在壳体上。与第一轴齿轮常啮合的中间轴常啮合齿轮23和二、三、四挡齿轮（见图中20、21、22）用半圆键安装在中间轴上，一、倒挡齿轮18与中间轴制成一体。第二轴14（输出轴）前、后端分别用轴承支承于第一轴后端中心孔内和壳体上。一、倒挡直齿滑动齿轮12与第二轴以花键形式配合传力，可轴向滑动。二、三、四挡齿轮（见图11、7、6）分别以滚针轴承形式与轴配合，并分别与中间轴齿轮20、21、22常啮合，其侧面均有接合齿圈。

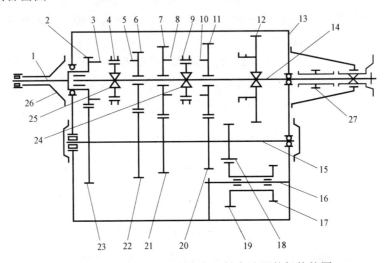

图1.30　东风EQ1092型汽车三轴变速器的机构简图

1—第一轴；2—第一轴常啮合齿轮；3—第一轴常啮合齿轮接合齿圈；4，9—接合套；5—四挡齿轮接合齿圈；6—第二轴四挡齿轮；7—第二轴三挡齿轮；8—三挡齿轮接合齿圈；10—二挡齿轮接合齿圈；11—第二轴二挡齿轮；12—第二轴一、倒挡直齿滑动齿轮；13—变速器壳体；14—第二轴；15—中间轴；16—倒挡轴；17，19—倒挡中间齿轮；18—中间轴一、倒挡齿轮；20—中间轴二挡齿轮；21—中间轴三挡齿轮；22—中间轴四挡齿轮；23—中间轴常啮合齿轮；24，25—花键毂；26—第一轴轴承盖；27—回油螺纹

　　第二轴前端花键上套装四、五挡花键毂25，用卡环轴向定位，接合套4在花键毂25上轴向滑动实现挡位转换。花键毂24和接合套9实现二、三挡动力传递。在二、四挡齿轮后面分别装有承受轴向力的推力环。后轴承盖内装有里程表驱动螺旋齿轮，轴后端花键上装有凸缘，将动力传递给万向传动装置。倒挡轴固定在壳体上，倒挡齿轮17、19制成一体，以滚针轴承的形式套在倒挡轴上，齿轮19与中间轴齿轮18常啮合。

　　当第一轴旋转时，通过齿轮2带动中间轴及其上的齿轮旋转，其从动齿轮6、7、11随第一轴的旋转而在第二轴上空转，因此，第二轴不能被驱动。固定在第二轴上的各个花键毂的外圆表面上均制有与其相邻的接合齿圈齿形完全相同的外花键，分别与相应的具有内花键的各个接合套相接合，接合套可沿花键毂轴向滑动。在该变速器中，除一挡、倒挡外，各挡均采用同步器换挡。同步器是一种加装了一套同步装置的接合套换挡机构。同步装置的作用是使变速器在汽车行进中换挡时不发生接合齿的冲击，其结构和工作原理将在下一节中阐述。

　　2）动力传递路线及传动比

　　东风EQ1092型汽车变速器有5个前进挡位和1个倒挡位。

（1）挂一挡时，使第二轴上的一挡从动齿轮 12 左移，动力传递路线为：第一轴 1→第一轴常啮合传动齿轮 2→中间轴常啮合传动齿轮 23→中间轴 15→中间轴一挡、倒挡主动齿轮 18→第二轴一挡、倒挡从动齿轮 12→第二轴 14 输出，传动比为

$$i_1 = \frac{z_{23}}{z_2} \times \frac{z_{12}}{z_{18}} = \frac{42}{19} \times \frac{43}{13} = 7.31$$

（2）挂二挡时，使第二轴上的接合套 9 右移与接合齿圈 10 接合，动力传递路线如下：第一轴 1→第一轴常啮合传动齿轮 2→中间轴常啮合传动齿轮 23→中间轴 15→中间轴二挡主动齿轮 20→第二轴二挡从动齿轮 11→接合套 9→花键毂 24→第二轴 14 输出，传动比为

$$i_2 = \frac{z_{23}}{z_2} \times \frac{z_{11}}{z_{20}} = \frac{42}{19} \times \frac{39}{20} = 4.31$$

（3）挂三挡时，使第二轴上的接合套 9 左移与接合齿圈 8 接合，动力传递路线如下：第一轴 1→第一轴常啮合传动齿轮 2→中间轴常啮合传动齿轮 23→中间轴 15→中间轴三挡主动齿轮 21→第二轴三挡从动齿轮 7→接合套 9→花键毂 24→第二轴 14 输出，传动比为

$$i_3 = \frac{z_{23}}{z_2} \times \frac{z_7}{z_{21}} = \frac{42}{19} \times \frac{31}{28} = 2.45$$

（4）挂四挡时，第二轴上的接合套 4 右移与接合齿圈 5 接合，动力传递路线如下：第一轴 1→第一轴常啮合传动齿轮 2→中间轴常啮合传动齿轮 23→中间轴 15→中间轴四挡主动齿轮 21→第二轴四挡从动齿轮 6→接合套 4→花键毂 24→第二轴 14 输出，传动比为

$$i_4 = \frac{z_{23}}{z_2} \times \frac{z_6}{z_{21}} = \frac{42}{19} \times \frac{25}{36} = 1.54$$

（5）挂五挡时，使第二轴上的接合套 4 左移与接合齿圈 3 接合，把动力直接传给第二轴，而不再经过中间齿轮传动，故这种挡位称为直接挡，其传动比为

$$i_5 = 1$$

（6）挂倒挡时，使第二轴上的一挡、倒挡从动齿轮 12 右移，使其与倒挡中间齿轮 16 啮合，动力传递路线如下：第一轴 1→第一轴常啮合传动齿轮 2→中间轴常啮合传动齿轮 23→中间轴 15→中间轴一挡、倒挡主动齿轮 18→倒挡中间齿轮 19→倒挡中间齿轮 17→第二轴一挡、倒挡从动齿轮 12→第二轴 15 输出，传动比为

$$i_R = \frac{z_{23}}{z_2} \times \frac{z_{19}}{z_{18}} \times \frac{z_{12}}{z_{17}} = \frac{42}{19} \times \frac{22}{13} \times \frac{43}{21} = 7.66$$

由于倒挡位的齿轮传递中多了一次外啮合，因此第二轴的旋转方向与前进位时相反；i 的数值较大，一般与 i_1 相近，这是考虑到安全，希望倒车时速度尽可能低些。

3. 变速器的润滑与密封

变速器中各齿轮副、轴及轴承等运动部件均有较高的运动速度，因此，必须有可靠的润滑。普通齿轮变速器大多采用飞溅润滑，只有少数重型汽车采用压力润滑。

采用飞溅润滑的变速器，其壳体内注入一定量的润滑油，依靠齿轮旋转将润滑油甩到

各运动零件的工作表面。壳体一侧有加油口,通常润滑油液平面高度应保持与加油口的下沿平齐。壳体底部有放油螺塞。

为了防止润滑油泄漏,变速器盖与壳体以及各轴承盖与壳体的结合面装有密封垫或用密封胶密封;第一轴和第二轴与轴承盖之间则用自紧油封或回油螺纹密封。在轴承盖下部一般制有回油凹槽,在壳体的相应部位开有回油孔,使润滑油流回壳体内。装配时应使凹槽与油孔对准。为了防止变速器工作时由于油温升高,使气压过大而造成润滑油渗漏,在变速器盖上装有通气塞。

1.2.5 同步器

手动、普通齿轮变速器换挡可采用三种方式:直齿滑动齿轮、接合套、同步器。采用直齿轮滑动齿轮或接合套换挡时,应当使待啮合的一对齿轮接合齿圈的圆周速度相等,即达到同步时使两者进入啮合,才能保证换挡时齿轮之间无冲击、无噪声,做到平顺换挡。为了达到这一要求,驾驶员在换挡时必须采取一定的换挡操作措施,变速器操纵起来相当复杂,既增加了驾驶员操作的劳动强度,又容易加速齿轮的损坏。因此,现代汽车齿轮式变速器越来越多地采用同步器换挡装置。

1. 同步器的功用

同步器的功用是使接合套与待啮合的齿圈迅速同步,缩短换挡时间,且防止在同步前啮合而产生换挡冲击。

2. 同步器的构造及工作原理

目前所采用的同步器几乎都是摩擦式惯性同步器,按锁止装置不同,可分为锁环式惯性同步器和锁销式惯性同步器。

1)锁环式惯性同步器

(1)结构。

解放 CA1092 型汽车六速变速器中的五、六挡同步器结构如图 1.31 所示,由花键毂 15、接合套 7、锁环(也称同步环)4 和 8 以及三个滑块 5 及其定位销 6 和弹簧 16 等组成。

花键毂 15 以其内花键套装在第二轴的外花键上,并用卡环 18 轴向固定。锁环 4 和 8 分别装在花键毂 15 的两端及六挡接合齿圈 3 和五挡接合齿圈 9 之间。锁环具有内锥面,齿圈 3 和 9 的端部具有相同的外锥面,两者之间通过锥面相接触。为了增加其接触锥面之间的摩擦力,在锁环内锥面上车有细密的螺纹槽,以使两锥面接触后能够破坏锥面间的油膜,提高摩擦系数。锁环上有断续的短花键齿圈,其花键齿的断面形状和尺寸与齿圈 3、9 花键毂上的外花键齿相同。两个齿圈和锁环上的花键齿,在对着接合套 7 的一端都制有倒角,称为锁止角,且与接合套 7 内花键齿齿端的倒角相同。两个锁环的端部沿圆周相间均布着三个缺口 c 和三个凸起部 d。三个滑块 5 分别安装在花键毂的三个均布的轴向槽 b 内,并可沿槽轴向移动。三个定位销 6 分别插入三个滑块中部的通孔中,在弹簧 16 的作用下,定位销压向接合套,使定位销向外伸出的球形端部正好嵌在接合套中部的凹槽 a 中,其作用是保证接合套在空挡处于正中位置。三个滑块 5 的两端伸入到两个锁环上的缺口 c 中,滑块的宽度小于缺口 c 的宽度。两个锁环上的三个凸起部 d 则分别伸入到花键毂的三个通槽 e 中,凸起部 d 沿圆周方向的宽度小于通槽 e 的宽度,而且只有当凸起部 d 位于通槽 e 的中央位置时,接合套的齿才能与锁环的齿进入啮合。

汽车传动系结构与检修 项目 1

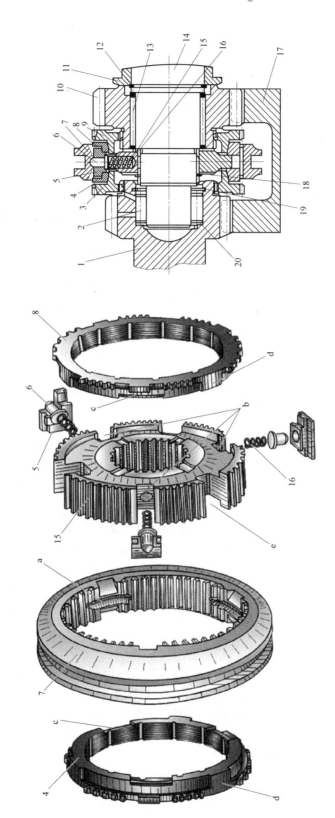

图 1.31 锁环式惯性同步器

1—第一轴；2、13—滚针轴承；3—六挡接合齿圈；4、8—锁环（同步环）；5—滑块；6—定位销；7—接合套；9—五挡接合齿圈；10—第二轴五挡齿轮；11—衬套；12、18、19—卡环；14—第二轴；15—花键毂；16—弹簧；17—中间轴五挡齿轮；20—挡圈

— 21 —

（2）工作原理。

以二挡换三挡为例，说明同步器的工作原理，如图 1.32 所示。

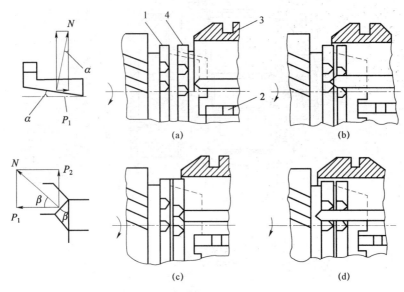

图 1.32 锁环式惯性同步器工作原理
1—待啮合齿轮的接合齿圈；2—滑块；3—接合套；4—锁环（同步环）

① 空挡位置。

接合套 3 刚从二挡退入空挡时，如图 1.32（a）所示，三挡齿轮 1、接合套 3、锁环 4 以及与其有关联的运动件，因惯性作用而沿原方向继续旋转（图示箭头方向）。由于齿轮 1 是高挡齿轮（相对于二挡齿轮来说），所以接合套 3、锁环 4 的转速低于齿轮 1 的转速。

② 挂挡。

欲换入三挡时，驾驶者通过变速杆使接合套 3 连同滑块 2 一起向左移动，如图 1.32（b）所示，滑块又推动锁环移向齿轮 1，使锥面接触。驾驶者作用在接合套上的轴向推力，使两锥面有正压力 N，又因两者有转速差，所以产生摩擦力矩。通过摩擦作用，齿轮 1 带动锁环相对于接合套向前转动一个角度，使锁环缺口靠在滑块的另一侧（上侧）为止，此时接合套的内齿与锁环上错开了约半个齿宽，接合套的齿端倒角面与锁环的齿端倒角面互相抵住。

③ 锁止。

驾驶者的轴向推力使接合套的齿端倒角面与锁环的齿端倒角面之间产生正压力，形成一个企图拨动锁环相对于接合套反转的力矩，称为拨环力矩。这样在锁环上同时作用着方向相反的摩擦力矩和拨环力矩，同步器的结构参数可以保证在同步前（存在摩擦力矩）拨环力矩始终小于摩擦力矩，所以在同步之前无论驾驶者施加多大的操纵力，都不会挂上挡，即产生锁止作用，如图 1.32（c）所示。

④ 同步啮合。

随着驾驶者施加于接合套上的推力加大，摩擦力矩不断增加，使齿轮 1 的转速迅速降低。当齿轮 1、接合套 3 和锁环 4 达到同步时，作用在锁环上的摩擦力矩消失。此时在拨环力矩的作用下，锁环 4、齿轮 1 以及与之相连的各零件都对于接合套反转一角度，滑块 2 处于锁环缺口的中央，如图 1.32（c）所示，键齿不再抵触，锁环的锁止作用消除。接合套压下弹簧圈继续左移（滑块脱离接合套的内环槽而不能左移），与锁环的花键齿圈进入啮合，进而再与齿轮 1 进入啮合，如图 1.32（d）所示，换入三挡。

锁环式同步器尺寸小、结构紧凑、摩擦力矩也小，多用于轿车和轻型车辆。

2）锁销式惯性同步器

大、中型货车普遍采用锁销式惯性同步器，下面以东风 EQ1092 汽车五挡变速器的四、五挡同步器为例进行介绍，其结构如图 1.33 所示。

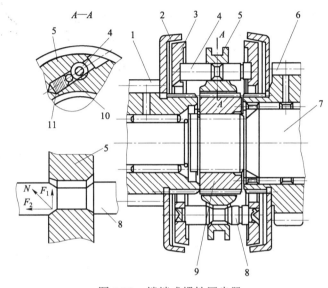

图 1.33 锁销式惯性同步器

1—第一轴齿轮；2—摩擦锥盘；3—摩擦锥环；4—定位销；5—接合套；6—第二轴四挡齿轮；
7—第二轴；8—锁销；9—花键毂；10—钢球；11—弹簧

两个带有内锥面的摩擦锥盘 2，以其内花键分别固装在带有接合齿圈的斜齿轮 1 和 6 上，随齿轮一起转动。两个有外锥面的摩擦锥环 3，其上有圆周均布的三个锁销、三个定位销 4 与接合套 5 装在一起。定位销与接合套的相应孔是滑动配合，定位销中部切有一小段环槽，接合套钻有斜孔，内装弹簧 11，把钢球 10 顶向定位销中部的环槽，使接合套处于空挡位置，定位销随接合套能轴向移动。定位销两端伸入两锥环 3 内侧面的弧线形浅坑中，定位销与浅坑有周向间隙，锥环相对接合套在一定范围内做周向摆动。锁销中部环槽的两端和接合套相应孔两端切有相同的倒角；锁销与孔对中时，接合套才能沿锁销轴向移动；锁销两端铆接在锥环相应的孔中。两个锥环、三个锁销、三个定位销和接合套构成一个部件，套在花键毂 9 的齿圈上。

锁销式惯性同步器的工作原理与锁环式惯性同步器类似。

换挡时接合套受到拨叉的轴向推力作用，通过钢球 10、定位销 4 推动摩擦锥环 3 向前移动。因摩擦锥环与锥盘有转速差，故接触后的摩擦作用使锥环和锁销相对于接合套转过一个角度，锁销与接合套上相应孔的中心线不再同心，锁销中部倒角与接合套孔端的锥面相抵触，在同步前，作用在摩擦面的摩擦力矩总大于拨销力矩，接合套被锁止不能前移，以防止在同步前接合套与齿圈进入啮合。同步后摩擦力矩消失，拨销力矩使锁销、摩擦锥盘和相应的齿轮相对于接合套转过一个角度，锁销与接合套的相应孔对中，接合套克服弹簧 11 的张力压下钢球并沿锁销向前移动，完成换挡。

1.2.6 手动变速器的操纵机构

手动变速器操纵机构的功用是保证驾驶者能准确可靠地将变速器挂入所需要的挡位，并可随时退至空挡。

变速器操纵机构按照变速杆位置的不同，可分为远距离操纵式和直接操纵式两种类型。

1. 远距离操纵式

在有些汽车上，由于变速器离驾驶者座位较远，则需要在变速杆与拨叉之间加装一些辅助杠杆或一套传动机构，构成远距离操纵机构。这种操纵机构多用于发动机前置前轮驱动的轿车，如桑塔纳 2000 轿车的五挡手动变速器，由于其变速器安装在前驱动桥处，远离驾驶者座椅，故需要采用这种操纵方式，如图 1.34 所示。

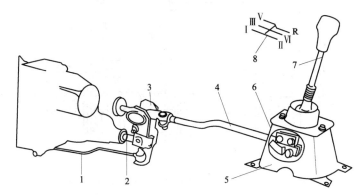

图 1.34 桑塔纳 2000 轿车五挡手动变速器的远距离操纵机构

1—支撑杆；2—内变速杆；3—换挡接合器；4—外变速杆；5—换挡杆罩壳；6—换挡杆支架；
7—上换挡杆；8—换挡标记

在变速器壳体上具有类似于直接操纵式的换挡机构，如图 1.35 所示。

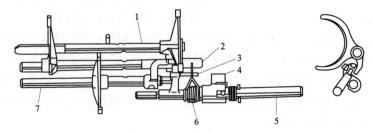

图 1.35 桑塔纳 2000 轿车五挡手动变速器的内换挡机构

1—五、倒挡拨叉轴；2—三、四挡拨叉轴；3—定位销；4—倒挡保险挡块；5—内变速杆；
6—定位弹簧；7—一、二挡拨叉轴

2. 直接操纵式

这种形式的变速器布置在驾驶者座椅附近，变速杆由驾驶室底板伸出，驾驶者可以直接操纵。如图1.36所示，解放CA1091中型货车六挡变速器操纵机构就采用这种形式，多用于发动机前置后轮驱动的车辆。

拨叉轴7、8、9和10的两端均支承于变速器盖的相应孔中，可以轴向滑动。所有拨叉和拨块都以弹性销固定于相应的拨叉轴上。三、四挡拨叉2的上端具有拨块。拨叉2和拨块3、4、14的顶部制有凹槽。变速器处于空挡时，各凹槽在横向平面内对齐，叉形拨杆13下端的球头即伸入这些凹槽中。选挡时可使变速杆绕其中部球形支点横向摆动，则其下端推动叉形拨杆13绕换挡轴11的轴线摆动，从而使叉形拨杆下端球头对准与所选挡位对应的拨块凹槽，然后使变速杆纵向摆动，带动拨叉轴及拨叉向前或向后移动，即可实现挂挡。例如，横向摆动变速杆使叉形拨杆下端球头深入

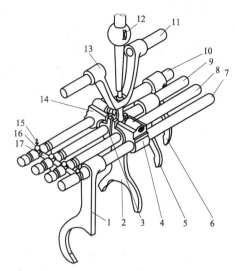

图1.36 六挡变速器直接操纵式操纵机构
1—五、六挡拨叉；2—三、四挡拨叉；3—一、二挡拨块；
4—五、六挡拨块；5—一、二挡拨叉；6—倒挡拨叉；7—五、六挡拨叉轴；8—三、四挡拨叉轴；9—一、二挡拨叉轴；
10—倒挡拨叉轴；11—换挡轴；12—变速杆；13—叉形拨杆；
14—倒挡拨块；15—自锁弹簧；16—自锁钢球；17—互锁销

拨块3顶部凹槽中，拨块3连同拨叉轴9和拨叉5即沿纵向向前移动一定距离，便可挂入二挡；若向后移动一段距离，则挂入一挡。当使叉形拨杆下端球头深入倒挡拨块14的凹槽中，并使其向前移动一段距离时，便挂入倒挡。

各种变速器由于挡位数及挡位排列位置不同，其拨叉和拨叉轴的数量及排列位置也不相同。例如，上述的六挡变速器的六个前进挡用了三根拨叉轴，倒挡独立使用了一根拨叉轴，共有四根拨叉轴；而东风EQ1092的五挡变速器具有三根拨叉轴，其二、三挡和四、五挡各占一根拨叉轴，一挡和倒挡共用一根拨叉轴。

3. 换挡锁装置

为了保证变速器在任何情况下都能准确、安全、可靠地工作，变速器操纵机构一般都具有换挡锁装置，包括自锁装置、互锁装置和倒挡锁装置。

1）自锁装置

自锁装置用于防止变速器自动脱挡或挂挡，并保证轮齿以全齿长啮合。大多数变速器的自锁装置都是采用自锁钢球对拨叉轴进行轴向定位锁止的。如图1.37所示，在变速器盖中钻有三个深孔，孔中装入自锁钢球和自锁弹簧，其位置处于拨叉轴的正上方，每根拨叉轴对着钢球的表面沿轴向设有三个凹槽，槽的深度小于钢球的半径。中间的凹槽对正钢球时为空挡位置，前边或后边的凹槽对正钢球时则处于某一工作挡位置，相邻

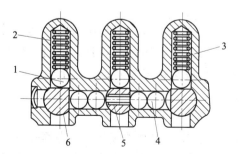

图1.37 自锁和互锁装置
1—自锁钢球；2—自锁弹簧；3—变速器盖；
4—互锁钢球；5—互锁销；6—拨叉轴

凹槽之间的距离保证齿轮处于全齿长啮合或是完全退出啮合。当凹槽对正钢球时,钢球便在自锁弹簧的压力作用下嵌入该凹槽内,拨叉轴的轴向位置便被固定,不能自行挂挡或自行脱挡。当需要换挡时,驾驶者通过变速杆对拨叉轴施加一定的轴向力,克服自锁弹簧的压力而将自锁钢球从拨叉轴凹槽中挤出并推回孔中,拨叉轴便可滑过钢球进行轴向移动,并带动拨叉及相应的接合套或滑动齿轮轴向移动。当拨叉轴移至其另一凹槽与钢球相对正时,钢球又被压入凹槽,驾驶者具有很强的手感,此时拨叉所带动的接合套或滑动齿轮便被拨入空挡或被拨入另一工作挡位。

2)互锁装置

互锁装置用于防止同时挂上两个挡位。如图1.38所示,互锁装置由互锁钢球和互锁销组成。

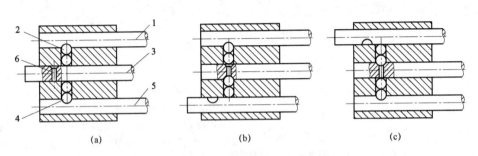

图1.38 互锁装置工作示意图
1,3,5—拨叉轴;2,4—互锁钢球;6—互锁销

当变速器处于空挡时,所有拨叉轴的侧面凹槽同互锁钢球、互锁销都在一条直线上。当移动中间拨叉轴3时,如图1.38(a)所示,轴3两侧的内钢球从其侧凹槽中被挤出,而两外钢球2和4则分别嵌入拨叉轴1和轴5的侧面凹槽中,因而将轴1和轴5刚性地锁止在其空挡位置。若欲移动拨叉轴5,则应先将拨叉轴3退回到空挡位置。于是在移动拨叉轴5时,钢球4便从轴5的凹槽中被挤出,同时通过互锁销6和其他钢球将轴3和轴1均锁止在空挡位置,如图1.38(b)所示。同理,当移动拨叉轴1时,则轴3和轴5被锁止在空挡位置,如图1.38(c)所示。由此可知,互锁装置工作的原理是当驾驶者用变速杆推动某一拨叉轴时,自动锁止其余拨叉轴,从而防止同时挂上两个挡位。

北京BJ2020型汽车的变速器有三个前进挡和一个倒挡,故操纵机构中只有两套拨叉和拨叉轴,因而其自锁装置和互锁装置在结构上可以合二为一,如图1.39所示。两个空心锁销1套在弹簧2的两端,两个锁销长度之和$2a$等于两拨叉轴表面间距c加上一个凹槽深度b。其工作原理同上所述。

3)倒挡锁装置

倒挡锁装置用于防止误挂倒挡。图1.40所示为常见的锁销式倒挡锁装置。当驾驶者想挂倒挡时,必须用较大的力使变速杆4下端压缩弹簧2,将锁销推入锁销孔内,才能使变速杆下端进入拨块3的凹槽中进行换挡。由此可见,倒挡锁的作用是使驾驶者必须对变速杆施加更大的力,才能挂入倒挡,起到警示作用,以防误挂倒挡。

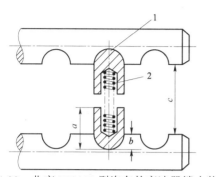

图 1.39　北京 BJ2020 型汽车的变速器锁止装置

1—锁销；2—锁止弹簧

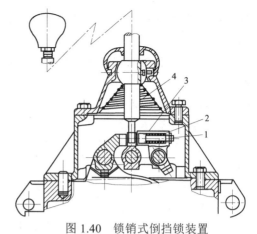

图 1.40　锁销式倒挡锁装置

1—倒挡锁销；2—倒挡锁弹簧；3—倒挡拨块；4—变速杆

1.2.7　手动变速器就车检查

1. 准备工作

1）设备

2011 丰田卡罗拉 ZRE151/152/153。

2）工具与量具

车轮止动楔、组合工具箱和扭力扳手。

3）耗材、工单及其他

工单、手套、维修手册、注油螺塞衬垫、清洁用棉布等。

2. 工作过程

以 2011 丰田卡罗拉 ZRE151/152/153 系列手动传动桥 C66 为例，说明手动变速器就车检查过程。

1）检查传动桥油

（1）将车辆停放在平坦路面上。

（2）拆下变速器注油螺塞和衬垫，如图 1.41 所示。

（3）如图 1.42 所示，检查并确认油面在变速器注油螺塞开口最低点以下 5 mm 范围内。

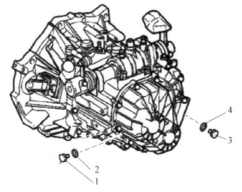

图 1.41　注油螺塞和放油螺塞位置

1—注油螺塞；2，4—衬垫；3—放油螺塞

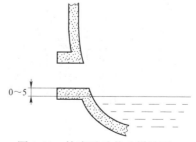

图 1.42　检查手动传动桥油面

注意：油液过多或过少都可能引起故障；更换机油后，驾驶车辆并再次检查油位。

（4）油位低时，检查机油是否泄漏。

（5）安装变速器注油螺塞和新衬垫。扭矩：39 N·m。

2）更换

（1）排净手动传动桥油。

（2）拆下注油螺塞和衬垫。

（3）拆下放油螺塞和衬垫，排净手动传动桥油。

（4）添加手动传动桥油。

（5）安装新衬垫和放油螺塞。扭矩：39 N·m。

（6）添加手动传动桥油。

（7）安装变速器注油螺塞和新衬垫。扭矩：39 N·m。

3）检查手动传动桥油（参见"1）检查传动桥油"操作步骤）

1.2.8　手动变速器大修

1. 准备工作

1）设备

2011 丰田卡罗拉 ZRE151/152/153。

2）工具与量具

组合工具箱、扭力扳手、游标卡尺、指定专用工具。

3）耗材、工单及其他

工单、手套、维修手册、衬垫、垫圈、清洁用棉布等。

以 2011 丰田卡罗拉 ZRE151/152/153 系列手动传动桥 C66 为例，说明手动变速器大修过程。

2. 拆解

1）拆卸手动变速器注油螺塞和衬垫

如图 1.43 所示，从手动变速箱盖上拆下手动变速器注油螺塞和衬垫。

2）拆卸放油螺塞分总成和衬垫

如图 1.44 所示，从手动变速器壳上拆下放油螺塞分总成和衬垫。

图 1.43　注油螺塞和衬垫

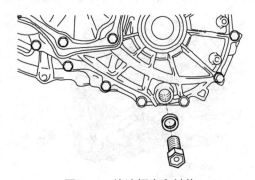

图 1.44　放油螺塞和衬垫

3）拆卸速度表从动齿轮孔盖分总成
（1）如图1.45所示，拆下螺栓和速度表从动齿轮孔盖分总成。
（2）从速度表从动齿轮孔盖分总成上拆下O形圈。

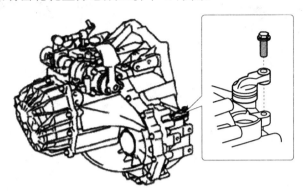

图1.45 速度表从动齿轮孔盖分总成

4）拆卸倒车灯开关总成
（1）从2个卡夹上分离倒车灯开关线束。
（2）如图1.46所示，用SST（SST 09817-16011）工具从手动变边器壳上拆下倒车灯开关总成和垫圈。

5）拆卸选挡直角杠杆总成
（1）如图1.47所示，拆下2个螺栓和螺钉，并从手动变速器壳上拆下选挡直角杠杆总成。

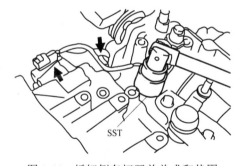

图1.46 拆卸倒车灯开关总成和垫圈

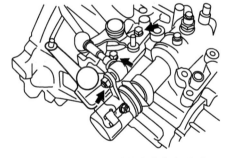

图1.47 拆卸选挡直角杠杆总成

（2）拆下控制直角杠杆防尘罩。

6）拆卸地板式换挡控制杆
（1）如图1.48所示，拆下螺母和弹簧垫圈。
（2）如图1.49所示，用铜棒和锤子拆下锁销。
（3）从变速器壳上拆下地板式换挡控制杆。
（4）从变速器壳上拆下防尘罩。

7）放置手动变速器
如图1.50所示，将手动变速器总成放置在木块上。

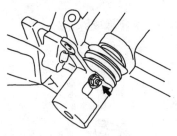 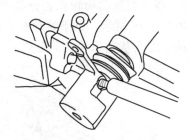

图 1.48　拆卸地板式换挡控制杆的螺母和弹簧垫圈　　　图 1.49　拆卸锁销

8）拆卸 1 号锁止钢球总成

如图 1.51 所示，从手动变速器壳上拆下 1 号锁止钢球总成。

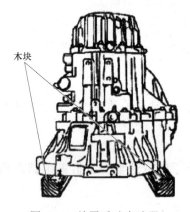 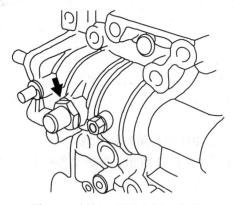

图 1.50　放置手动变速器　　　图 1.51　拆卸 1 号锁止钢球总成

9）拆卸换挡定位板销和垫圈

如图 1.52 所示，从变速器壳上拆下换挡定位板销和垫圈。

10）拆卸换挡与选挡杆轴总成和衬垫

拆下 4 个螺栓，并从变速器壳上拆下换挡与选挡杆轴总成和衬垫，如图 1.53 所示。

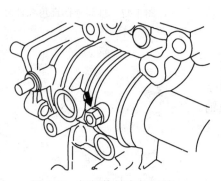 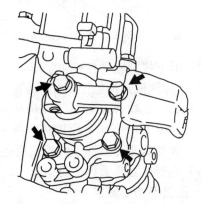

图 1.52　拆卸换挡定位板销　　　图 1.53　拆卸换挡与选挡杆轴总成和衬垫

11）拆卸手动变速器壳塞（见图1.54）

（1）用10 mm六角套筒扳手，从手动变速器壳上拆下手动变速器壳塞和衬垫。

（2）用6 mm六角套筒扳手，从手动变速器壳上拆下手动变速器壳塞。

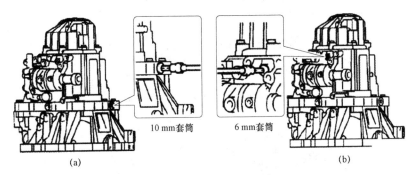

图1.54 拆卸手动变速器壳塞

12）拆卸手动变速箱盖分总成

（1）如图1.55所示，拆下9个螺栓。

（2）如图1.56所示，用铜棒和锤子拆下手动变速箱盖分总成。

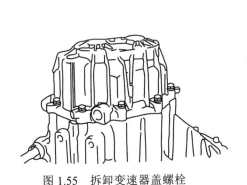

图1.55 拆卸变速器盖螺栓

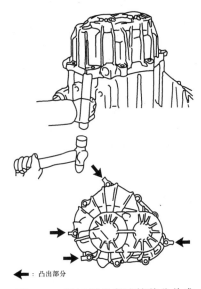

图1.56 拆卸手动变速箱盖分总成

13）测量六挡齿轮轴向间隙

如图1.57所示，用测隙规测量六挡齿轮轴向间隙。

标准间隙：0.10~0.60 mm；最大间隙：0.60 mm。

如果间隙超过最大值，更换变速器3号离合器毂、六挡齿轮或输入轴后径向滚珠轴承。

14）测量五挡齿轮轴向间隙

如图1.58所示，用百分表测量五挡齿轮轴向间隙。

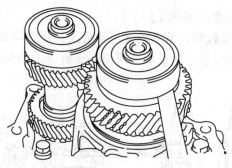

图 1.57 测量六挡齿轮轴向间隙

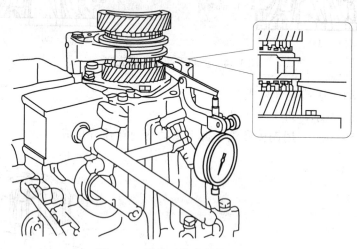

图 1.58 测量五挡齿轮轴向间隙

标准间隙：0.10～0.62 mm；最大间隙：0.62 mm。

如果间隙超过最大值，则更换变速器 3 号离合器毂、五挡齿轮或输入轴后径向滚珠轴承。

15）测量六挡齿轮径向间隙

如图 1.59 所示，用百分表测量六挡齿轮径向间隙。

标准间隙：0.009～0.050 mm；最大间隙：0.050 mm。

提示：如果间隙超过最大值，则更换六挡齿轮、六挡齿轮滚针轴承或输入轴。

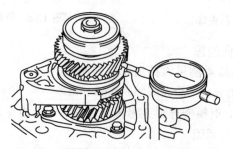

图 1.59 检查六挡齿轮径向间隙

16）测量五挡齿轮径向间隙

如图1.60所示，用百分表测量五挡齿轮径向间隙。

标准间隙：0.015～0.056 mm；最大间隙：0.056 mm。

提示：如果间隙超过最大值，则更换五挡齿轮、五挡齿轮滚针轴承或输入轴。

17）拆卸六挡从动齿轮

（1）如图1.61所示，用2把螺丝刀和锤子从输出轴总成上拆下输出轴后卡环。

注意：用抹布或布条防止卡环飞出。

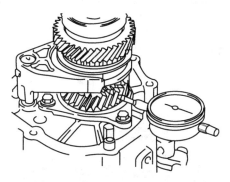

图1.60 检查五挡齿轮径向间隙

图1.61 拆卸输出轴后卡环

（2）如图1.62所示，用SST（SST 09950-40011）工具从输出轴总成上拆下输出轴后轴承和六挡中间轴齿轮。

18）拆卸输出齿轮隔垫

如图1.63所示，从输出轴总成上拆下输出齿轮隔垫。

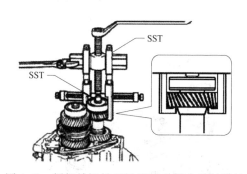

图1.62 拆卸输出轴后轴承和六挡中间轴齿轮

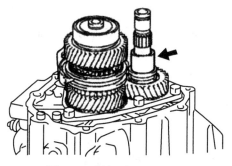

图1.63 拆卸输出齿轮隔垫

19）拆卸六挡齿轮分总成

（1）如图1.64所示，用2把螺丝刀和锤子从输入轴总成上拆下输入轴卡环。

注意：用抹布或布条防止卡环飞出。

（2）如图1.65所示，用SST（SST 09950-40011）工具从输入轴总成上拆下输入轴后径向滚珠轴承和六挡齿轮分总成。

20）拆卸六挡齿轮滚针轴承

从输入轴总成上拆下六挡齿轮滚针轴承，如图1.66所示。

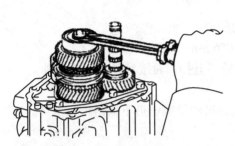
图1.64 拆卸六挡齿轮分总成

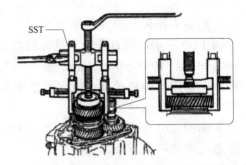
图1.65 拆卸输入轴后径向滚珠轴承和六挡齿轮分总成

21) 拆卸同步器3号锁环（六挡齿轮）

如图1.67所示，从输入轴总成上拆下同步器3号锁环（六挡齿轮）。

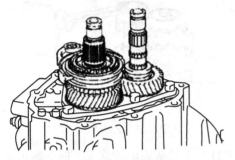
图1.66 拆卸六挡齿轮滚针轴承

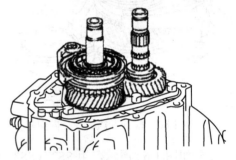
图1.67 拆卸同步器3号锁环

22) 拆卸变速器3号离合器毂

（1）拆下六挡齿轮隔垫。

（2）如图1.68所示，用2把螺丝刀和锤子从输入轴总成上拆下变速器3号离合器毂轴卡环。

注意：用抹布或布条防止卡环飞出。

（3）如图1.69所示，从3号换挡拨叉上拆下换挡拨叉锁止螺栓。

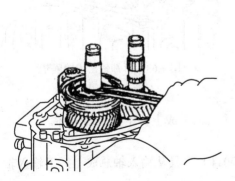
图1.68 拆卸3号离合器毂轴卡环（一）

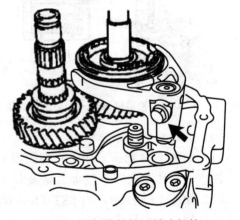
图1.69 拆卸换挡拨叉锁止螺栓

（4）如图1.70所示，从变速器3号离合器毂上拆下变速器3号接合套和3号换挡拨叉。

(5) 如图 1.71 所示，用螺丝刀从变速器 3 号离合器毂上拆下 3 号同步啮合换挡键弹簧。

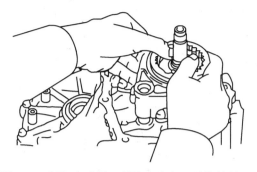

图 1.70 拆卸变速器 3 号接合套和 3 号换挡拨叉

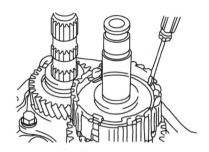

图 1.71 拆卸 3 号同步啮合换挡键弹簧

(6) 如图 1.72 所示，用 SST（SST 09950-30012）工具从输入轴总成上拆下变速器 3 号离合器毂。

(7) 如图 1.73 所示，从变速器 3 号离合器毂上拆下 3 个 3 号同步啮合换挡键和 3 号同步啮合换挡键弹簧。

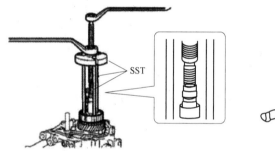

图 1.72 拆卸 3 号离合器毂

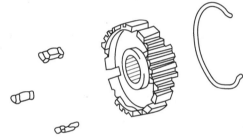

图 1.73 拆卸 3 个 3 号同步啮合换挡键和 3 号同步啮合换挡键弹簧

23）拆卸同步器 3 号锁环（五挡齿轮）

如图 1.74 所示，从五挡齿轮上拆下同步器 3 号锁环。

24）拆卸五挡齿轮

如图 1.75 所示，从输入轴总成上拆下五挡齿轮。

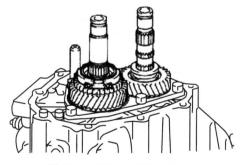

图 1.74 拆卸同步器 3 号锁环

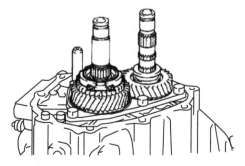

图 1.75 拆卸五挡齿轮

25）拆卸五挡齿轮滚针轴承

（1）如图1.76所示，用2把螺丝刀和锤子从输入轴总成上拆下变速器3号离合器毂轴卡环。

注意：用抹布或布条防止卡环飞出。

（2）从输入轴总成上拆下五挡齿轮滚针轴承和两个五挡齿轮轴承隔垫，如图1.77所示。

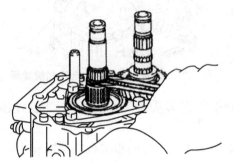 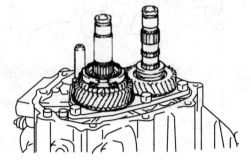

图1.76　拆卸3号离合器毂轴卡环（二）　　图1.77　拆下五挡齿轮滚针轴承和两个五挡齿轮轴承隔垫

26）拆卸五挡从动齿轮

如图1.78所示，用SST（SST 09950-30012）工具从输出轴总成上拆下五挡从动齿轮。

27）拆卸换挡拨叉轴卡环

如图1.79所示，用2把螺丝刀和锤子从2号换挡拨叉轴上拆下换挡拨叉轴卡环。

注意：用抹布成布条防止换挡拨叉轴卡环飞出。

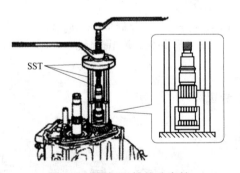 

图1.78　拆卸五挡从动齿轮　　图1.79　拆卸换挡拨叉轴卡环

28）拆卸后轴承护圈

如图1.80所示，从手动变速器壳上拆下5个螺栓和后轴承护圈。

29）拆卸换挡锁止钢球

（1）如图1.81所示，用6 mm六角套筒扳手，从手动变速器壳上拆下2个换挡锁止钢球螺塞。

（2）如图1.82所示，用磁吸工具从手动变速器壳上拆下2个换挡锁止钢球压缩弹簧座、2个换挡锁止钢球压缩弹簧和2个换挡锁止钢球。

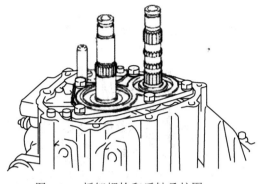

图 1.80 拆卸螺栓和后轴承护圈

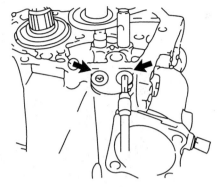

图 1.81 拆卸手动变速器壳上的换挡锁止钢球螺塞（一）

（3）如图 1.83 所示，用 6 mm 六角套筒扳手，从传动桥壳上拆下换挡锁止钢球螺塞。

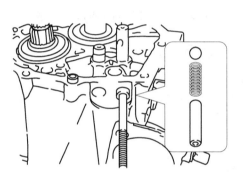

图 1.82 从变速器壳上拆卸换挡锁止钢球压缩弹簧座、换挡锁止钢球压缩弹簧和换挡锁止钢球

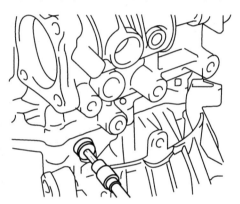

图 1.83 拆卸传动桥壳上的换挡锁止钢球螺塞

（4）如图 1.84 所示，用磁吸工具从传动桥壳上拆下换挡锁止钢球压缩弹簧座、换挡锁止钢球压缩弹簧和换挡锁止钢球。

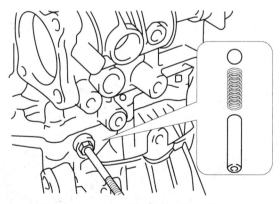

图 1.84 从传动桥壳上拆卸换挡锁止钢球压缩弹簧座、换挡锁止钢球压缩弹簧和换挡锁止钢球

30）拆卸输出轴后轴承孔卡环

如图 1.85 所示，用卡环扩张器从输出轴总成上拆下输出轴后轴承孔卡环。

31）拆卸输入轴后轴承孔卡环

如图 1.86 所示，用卡环扩张器从输入轴总成上拆下输入轴后轴承孔卡环。

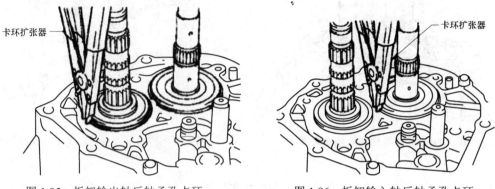

图 1.85　拆卸输出轴后轴承孔卡环　　　图 1.86　拆卸输入轴后轴承孔卡环

32）拆卸倒挡定位销螺塞

如图 1.87 所示，用 6 mm 六角套筒扳手，从手动变速器壳上拆下倒挡定位销螺塞。

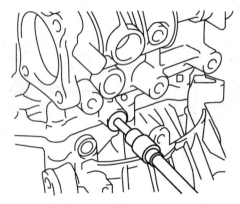

图 1.87　拆卸倒挡定位销螺塞

33）拆卸倒挡惰轮轴螺栓和衬垫

如图 1.88 所示，从手动变速器壳上拆下倒挡惰轮轴螺栓和衬垫。

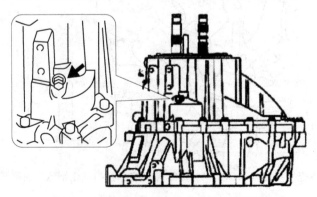

图 1.88　拆卸倒挡惰轮轴螺栓和衬垫

34）拆卸手动变速器壳

（1）如图 1.89 所示，从传动桥壳侧拆下 3 个螺栓。

（2）如图 1.90 所示，从手动变速器壳上拆下 13 个螺栓。

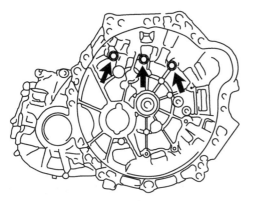
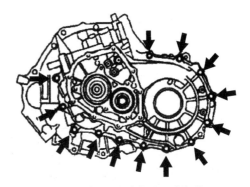

图 1.89　拆卸传动桥壳侧 3 个螺栓　　　　图 1.90　拆卸手动变速器壳螺栓

（3）如图 1.91 所示，用铜棒和锤子从传动桥壳上拆下手动变速器壳。

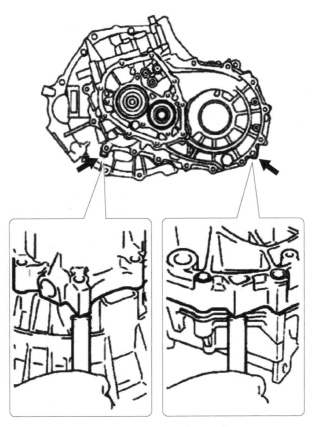

图 1.91　拆卸手动变速器壳

35）拆卸1号集油管

如图1.92所示，从手动变速器壳上拆下螺栓和1号集油管（MTM）。

注意：不要损坏1号集油管（MTM）。

36）拆卸2号集油管

如图1.93所示，从手动变速器壳上拆下螺栓和2号集油管（MTM）。

注意：不要损坏2号集油管（MTM）。

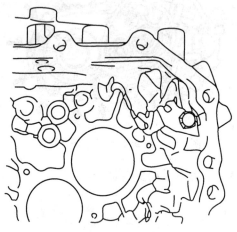

图1.92　拆卸1号集油管

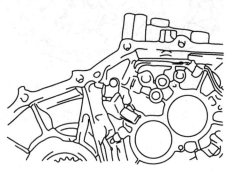

图1.93　拆卸2号集油管

37）拆卸1号换挡拨叉轴分总成

（1）如图1.94所示，用2把螺丝刀和锤子拆下换挡拨叉轴卡环。

注意：用抹布或布条防止换挡拨叉轴卡环飞出。

（2）如图1.95所示，拆下换挡拨叉锁止螺栓和1号换挡拨叉轴分总成。

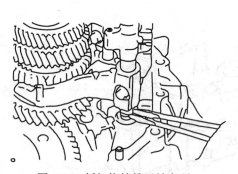

图1.94　拆卸换挡拨叉轴卡环

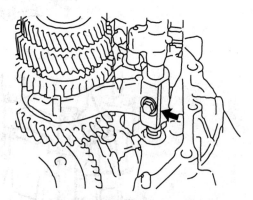

图1.95　拆卸换挡拨叉锁止螺栓和1号换挡拨叉轴分总成

38）拆卸3号换挡拨叉轴

（1）如图1.96所示，从传动桥壳上拆下3号换挡拨叉轴。

（2）如图1.97所示，用2把螺丝刀和锤子从3号换挡拨叉轴上拆下换挡拨叉轴卡环。
注意：用抹布或布条防止换挡拨叉轴卡环飞出。

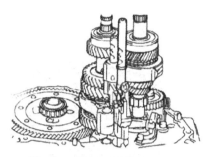

图1.96 拆卸3号换挡拨叉轴

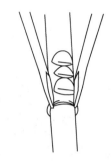

图1.97 拆卸换挡拨叉轴卡环

39）拆卸换挡拨叉、换挡拨叉轴、变速导块和倒挡拨叉

如图1.98所示，从2号换挡拨叉和1号变速导块上拆下2个换挡拨叉锁止螺栓。

（2）如图1.99所示，拆下2号换挡拨叉轴、2号换挡拨叉、1号换挡拨叉、1号变速导块和倒挡拨叉。

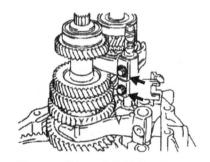

图1.98 拆卸2号换挡拨叉轴

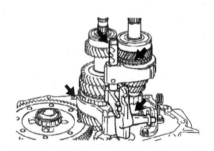

图1.99 拆下2号换挡拨叉轴、2号换挡拨叉、1号换挡拨叉、1号变速导块和倒挡拨叉

40）拆卸倒挡惰轮轴、止推垫圈和倒挡惰轮分总成

如图1.100所示，从传动桥壳上拆下倒挡惰轮轴、止推垫圈和倒挡惰轮分总成。

41）拆卸输入轴和输出轴总成

如图1.101所示，从传动桥壳上拆下输入轴和输出轴总成。

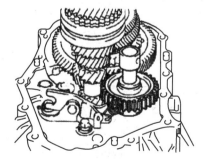

图1.100 拆卸倒挡惰轮轴、止推垫圈和倒挡惰轮分总成

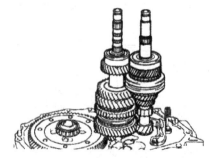

图1.101 拆卸输入轴和输出轴总成

42）拆卸倒挡换挡臂支架总成

如图 1.102 所示，从传动桥壳上拆下 2 个螺栓和倒挡换挡臂支架总成。

43）拆卸差速器壳总成

如图 1.103 所示，从传动桥壳上拆下差速器壳总成。

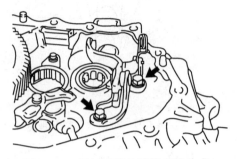

图 1.102　拆卸倒挡换挡臂支架总成

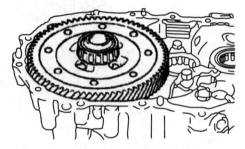

图 1.103　拆卸差速器壳总成

44）拆卸手动传动桥壳集油槽

如图 1.104 所示，从传动桥壳上拆下螺栓和手动传动桥壳集油槽。

45）拆卸螺栓和轴承锁止板

如图 1.105 所示，从传动桥壳上拆下螺栓和轴承锁止板。

图 1.104　拆卸手动传动桥壳集油槽

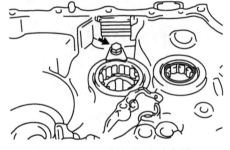

图 1.105　拆卸轴承锁止板

46）拆卸变速器磁铁

如图 1.106 所示，从传动桥壳上拆下变速器磁铁。

47）拆卸输入轴前轴承

如图 1.107 所示，用 SST（SST 09612-24014）工具从传动桥壳上拆下输入轴前轴承。

图 1.106　拆卸变速器磁铁

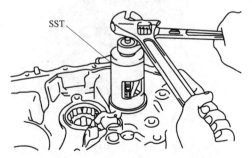

图 1.107　拆卸输入轴前轴承

48）拆卸前传动桥壳油封

如图 1.108 所示，用 SST（SST 09612-65014）工具从传动桥壳上拆下前传动桥壳油封。

49）拆卸输出轴前轴承

如图 1.109 所示，用 SST（SST 09308-00010）工具从传动桥壳上拆下输出轴前轴承。

注意：安装 SST 时不要对传动桥壳过度用力。

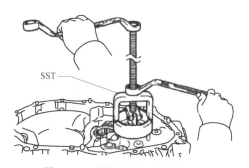 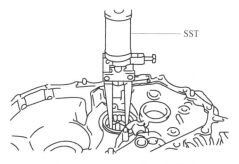

图 1.108　拆卸前传动桥壳油封　　　图 1.109　拆卸输出轴前轴承

50）拆卸前差速器壳后滚锥轴承

（1）如图 1.110 所示，用 SST（SST 09612-65014）工具从手动变速器壳上拆下前差速器壳后滚锥轴承（外座圈）和前差速器壳后平垫圈。

（2）如图 1.111 所示，用 SST（SST 09612-65014）工具从前差速器壳上拆下前差速器壳后滚锥轴承（内座圈）。

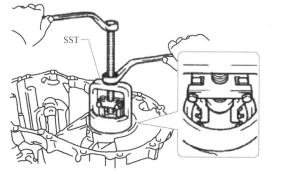 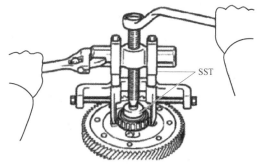

图 1.110　拆卸前差速器壳后滚锥轴承（外座圈）和　图 1.111　拆卸前差速器壳后滚锥轴承（内座圈）
　　　　　前差速器壳后平垫圈

51）拆卸前差速器壳前滚锥轴承

（1）如图 1.112 所示，用 SST（SST 09612-65014）工具从传动桥壳上拆下前差速器壳前滚锥轴承（外座圈）和前差速器壳前平垫圈。

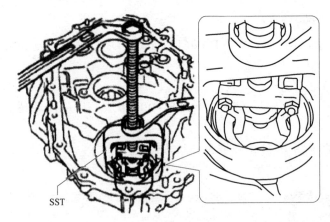

图 1.112 拆卸前差速器壳前滚锥轴承（外座圈）和前差速器壳前平垫圈

（2）如图 1.113 所示，用 SST（SST 09950-00020）工具从前差速器壳上拆下前差速器壳前滚锥轴承（内座圈）。

52）拆卸传动桥壳油封

如图 1.114 所示，用 SST（SST 09950-60010）工具和锤子从传动桥壳上拆下传动桥壳油封。

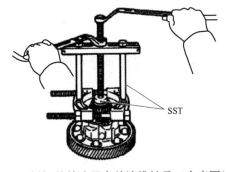

图 1.113 拆卸前差速器壳前滚锥轴承（内座圈）

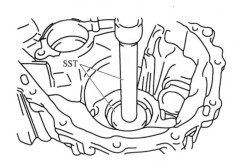

图 1.114 拆卸传动桥壳油封

53）拆卸变速箱油封

如图 1.115 所示，用 SST（SST 09950-60010）工具和锤子从手动变速器壳上拆下变速箱油封。

54）拆卸输出轴盖

如图 1.116 所示，从传动桥壳上拆下输出轴（MTM）盖。

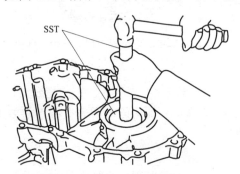

图 1.115 拆卸变速箱油封

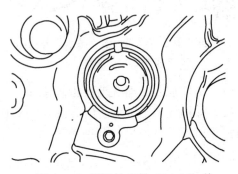

图 1.116 拆卸输出轴（MTM）盖

55）拆卸换挡和选挡杆轴油封

如图 1.117 所示，用螺丝刀和锤子拆下换挡和选挡杆轴油封。

56）拆卸换挡和选挡杆轴滑动滚珠轴承

如图 1.118 所示，用 SST（SST 09950-60010）工具和锤子拆下换挡和选挡杆轴滑动滚珠轴承。

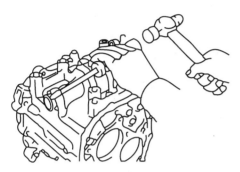 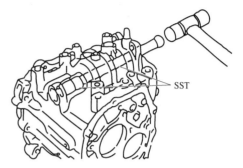

图 1.117　拆卸换挡和选挡杆轴油封　　　图 1.118　拆卸换挡和选挡杆轴滑动滚珠轴承

3. 检查

1）检查变速器 3 号接合套

（1）如图 1.119 所示，检查变速器 3 号接合套和变速器 3 号离合器毂之间的滑动情况。

（2）检查并确认变速器 3 号接合套的花键齿轮轮齿尖端未磨损。

（3）如图 1.120 所示，用游标卡尺测量变速器 3 号接合套凹槽宽度（A）和 3 号换挡拨叉卡爪部分的厚度（B），并计算间隙。

标准间隙（$A-B$）：0.31～0.89 mm。

提示：如果间隙超出规定范围，则更换变速器 3 号接合套和 3 号换挡拨叉。

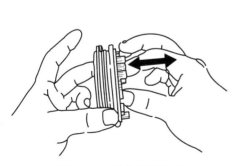 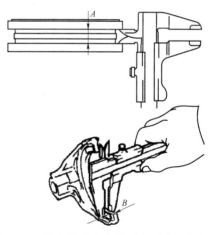

图 1.119　滑动情况检查　　　图 1.120　检查接合套与拨叉卡爪之间的间隙

2）检查同步器 3 号锁环（六挡齿轮）

（1）检查磨损或损坏情况。

（2）在六挡齿轮锥上涂抹齿轮油。如图 1.121 所示，将同步器锁环推向六挡齿轮锥的同时使其沿一个方向转动。检查并确认锁环锁止。

提示：如果同步器外锁环未锁止，则更换锁环或六挡齿轮。

（3）如图1.122所示，用测隙规测量同步器锁环与花键齿轮端部间的间隙。

标准间隙：0.75～1.65 mm。

提示：如果间隙超出规定范围，则更换同步器3号锁坏（六挡齿轮）。

图1.121　检查锁环锁止情况

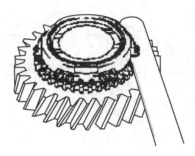

图1.122　测量同步器锁环与花键齿轮端部间的间隙

图1.123　测量六挡齿轮内径

3）检查六挡齿轮分总成

如图1.123所示，用测径规测量六挡齿轮内径。

新齿轮内径：28.015～28.031 mm；最大内径：28.031 mm。

提示：如果内径超过最大值，则更换六挡齿轮分总成。

4）检查同步器3号锁环（五挡齿轮）

（1）在五挡齿轮锥上涂抹齿轮油。如图1.121所示，将同步器锁环推向五挡齿轮锥的同时使其沿一个方向转动。检查并确认锁环锁止。

提示：如果同步器锁环未锁止，则更换锁环或五挡齿轮。

（2）如图1.122所示，用测隙规测量同步器锁环和五挡花键齿轮端部之间的间隙。

标准间隙：0.75～1.65 mm。

提示：如果间隙超出规定范围，则更换同步器3号锁环（五挡齿轮）。

5）检查五挡齿轮

如图1.123所示，用测径规测量五挡齿轮内径。

新齿轮内径：29.915～29.931 mm；最大内径：29.931 mm。

提示：如果内径超出最大值，则更换五挡齿轮。

6）检查倒挡惰轮分总成

（1）如图1.124（a）所示，用测径规检查倒挡惰轮分总成。

新齿轮内径：18.040～18.058 mm；最大内径：18.058 mm。

提示：如果内径超过最大值，则更换倒挡惰轮分总成。

（2）如图1.124（b）所示，用螺旋测微器检查倒挡惰轮轴。

新惰轮轴外径：17.966～17.984 mm；最小外径：17.966 mm。

提示：如果最小外径小于最小值，则更换倒挡惰轮轴。

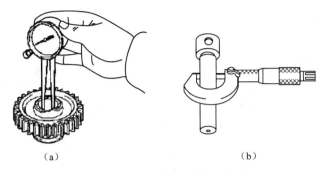

图 1.124　检查倒挡惰轮分总成

(a) 测量惰轮内径；(b) 测量惰轮轴外径

4. 重新装配

1）安装新的换挡和选挡杆轴滑动滚珠轴承

如图 1.125 所示，用 SST（SST 09950-60010）工具与锤子将新的换挡和选挡杆轴滑动滚珠轴承安装至变速器壳。

嵌入深度：0～0.5 mm。

2）安装新的换挡和选挡杆轴油封

如图 1.126 所示，用 SST（SST 09950-60010）工具将新的换挡和选挡杆轴油封安装至变速器壳。

嵌入深度：9.7～10.3 mm。

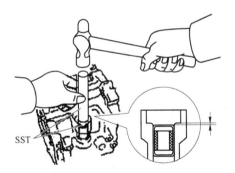
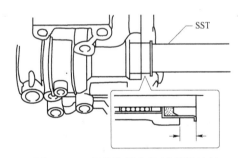

图 1.125　安装换挡和选挡杆轴滑动滚珠轴承　　图 1.126　安装换挡和选挡杆轴油封

3）安装输出轴（MTM）盖

如图 1.127 所示，在输出轴（MTM）盖上涂抹通用润滑脂，并将其安装到传动桥壳。

注意：将输出轴盖键插入壳槽。

4）安装变速箱油封

（1）如图 1.128 所示，用 SST（SST 09316-60011）工具和锤子将新的变速箱油封安装至手动变速器壳。

嵌入深度：9.6～10.2 mm。

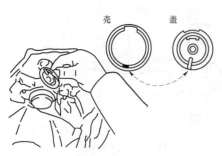

图 1.127 安装输出轴（MTM）盖

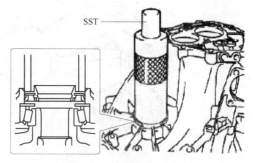

图 1.128 安装变速箱油封

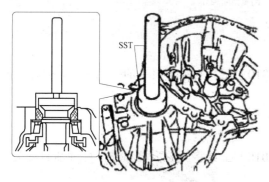

图 1.129 安装传动桥壳油封

（2）在变速箱油封唇口上涂抹通用润滑脂。

5）安装传动桥壳油封

（1）如图 1.129 所示，用 SST（SST 09710-20011）工具和锤子将新的传动桥壳油封安装至传动桥壳。

嵌入深度：1.6～2.2 mm。

（2）在传动桥壳油封唇口上涂抹通用润滑脂。

6）安装前差速器壳前滚锥轴承

（1）如图 1.130 所示，用 SST（SST 09350-32014）工具和压力机将新的前差速器壳前滚锥轴承（内座圈）安装至前差速器壳。

（2）如图 1.131 所示，用 SST（SST 09950-60020）工具与压力机将前差速器壳前平垫圈和前差速器壳前滚锥轴承（外座圈）安装至传动桥壳。

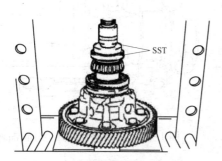

图 1.130 安装新的前差速器壳前滚锥轴承（内座圈）

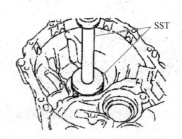

图 1.131 安装前差速器壳前平垫圈和前差速器壳前滚锥轴承（外座圈）

7）安装前差速器壳后滚锥轴承

（1）如图 1.132 所示，用 SST（SST 09350-32014，SST 09950-60010）工具和压力机将新的前差速器壳后滚锥轴承（内座圈）安装至前差速器壳。

（2）如图 1.133 所示，用 SST（SST 09309-36010，SST 09950-60020，SST 09950-70010）工具与压力机将前差速器壳后平垫圈和前差速器壳后滚锥轴承（外座圈）安装至手动变速器壳。

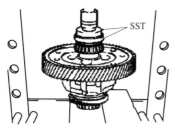 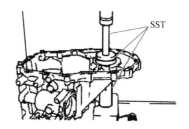

图1.132 安装前差速器壳后滚锥轴承(内座圈)　　图1.133 安装前差速器壳后平垫圈和前差速器壳后滚锥轴承(外座圈)

8)安装输出轴前轴承

如图1.134所示,在新的输出轴前轴承上涂抹齿轮油,并用SST(SST 09950-60010,SST 09950-70010)工具和压力机将其安装至传动桥壳。

9)调节差速器半轴轴承预紧力

(1)在差速器壳总成上涂抹齿轮油,并将其安装至传动桥壳。

(2)如图1.135所示,用16个螺栓安装手动变速器壳。扭矩:29 N·m。

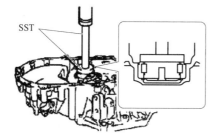 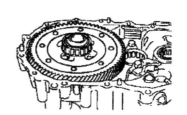

图1.134 安装新的输出轴前轴承　　图1.135 安装手动变速器壳

(3)如图1.136所示,用SST(SST 09564-32011)工具和扭矩扳手将差速器壳总成左右转动2或3次,以使轴承入座。

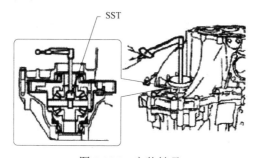

图1.136 安装轴承

(4)如图1.136所示,用SST和扭矩扳手测量预紧力,见表1.3。

表1.3 差速器半轴轴承预紧力

轴承	扭矩/(N·m)
新轴承	0.78~1.57
旧轴承	0.49~0.98

提示：如果顶紧力超出规定范围，则选择合适的前差速器壳后平垫圈并进行调节，见表1.4。

表1.4 垫圈厚度及标记

零件号	厚度/mm	标记
90564-41014	2.10	AA
90564-41015	2.15	BB
90564-41016	2.20	CC
90564-41017	2.25	DD
90564-41018	2.30	EE
90564-41019	2.35	FF
90564-41020	2.40	GG
90564-41021	2.45	HH
90564-41022	2.50	JJ
90564-41023	2.55	KK
90564-41024	2.60	LL
90564-41025	2.65	MM
90564-41026	2.70	NN
90564-41027	2.75	PP
90564-41028	2.80	QQ
90564-41029	2.85	RR
90564-41030	2.90	SS
90564-41031	2.95	TT
90564-41032	3.00	UU

（5）拆下16个螺栓和手动变速器壳。

（6）从传动桥壳上拆下差速器壳总成。

10）安装前传动桥壳油封

（1）如图1.137所示，用SST（SST 09950-60010，SST 09950-70010）工具和锤子将新的前传动桥壳油封安装至传动桥壳。

嵌入深度：15.6～16.0 mm。

（2）在前传动桥壳油封唇口上涂抹通用润滑脂。

11）安装新的输入轴前轴承

如图1.138所示，在新的输入轴前轴承上涂抹齿轮油，并用SST（SST 09950-60010，SST 09950-70010）工具和压力机将其安装至传动桥壳。

嵌入深度：0～0.30 mm。

12）安装变速器磁铁

如图1.139所示，清洁变速器磁铁并将其安装至传动桥壳。

13）安装轴承锁止板

如图1.140所示，用螺栓将轴承锁止板安装至传动桥壳。扭矩：11 N·m。

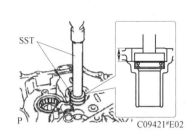
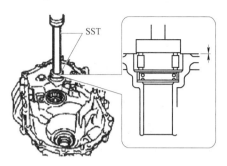

图 1.137　安装前传动桥壳油封　　　　图 1.138　安装输入轴前轴承

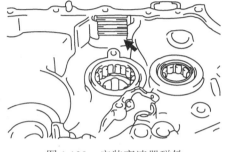
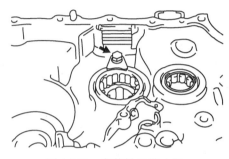

图 1.139　安装变速器磁铁　　　　　　图 1.140　安装轴承锁止板

14）安装手动传动桥壳集油槽

如图 1.141 所示，用螺栓将手动传动桥壳集油槽安装至传动桥壳。扭矩：11 N·m。

15）安装差速器壳总成

如图 1.142 所示，在差速器壳滚锥轴承上涂抹齿轮油，并将差速器壳总成安装至传动桥壳。

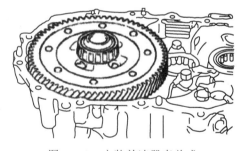

图 1.141　安装手动传动桥壳集油槽　　图 1.142　安装差速器壳总成

16）安装倒挡换挡臂支架总成

如图 1.143 所示，用 2 个螺栓将倒挡换挡臂支架总成安装至传动桥壳。扭矩：17 N·m。

17）安装输入轴和输出轴总成

如图 1.144 所示，在输入轴总成与输出轴总成滑动面和旋转面上涂抹齿轮油，并将其安装至传动桥壳。

18）安装倒挡惰轮分总成、止推垫圈和倒挡惰轮轴

如图 1.145 所示，在倒挡惰轮分总成、止推垫圈和倒挡惰轮轴上涂抹齿轮油，并将其安装至传动桥壳。

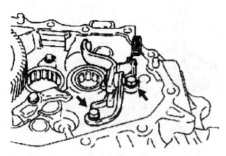 

图 1.143　安装倒挡换挡臂支架总成　　图 1.144　安装输入轴和输出轴总成

提示：使倒挡惰轮轴上的标记和图中所示的螺栓孔对准。

19）安装 2 号换挡拨叉轴

（1）如图 1.146 所示，在 2 号换挡拨叉和 1 号换挡拨叉上涂抹齿轮油，并将其安装至输入轴总成和输出轴总成。

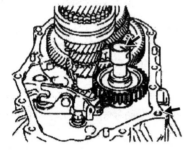 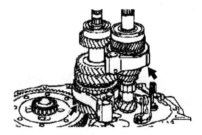

图 1.145　安装倒挡惰轮分总成、止推垫圈和倒挡惰轮轴　　图 1.146　安装 2 号换挡拨叉和 1 号换挡拨叉

（2）如图 1.147 所示，在 2 号换挡拨叉轴上涂抹齿轮油，并安装 1 号变速导块、倒挡换挡拨叉和 2 号换挡拨叉轴。

（3）如图 1.148 所示，在 2 个换挡锁止螺栓上涂抹密封胶，并将其安装至 2 号换挡拨叉和 1 号变速导块。

密封胶：丰田原厂黏合剂 1344、THREE BOND 1344 或同等产品；扭矩：16 N·m。

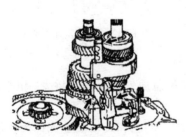 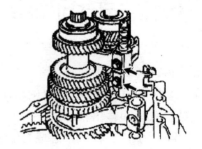

图 1.147　安装 1 号变速导块、倒挡　　图 1.148　安装换挡锁止螺栓
　　　　　　换挡拨叉和 2 号换挡拨叉轴

20）安装 3 号换挡拨叉轴

（1）如图 1.149 所示，用铜棒和锤子将新的轴卡环安装至 3 号换挡拨叉轴。

（2）如图 1.150 所示，在 3 号换挡拨叉轴上涂抹齿轮油，并将其安装至传动桥壳。

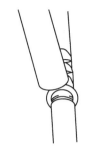

图 1.149　安装轴卡环（一）

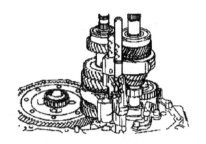

图 1.150　安装 3 号换挡拨叉轴

21）安装 1 号换挡拨叉轴分总成

（1）在 1 号换挡拨叉轴分总成上涂抹齿轮油，并将其安装至传动桥壳。

（2）如图 1.151 所示，在换挡拨叉锁止螺栓上涂抹密封胶，并将其安装至 1 号换挡拨叉。

扭矩：16 N·m。

密封胶：丰田原厂黏合剂 1344、THREE BOND 1344 或同等产品。

（3）如图 1.152 所示，用铜棒和锤子安装新的轴卡环。

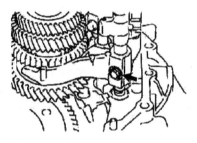

图 1.151　安装换挡拨叉锁止螺栓

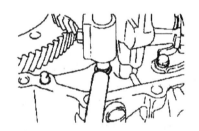

图 1.152　安装轴卡环（二）

22）安装 2 号集油管（MTM）

用螺栓将 2 号集油管（MTM）安装至手动变速器壳。

扭矩：17 N·m。

注意：不要使 2 号集油管变形。如图 1.153 所示，将 2 号集油管固定在手动变速器壳上进行安装。

23）安装 1 号集油管（MTM）

用螺栓将 1 号集油管（MTM）安装至手动变速器壳。

扭矩：17 N·m。

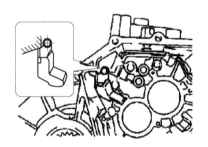

图 1.153　安装 2 号集油管

注意：不要使 1 号集油管变形。如图 1.154 所示，将 1 号集油管固定在手动变速器壳上进行安装。

24）安装手动变速器壳

（1）如图 1.155 所示，在手动变速器壳上涂抹 FIPG。

FIPG：丰田原厂密封胶 1281、THREE BOND 1281 或同等产品。

注意：必须在涂胶后 10 min 内组装各零件。否则，必须先清除填料（FIPG），然后重新涂抹。

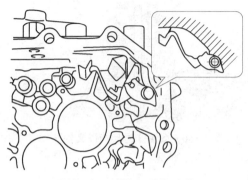

图1.154 安装1号集油管

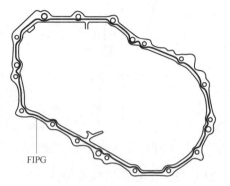

图1.155 在手动变速器壳上涂抹密封胶

（2）如图1.156所示，将13个螺栓安装至手动变速器。扭矩：29 N·m。

（3）如图1.157所示，在3个螺栓上涂抹密封胶，并将其安装至传动桥壳侧。扭矩：29 N·m。

密封胶：丰田原厂黏合剂1344、THREE BOND 1344或同等产品。

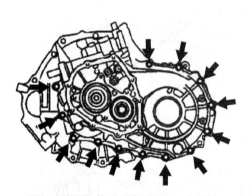

图1.156 安装手动变速器13个螺栓

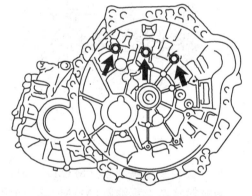

图1.157 安装传动桥壳侧3个螺栓

25）安装倒挡惰轮轴螺栓

如图1.158所示，在倒挡惰轮轴螺栓上涂抹密封胶，并用新衬垫将其安装至手动变速器壳。

扭矩：29 N·m。

密封胶：丰田原厂黏合剂1344、THREE BOND 1344或同等产品。

26）安装倒挡定位销螺塞

如图1.159所示，在倒挡定位销螺塞上涂抹密封胶，并用6 mm六角套筒扳手将其安装至手动变速器壳。

扭矩：29 N·m。

密封胶：丰田原厂黏合剂1344、THREE BOND 1344或同等产品。

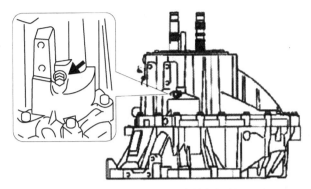

图 1.158 安装倒挡惰轮轴螺栓

27)安装输入轴后轴承孔卡环

如图 1.160 所示,用卡环扩张器将输入轴后轴承孔卡环安装至输入轴总成。

图 1.159 安装倒挡定位销螺塞

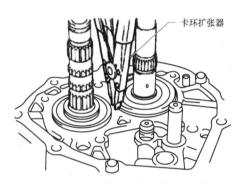

图 1.160 安装输入轴后轴承孔卡环

28)安装输出轴后轴承孔总成

如图 1.161 所示,用卡环扩张器将输出轴后轴承孔卡环安装至输出轴总成。

29)安装换挡锁止钢球

(1)如图 1.162 所示,将换挡锁止钢球、换挡锁止钢球压缩弹簧和换挡锁止钢球压缩弹簧座安装至传动桥壳。

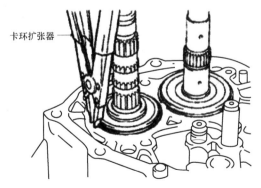

图 1.161 安装输出轴后轴承孔卡环

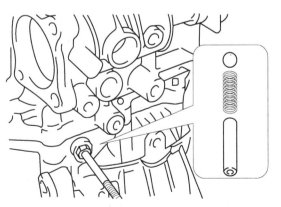

图 1.162 安装换挡锁止钢球、换挡锁止钢球压缩弹簧和换挡锁止钢球压缩弹簧座(一)

（2）如图 1.163 所示，在换挡锁止钢球螺塞上涂抹密封胶，并用 SST 工具将其安装至传动桥壳。

扭矩：22 N·m。

密封胶：丰田原厂黏合剂 1344、THREE BOND 1344 或同等产品。

（3）如图 1.164 所示，将 2 个换挡锁止钢球、2 个换挡锁止钢球弹簧和 2 个换挡锁止钢球弹簧座安装至手动变速器壳。

图 1.163 安装传动桥壳换挡锁止钢球螺塞

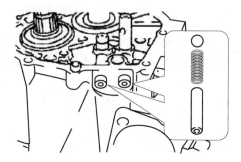
图 1.164 安装手动变速器壳换挡锁止钢球、换挡锁止钢球弹簧和换挡锁止钢球弹簧座

（4）如图 1.165 所示，在 2 个换挡锁止钢球螺塞上涂抹密封胶，并将其安装至手动变速器壳。

扭矩：22 N·m。

密封胶：丰田原厂黏合剂 1344、THREE BOND 1344 或同等产品。

30）安装后轴承护圈

如图 1.166 所示，在 5 个螺栓上涂抹密封胶，并用这些螺栓将后轴承护圈安装至手动变速器壳。

扭矩：27 N·m。

密封胶：丰田原厂黏合剂 1344、THREE BOND 1344 或同等产品。

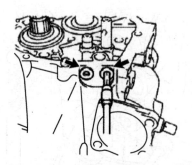
图 1.165 安装手动变速器壳换挡锁止钢球螺塞

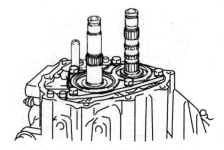
图 1.166 安装后轴承护圈

31）安装换挡拨叉轴卡环

如图 1.167 所示，用铜棒和锤子将新的换挡拨叉轴卡环安装至 2 号换挡拨叉轴。

32）安装五挡从动齿轮

如图1.168所示，用SST（SST 09950-30012）工具将五挡从动齿轮安装至输出轴总成。

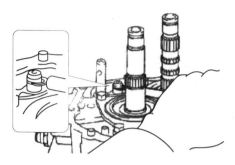
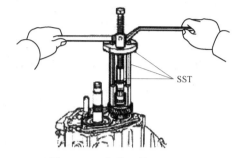

图1.167　安装换挡拨叉轴卡环　　　　　　图1.168　安装五挡从动齿轮

33）安装五挡齿轮滚针轴承和3号离合器毂轴卡环

（1）如图1.169所示，在两个五挡齿轮轴承隔垫和五挡齿轮滚针轴承上涂抹齿轮油，并将其安装至输入轴总成。

（2）如图1.170所示，用铜棒和锤子将新的变速器3号离合器毂轴卡环安装至输入轴总成。

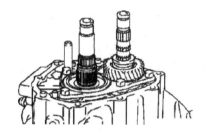

图1.169　安装五挡齿轮轴承隔垫和五挡齿轮滚针轴承　　图1.170　安装3号离合器毂轴卡环

34）安装五挡齿轮

如图1.171所示，在五挡齿轮上涂抹齿轮油，并将其安装至输入轴。

35）安装同步器3号锁环

如图1.172所示，在同步器3号锁环上涂抹齿轮油，并将其安装至五挡齿轮。

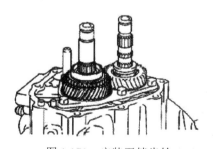
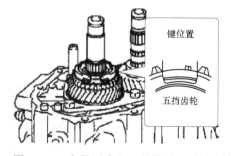

图1.171　安装五挡齿轮　　　　　　图1.172　安装同步器3号锁环（五挡齿轮）

36）安装变速器3号离合器毂

（1）如图1.173所示，将3个同步啮合换挡键和2个同步啮合换挡键弹簧安装至变速

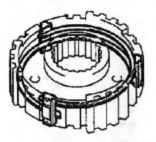

图 1.173　安装换挡键和换挡键弹簧

器 3 号离合器毂。

注意：不要在同一位置设置 2 个换挡键弹簧开口。

（2）如图 1.174 所示，将变速器 3 号接合套安装至变速器 3 号离合器毂。

注意：使 A 侧朝下安装变速器 3 号离合器毂，使 B 侧朝上安装变速器 3 号接合套。

（3）将 3 号换挡拨叉安装至带变速器 3 号接合套的变速器 3 号离合器毂。

注意：使 C 面朝下安装 3 号换挡拨叉。

（4）如图 1.175 所示，用 SST（SST 09608-04031）工具和锤子将带 3 号换挡拨叉的变速器 3 号离合器毂安装至输入轴总成。

注意：如图 1.175 所示，敲入变速器 3 号离合器毂前，将尺寸合适的木块放置在输入轴总成后端的下方；敲入离合器毂时，固定输入轴使其不被下压，否则输入轴后轴承将超载且可能损坏。

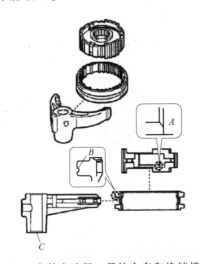

图 1.174　安装变速器 3 号接合套和换挡拨叉

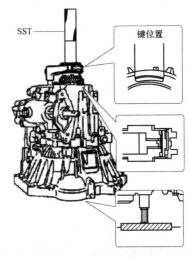

图 1.175　将 3 号离合器毂安装至输入轴总成

（5）如图 1.176 所示，在换挡拨叉锁止螺栓上涂抹密封胶，并将其安装至 3 号换挡拨叉。扭矩：16 N·m。

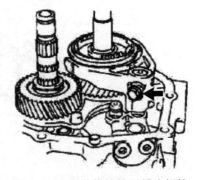

图 1.176　安装换挡拨叉锁止螺栓

（6）选择一个可使轴向间隙最小的卡环，卡环厚度见表1.5。

间隙：0.1 mm 或更小。

表1.5　卡环厚度（一）

零件号	厚度/mm	标记
90520－20074	1.75	A
90520－20075	1.80	B
90520－20076	1.85	C
90520－20077	1.90	D
90520－20078	1.95	E
90520－20079	2.00	F
90520－20080	2.05	G
90520－20081	2.10	H
90520－20082	2.15	J

（7）如图1.177所示，用铜棒和锤子将变速器3号离合器毂轴卡环安装至输入轴。

37）安装同步器3号锁环（六挡齿轮）

如图1.178所示，在同步器3号锁环（六挡齿轮）上涂抹齿轮油，并将其安装至变速器3号离合器毂。

38）安装六挡齿轮滚针轴承

如图1.179所示，在六挡齿轮滚针轴承和六挡齿轮隔垫上涂抹齿轮油，并将其安装至输入轴总成。

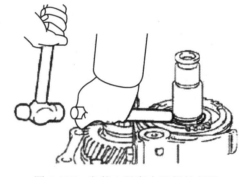

图1.177　安装3号离合器毂轴卡环

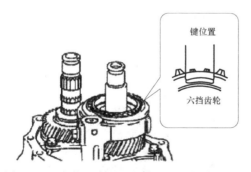

图1.178　安装同步器3号锁环（六挡齿轮）

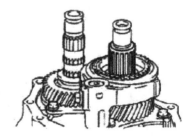

图1.179　安装六挡齿轮滚针轴承和六挡齿轮隔垫

39）安装六挡齿轮分总成

（1）如图1.180所示，在六挡齿轮分总成上涂抹齿轮油，并将其安装至输入轴总成。

（2）如图1.181所示，用SST（SST 09608－04031）、钢块和锤子，将输入轴后径向滚珠轴承安装至输入轴总成。

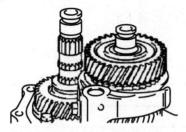
图 1.180 安装六挡齿轮分总成

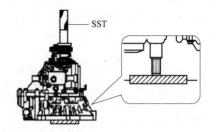
图 1.181 安装输入轴后径向滚珠轴承

（3）选择一个可使轴向间隙最小的输入轴卡环，卡环厚度见表 1.6。

间隙：0.1 mm 或更小。

表 1.6 卡环厚度（二）

零件号	厚度/mm	标记
90520-17006	1.70	A
90520-17007	1.75	B
90520-17008	1.80	C
90520-17009	1.85	D
90520-17010	1.90	E
90520-17011	1.95	F
90520-17012	2.00	G
90520-17013	2.05	H
90520-17014	2.10	J
90520-17015	2.15	K
90520-17016	2.20	L
90520-17017	2.25	M

（4）如图 1.182 所示，用铜棒和锤子将输入轴卡环安装至输入轴总成。

40）安装输出齿轮隔垫

如图 1.183 所示，将输出齿轮隔垫安装至输出轴总成。

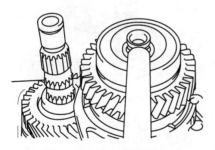
图 1.182 安装输入轴卡环

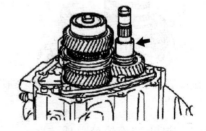
图 1.183 安装输出齿轮隔垫

41）安装六挡从动齿轮

（1）如图 1.184 所示，用 SST（SST 09950-30012）工具将六挡中间轴齿轮安装至输出轴总成。

（2）如图1.185所示，用SST（SST 09950-30012）工具将输出轴后轴承安装至输出轴总成。

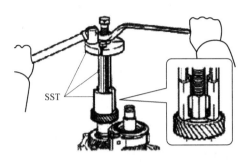

图1.184 安装六挡中间轴齿轮

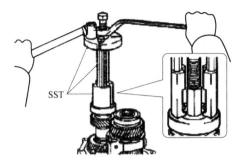

图1.185 安装输出轴后轴承

（3）选择一个可使轴向间隙最小的输出轴后卡环，卡环厚度见表1.7。

间隙：0.1 mm或更小。

表1.7 卡环厚度（三）

零件号	厚度/mm	标记
90520-18003	2.31	B
90520-18004	2.37	C
90520-18006	2.43	D
90520-18007	2.49	E
90520-18008	2.55	F
90520-18009	2.61	G
90520-18013	2.67	H
90520-18011	2.73	J
90520-18014	2.79	K
90520-18015	2.85	L
90520-18016	2.91	M

（4）如图1.186所示，用铜棒和锤子将输出轴后卡环安装至输出轴总成。

图1.186 安装输出轴后卡环

42)检查六挡齿轮轴向间隙

参见"2. 拆解"中"13)测量六挡齿轮轴向间隙"。

43)检查五挡齿轮轴向间隙

参见"2. 拆解"中"14)测量五挡齿轮轴向间隙"。

44)检查六挡齿轮径向间隙

参见"2. 拆解"中"15)测量六挡齿轮径向间隙"。

45)检查五挡齿轮径向间隙

参见"2. 拆解"中"16)测量五挡齿轮径向间隙"。

46)安装手动变速箱盖分总成

(1)如图1.187所示,在手动变速箱盖分总成上涂抹FIPG。

FIPG:丰田原厂密封胶1281、THREE BOND 1281或同等产品。

注意:必须在涂胶后10 min内组装各零件,否则需先清除填料FIPG,然后再重新涂抹。

(2)如图1.188所示,用9个螺栓将手动变速箱盖分总成安装至手动变速器壳。

扭矩:18 N·m。

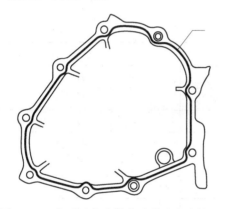

图1.187 在手动变速箱盖分总成上涂抹FIPG

图1.188 用9个螺栓将手动变速箱盖分总成安装至手动变速器壳

47)安装手动变速器壳塞

(1)在变速器壳塞上涂抹密封胶。

密封胶:丰田原厂黏合剂1344、THREE BOND 1344或同等产品。

(2)如图1.189所示,用10 mm六角套筒扳手,将变速器壳塞和新衬垫安装至手动变速器壳。

扭矩:39 N·m。

(3)如图1.190所示,在变速器壳塞上涂抹密封胶,用6 mm六角套筒扳手将其安装至手动变速器壳。

密封胶:丰田原厂黏合剂1344、THREE BOND 1344或同等产品。

扭矩:13 N·m。

48)安装换挡和选挡杆轴总成

(1)如图1.191所示,在换挡和选挡杆轴总成上涂抹齿轮油。

(2)如图1.192所示,在4个螺栓上涂抹密封胶,用这4个螺栓将新衬垫、换挡和选挡杆轴总成安装至手动变速器壳。

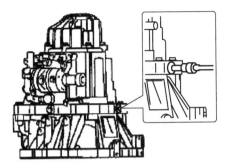

图1.189 安装变速器壳塞和新衬垫

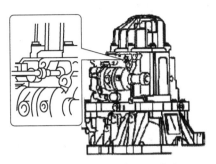

图1.190 安装变速器壳塞

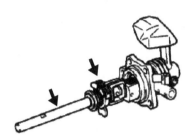

图1.191 在换挡和选挡杆轴总成上涂抹齿轮油的位置

图1.192 安装新衬垫、换挡和选挡杆轴总成

扭矩：20 N·m。

密封胶：丰田原厂黏合剂1344、THREE BOND 1344或同等产品。

注意：将换挡互锁板的卡爪牢固地放入换挡拨叉轴变速导块内。

49）安装换挡定位板销

（1）在换挡定位板销上涂抹密封胶。

（2）如图1.193所示，安装垫圈和换挡定位板销。

扭矩：11 N·m。

密封胶：丰田原厂黏合剂1344、THREE BOND 1344或同等产品。

50）安装1号锁止钢球总成

如图1.194所示，在1号锁止钢球总成上涂抹密封胶，并将其安装至手动变速器壳。

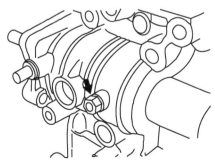

图1.193 安装垫圈和换挡定位板销

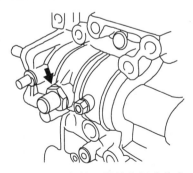

图1.194 安装1号锁止钢球总成

扭矩：29 N·m。

密封胶：丰田原厂黏合剂 1344、THREE BOND 1344 或同等产品。

51）安装地板式换挡控制杆

（1）将防尘罩安装至换挡和选挡杆轴油封。

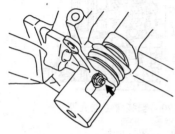

（2）将地板式换挡控制杆和锁销一同安装至换挡和选挡杆轴总成。

（3）如图 1.195 所示，用螺母安装弹簧垫圈。

扭矩：12 N·m。

52）安装选挡直角杠杆总成

（1）如图 1.196 所示，用 2 个螺栓与螺母将选挡直角杠杆总成和换挡控制杆衬套一同安装至手动变速器壳。

扭矩：螺栓 25 N·m，螺母 12 N·m。

图 1.195　安装弹簧垫圈

注意：在换挡控制杆衬套内环面上涂抹通用润滑脂。

53）安装倒灯开关总成

（1）用 SST（SST 09817-16011）工具和新衬垫将倒车灯开关总成安装至手动变速器壳。

扭矩：40 N·m。

（2）如图 1.197 所示，将倒车灯开关线束安装至 2 个卡夹。

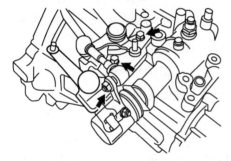

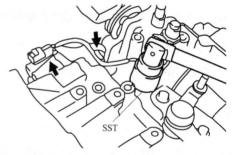

图 1.196　安装选挡直角杠杆总成和换挡控制杆衬套

图 1.197　安装倒车灯开关总成

54）安装速度表从动齿轮孔盖分总成

（1）将新 O 形圈安装至速度表从动齿轮孔盖分总成。

（2）如图 1.198 所示，用螺栓将速度表从动齿轮孔盖分总成安装至传动桥壳。

扭矩：11 N·m。

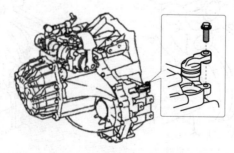

图 1.198　安装速度表从动齿轮孔盖分总成

55）安装放油（MTM）螺塞分总成

如图 1.199 所示，用新衬垫将放油（MTM）螺塞分总成安装至手动变速器壳。

扭矩：39 N·m。

56）安装手动变速器注油螺塞

如图 1.200 所示，用新衬垫将手动变速器注油螺塞安装至手动变速箱盖。

扭矩：39 N·m。

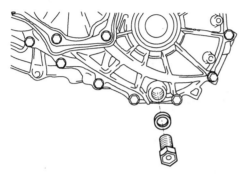
图 1.199 安装放油（MTM）螺塞分总成

图 1.200 安装手动变速器注油螺塞

引例

一辆一汽大众速腾汽车，在高速行驶中突然前端半轴断裂，导致车辆侧翻，致使车辆受损严重、驾驶员受伤。此车是发动机前置前驱的汽车，分析其万向传动装置是分析此事故的要点。

1.3 万向传动装置

1.3.1 万向传动装置的功用和组成

汽车上任何一对轴线相交，且相对位置经常变化的转轴间传递动力的装置，均需万向传动装置。

万向传动装置一般包括万向节和传动轴组件，有的还加有中间轴承。

1.3.2 万向传动装置的应用

1. 变速器与驱动桥之间

在发动机前置后驱的汽车上，变速器、离合器与发动机三者合为一体装在车架上，驱动桥通过悬架与车架相连。在负荷变化及汽车在不平路面上行驶时引起的跳动，会使驱动桥输入轴与变速器输出轴之间的夹角和距离发生变化，故变速器的输出轴与驱动桥的输入轴之间一般由万向传动装置来传动动力，如图 1.201 所示。在变速器与驱动桥之间距离较远的情况下，传动轴还分成两段，以防止传动轴过长而产生共振，同时采用三个万向节，并且在中间轴上设置了中间支承。

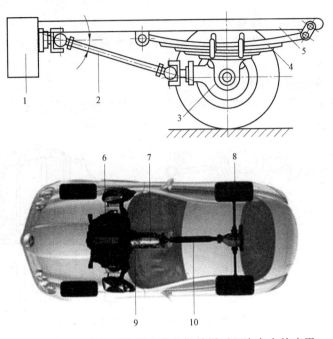

图 1.201 万向传动装置在发动机前置后驱汽车上的应用

1,7—变速器；2,10—万向传动装置；3,8—驱动桥；4—后悬架；5—车架；6—发动机；9—液力变矩器

2. 多桥驱动汽车变速器与分动器之间

对双轴驱动和三轴驱动的汽车，当变速器与分动器分开布置时，为消除车架变形及制造、装配误差等引起的其轴线同轴度误差对动力传动的影响，须装有万向传动装置，如图 1.202 所示。

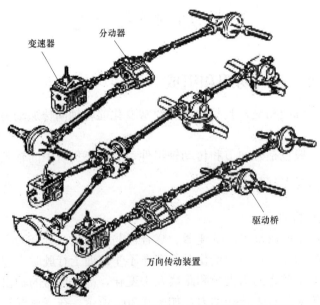

图 1.202 万向传动装置在多桥驱动汽车上的应用

3. 转向驱动桥

对转向驱动桥，车轮既是转向轮又是驱动轮。作为转向轮，要求其能偏转一定角度；作为驱动轮，要求其在偏转角度的同时能将动力传递出来。因此，汽车转向驱动桥的半轴是分段的，中间由万向节相连，转向时两段半轴轴线相交且交角变化。若采用非独立悬架，只需在转向轮附近装一个万向节（见图 1.203）；若采用独立悬架，则在靠近主减速器处也需装万向节（见图 1.203），一般前驱小轿车均采用此种结构。

4. 转向轴

某些汽车的转向轴装有万向传动装置，有利于转向机构的总体布置，如图 1.204 所示。

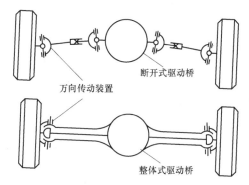

图 1.203　万向传动装置在转向驱动桥上的应用

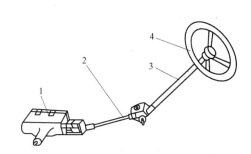

图 1.204　万向传动装置在转向轴上的应用
1—转向器；2—万向传动装置；3—转向轴；4—转向盘

1.3.3　万向传动装置的结构与工作原理

万向传动装置一般由万向节和传动轴组成，有的还加有中间轴承。

1. 万向节的结构与工作原理

万向节按扭转方向是否有明显的弹性，可分为刚性万向节与挠性万向节，一般小轿车应用较多的是刚性万向节。刚性万向节按传递动力特性可分为等速万向节和不等速万向节。

不等速万向节常用的有普通十字轴式万向节。等速万向节常用的有球笼式万向节、三枢轴式和球叉式万向节等。

1）十字轴刚性万向节的结构

目前，十字轴刚性万向节一般用于发动机前置后驱的传动装置上，它由万向节叉、十字轴、滚针轴承、油封和油嘴等组成，如图 1.205 所示。

固装在两轴的万向节叉上的孔，分别套在十字轴的四个轴颈上。在十字轴轴颈与万向节叉孔之间装有滚针和套筒，并用带有锁片的螺钉和轴承盖使之轴向定位。为了润滑轴承，十字轴内钻有油道，且与滑脂嘴、安全阀相通，如图 1.206 所示。

（1）十字轴刚性万向节的速度特性。

当十字轴刚性万向节的主动叉轴等角速度转动时，从动叉轴是不等角速度的，从动叉轴的角速度在最大值和最小值之间来回变化，周期为180°；从动叉轴不等速的程度随轴间夹角的加大而加大。主、从动轴的平均转速是相等的，即主动轴转一圈从动轴也转一圈。不等速是相对转动一圈内的角速度而言的。

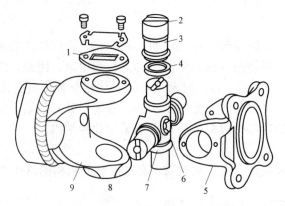

图 1.205 十字轴刚性万向节

1—轴承盖；2—套筒；3—滚针；4—油封；5,9—万向节叉；6—安全阀；7—十字轴；8—油嘴

单个普通万向节的不等速性会使从动轴及与其相连的传动部件产生扭转振动，产生附加的交变载荷及振动噪声，影响零部件的使用寿命。

（2）十字轴刚性万向节实现等角速度传动的条件（见图1.207）：

① 采用双万向节传动；

② 第一万向节两轴间的夹角α_1与第二万向节两轴间的夹角α_2相等；

③ 第一万向节的从动叉与第二万向节的主动叉在同一平面内。

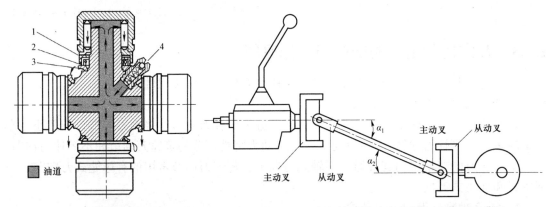

图 1.206 十字轴刚性万向节润滑油道　　　图 1.207 十字轴刚性万向节等角速度传动布置

1—油封座；2—油封；3—油封挡盘；4—滑脂嘴

2）球笼式万向节

球笼式万向节又分为固定型（也称RF节）和可伸缩型（又称VL节）。固定型（也称RF节）球笼式万向节一般用于靠近车轮处；可伸缩型的（又称VL节）球笼式万向节一般用于靠近驱动桥处，其轴向可伸缩，可改变传动轴的长度，有利于动力的传递。如图1.208所示。

固定型球笼式万向节结构如图1.209所示，它由星形套、钢球保持架（球笼）、球形壳等组成。星形套以内花键与主动轴相连，其外表面有凹槽形成内滚道；球形壳内表面也有相应的凹槽，形成外滚道，6个钢球分别装在各条凹槽中，并由保持架保持在一个平面内。

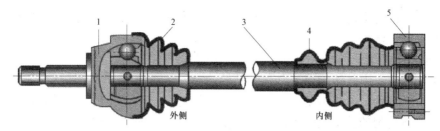

图 1.208　固定型与可伸缩型万向节在转向驱动桥上的布置

1—固定型球笼式万向节（RF 节）；2，4—防尘罩；3—传动轴；5—伸缩型球笼式万向节（VL 节）

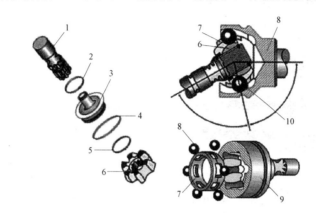

图 1.209　固定型球笼式万向节结构

1—主动轴；2—钢带箍；3—外罩；4—钢带箍；5—卡环；6—星形套（内滚道）；
7—保持架（球笼）；8，10—钢球；9—球形壳（外滚道）

可伸缩型的球笼式万向节结构如图 1.210 所示，其基本结构与固定型球笼式万向节是相同的，只是其外滚道较长，钢球在工作时，既有圆周运动又可轴向移动，以达到伸缩的效果。

球笼式万向节的承载力较大，磨损小，结构紧凑，广泛应用于采用独立悬架的轿车转向驱动桥。

3）三枢轴球面滚轮式等速万向节

三枢轴球面滚轮式等速万向节简称三轴式万向节。如图 1.211 所示，在三个短轴上有

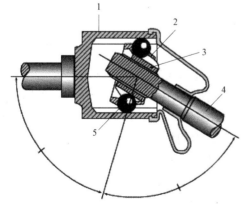

图 1.210　可伸缩型的球笼式万向节结构

1—筒形壳（外滚道）；2—保持架（球笼）；
3—星形套（内滚道）；4—主动轴；5—钢球

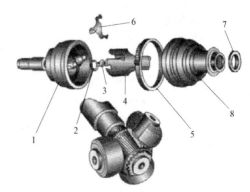

图 1.211　三枢轴球面滚轮式等速万向节结构

1—外座圈；2—垫圈；3—止堆块；4—叉形元件；
5—保护罩卡箍；6—锁定三脚架；7—橡胶紧固件；8—保护罩

三个滚轮,滚轮既可自转又可在滚道上滑动,实现等速传递动力,并且可轴向伸缩,在轿车上应用越来越广泛。

2. 传动轴的结构

传动轴在前驱车中是连接变速器与驱动轮的部件,在后驱车中是连接变速器(或分动器)与驱动桥的部件,其作用是传递扭矩。传动轴有空心轴和实心轴两种,多数做成空心的,一般由厚薄均匀的薄钢板卷焊而成。对于超重型货车的传动轴采用无缝钢管制成,而对于转向驱动桥、断开式驱动桥或微型汽车的传动轴通常制成实心的。在传动轴的两端分别焊有带花键的轴头和万向节叉,如图1.212所示。

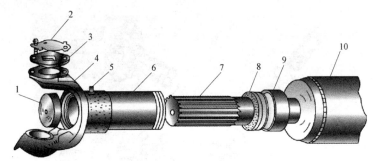

图1.212 发动机前置后驱传动轴结构

1—盖子;2—盖板;3—盖垫;4—万向节叉;5—滑脂嘴;6—伸缩套;7—滑动花键轴;
8—油封;9—油封盖;10—传动轴管

传动轴分段时,应加中间支承,通常中间支承安装在车架横梁上,它可用于补偿传动轴轴向和角度方向变化或车架变形等所引起的位移。

1.3.4 万向传动装置的维护

(1) 对于驱动轴,应经常检查如下:
① 检查半轴防尘罩损坏与变质情况。
② 检查防护罩是否有漏损情况。
③ 检查球节的磨损与损坏情况。
④ 检查花键的磨损与损坏情况。
⑤ 检查防振块的裂缝、磨损与定位情况。
⑥ 检查半轴是否有裂纹与磨损。

(2) 装配球笼式万向节或三叉式万向节时,应加注润滑脂,并更换防尘罩。

(3) 对于十字轴刚性万向节应检查传动轴十字轴轴承及中间支承有无松旷,如轴承磨损松旷应及时更换;检查各叉形凸缘螺母的紧固情况,并紧固螺栓或螺母及凸缘连接螺栓;检查防尘罩是否破裂,发现防尘罩破损应立即更换;定期向万向传动装置的轴承加注润滑脂浸润。

(4) 对于三轴式万向节,应经常检查十字轴滚针轴承的损坏、旋转与腐蚀情况。

 特别提示

万向传动装置的维护虽然简单,但一定要定期保养与维护,尤其是防尘罩的检查与更换、润滑脂的加注与检查，将会直接影响万向传动装置的寿命。

对于大部分前驱汽车的半轴，由于较细，应重点检查它的损坏情况，防微杜渐，否则会导致半轴断裂，高速行驶时容易产生侧翻，造成严重的交通事故。

1.3.5　万向传动装置的检修

1. 十字轴式刚性万向节的检修

万向节十字轴不得有裂纹，若十字轴各轴颈表面严重拉伤、金属剥落、滚针碎裂、轴承外圈与万向节叉的轴承配合过松、十字轴颈与滚针轴承配合间隙超过 0.25 mm、轴承外圈有裂纹等，则应更换新件。万向节轴承盖板上的止动凸起部分应完整无损，否则应予以修复或更换。

2. 球笼式等速万向节的检修

检查万向节外星轮（球形壳）星形套、保持架及钢球接触面有无凹痕和磨损，钢球和滚道应无锈蚀、烧蚀、剥落、裂纹，万向节间隙应不大于 0.8 mm，否则应更换万向节。

3. 三枢轴球面滚轮式等速万向节的检修

检查万向节滚轮与滚道接触面有无凹痕和磨损，滚轮和滚道应无锈蚀、烧蚀、剥落、裂纹，否则应更换万向节。

4. 传动轴的检修

传动轴的主要损伤有弯曲、轴管凹陷与裂纹，检查传动轴不得有裂纹或严重的凹陷，否则应更换。

检查传动轴的弯曲情况，一般用径向圆跳动来表示。如图 1.213 所示，其最大圆跳动量应符合原厂规定，否则应进行校正或更换。

对于发动机前置后驱的传动轴，应检查花键齿与滑动叉的配合间隙。如图 1.214 所示，最大间隙不得超过 0.30 mm，若间隙过大，则应更换新件。

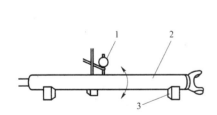

图 1.213　传动轴弯曲度的检测
1—百分表；2—传动轴；3—V 形铁

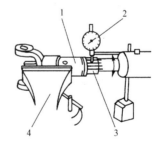

图 1.214　传动轴花键齿与滑动叉的配合间隙的检测
1—花键套；2—百分表；3—传动轴花键；4—台钳

5. 传动轴中间支承的检修

中间支承的常见损伤形式有橡胶老化和轴承磨损等。

当传动轴中间支承轴承的轴向间隙大于 0.3 mm 时，应对中间支承总成解体。解体前检查橡胶垫环有无老化，中间支架有无裂损，橡胶垫环与中间支架配合是否松动，否则应更换橡胶垫环及修复中间支架，解体后，检查轴承内、外圈的滚道与滚子表面不应出现损坏和疲劳剥落及烧蚀等现象，否则应更换新件。测量中间轴承径向游隙和轴向游隙，如间隙超过标准极限值,应更换新件。检查中间支承的旋转是否灵活、橡胶件是否老化、油封是否密封。

1.3.6 万向传动装置的拆卸

1. 球笼式等速万向节的分解

1)拆卸防尘罩

用钢锯将万向节防尘罩上的夹箍锯开,拆下防尘罩,如图 1.215 所示。

2)拆卸外万向节外圈

用铜锤或木槌拆下万向节(RF)外圈,如图 1.216 所示。

图 1.215 拆卸防尘罩

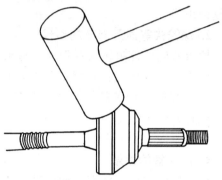

图 1.216 拆卸万向节外圈

3)拆卸弹簧锁圈(见图 1.217)

4)拆卸万向节内圈

用专用工具拆卸万向节内圈,如图 1.218 所示。

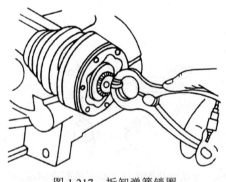

图 1.217 拆卸弹簧锁圈

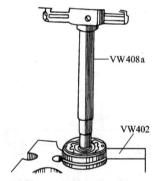

图 1.218 拆卸万向节内圈

5)标示内星轮位置

拆卸万向节前,在球笼和外星轮上标出内星轮位置。

1.3.7 万向传动装置的装配

1. 球笼式等速万向节的装配

1)安装外等角速万向节

清洁待装零件后,将规定数量的润滑脂的一半涂在万向节上,其余涂在防尘罩内侧,将保持架连同星形套一起装入球壳体，并将钢球对角交替压入保持架，应注意使整个结构与分解前一致，并在万向节内装上新的开口弹性挡圈。

2）安装防尘罩

按规定位置安装万向节防尘罩，装好后应将防尘罩小直径端拉开通气使压力平衡，然后张紧不锈钢软管卡箍。

2. 传动轴的安装

（1）清除传动轴和花键上的油污，涂上锂基润滑脂。

（2）在外均匀地涂上一圈 5 mm 厚的防护剂，然后装上传动轴花键套；涂防护剂的传动轴安装后应停车 1 h 方可使用。

（3）车轮着地后拧紧轮毂固定螺母。

3. 刚性十字轴万向节的安装

首先十字轴上的油嘴应朝向轴管一侧，并与套管上的油嘴同方向，将十字轴轴颈套在万向节叉的轴承座孔内，再在轴承上涂抹润滑脂，配上油封放入轴承座孔内，并把轴承壳上凹槽与盖板螺栓孔对正，然后套在十字轴轴颈上，用铜棒手锤将轴承壳轻敲入轴承孔内。装上盖板，再用相同方法安装另一对十字轴与万向节，如图 1.219 所示。

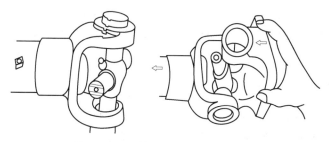

图 1.219 刚性十字轴万向节的安装

1.3.8 万向传动装置的故障诊断与排除

万向传动装置的常见故障主要有传动轴的摆振和发响。

1. 传动轴的摆振

1）故障现象

汽车起步时，有响声，并伴有振动的感觉，变换车速时响声明显。

2）诊断方法

对于发动机前置后驱的汽车，将后轮架起，起动发动机并使传动轴高速旋转，在收加速踏板时观察传动轴摆振情况。若摆振明显，检查传动轴是否弯曲或平衡片是否脱落，如无异常，应检查伸缩管的花键齿配合间隙是否因磨损过度而松旷。若汽车在起步和行驶时都有响声并伴有振动的感觉，说明中间轴承松动；若响声随车速增高而增大，脱挡滑行时声音清晰，则多为中间轴承损坏或歪斜。检查伸缩叉安装位置是否正确，应按标记装配。

3）故障原因和排除

（1）传动轴不平衡：由于传动轴不平衡，其不平衡质量会使传动轴的质心偏离其旋转中心线而产生振抖。

(2) 传动轴弯曲或轴管凹陷、径向圆跳动过大：传动轴出现振动时，可将汽车顶起，用百分表检查传动轴的径向圆跳动，如传动轴圆跳动超过标准极限值，应对传动轴进行校正或更换。

(3) 万向节凸缘叉与花键发卡，更换万向节。

(4) 传动轴上平衡片脱落，焊补平衡片。

(5) 中间轴承松动歪斜或损坏，调整或更换中间轴。

2. 万向节、传动轴发响

1) 故障现象

汽车行驶中底部发出不正常响声，前驱车尤其是在转弯道路不平时响声加剧，后驱车随车速的升高响声加剧。

2) 诊断与排除

对于前驱车，应重点检查万向节；对于后驱车，应重点检查传动轴和万向节。

首先检查防尘罩是否破裂、漏损，如有异常，应立即更换；同时检查万向节是否磨损、锈蚀，如有问题，应全部更换。

检查传动轴是否弯曲或平衡片脱落：如果弯曲，应予以校正或更换；若平衡片脱落，应重新进行平衡试验，重新粘贴平衡片。如无异常，用手握住传动轴晃动，若感觉晃动量较大，可能是传动轴花键轴与花键套的花键及花键槽磨损，应更换。

特别提示

诊断万向节、传动轴异响时，要与转向系和行驶系的异响区分开来，因为其位置较近，响声特点相似，即应结合故障现象，仔细诊断与排除。

大众朗逸车异响诊断与排除

【案例概况】

一辆行驶 70 000 公里的大众朗逸轿车，高速下匝道转弯时前轮处有异响，在不平路面上行驶，偶尔也会有响声。

【案例解析】

大众朗逸车是发动机前置前驱的轿车，一般汽车转弯时有异响，大部分维修人员首先想到的是转向系出了问题，但本故障是在不平路面上行驶有时也有异响，结合这两方面，考虑可能是万向传动装置的问题。首先用举升机将车辆升起，经检查发现左前轮处的外等速万向节防尘罩破裂，导致润滑脂泄漏，外部泥沙进入万向节，分解后发现万向节的球笼、滚道和钢球等均已磨损，已无法使用。更换新等速万向节和防尘罩，故障排除。

从以上案例可以看出汽车保养的重要性，橡胶防尘罩容易老化，应定期进行检查与保养，一旦发现万向节的防尘罩损坏应及时进行更换，以免造成万向节内部损坏。

引例

一辆后驱货车，转弯时有异响，开始认为是转向系的故障，经排查响声在车辆的后部，转弯时响，应该是差速器的故障。

1.4 驱 动 桥

1.4.1 驱动桥概述

1. 驱动桥的功用与组成

驱动桥的功用是将万向传动装置传来的发动机转矩传给驱动轮，并实现减速增矩、改变动力传递方向，使车辆行驶，而且允许左右驱动轮以不同的转速旋转。

驱动桥主要由主减速器、差速器、半轴和驱动桥壳等组成，如图 1.220 所示。

2. 驱动桥的类型

按照悬架的不同，驱动桥可以分为整体式驱动桥和断开式驱动桥。

1）整体式驱动桥

整体式驱动桥桥壳是整体的，与非独立悬架配用，如图 1.220 所示。整体式驱动桥通过弹性悬架与车架连接，半轴套管与主减速器壳刚性地连为一整体，左、右半轴在一条直线上，左、右驱动轮不能各自独立地跳动。如一侧车轮通过地面的凸凹处升高或下降，则驱动桥和车身都随之倾斜，车身波动大。

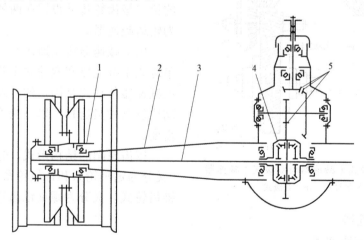

图 1.220 整体式驱动桥的组成
1—轮毂；2—桥壳；3—半轴；4—差速器；5—主减速器

2）断开式驱动桥

断开式驱动桥桥壳分段以铰链连接，与独立悬架配用，如图 1.221 所示。主减速器壳固定在车架上，驱动桥两端分别通过悬架与车架或车身连接。半轴分为两段并用万向节连接。两侧的驱动轮可以彼此独立地相对于车架上下跳动。

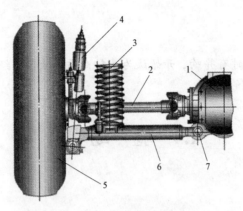

图 1.221 断开式驱动桥的组成

1—主减速器;2—半轴;3—弹性元件;4—减震器;5—驱动车轮;6—摆臂;7—摆臂轴

1.4.2 主减速器

1. 主减速器的功用与类型

主减速器的功用是将万向传动装置传来的发动机转矩传给差速器,在动力传动过程中将转矩增大并相应降低转速。对于纵向布置的发动机,还要将转矩的旋转方向改变90°。

主减速器的类型有多种。

按齿轮传动副数目,分为单级式主减速器和双级式主减速器,如图 1.222 所示。有些重型汽车、工程机械又将双级式主减速器的第二级齿轮传动设置在两侧驱动轮处,称为轮边减速器。

按主减速器传动速比有无挡位,可分为单速式主减速器和双速式主减速器。单速式主减速器传动比是固定的,双速式有两个传动比供驾驶员选择,以适应不同行驶条件的需要。

按齿轮副的结构形式,分为圆柱齿轮式(又分为定轴轮系和行星轮系)主减速器和圆锥齿轮式(又分为螺旋锥齿轮式和双曲面锥齿轮式)主减速器。

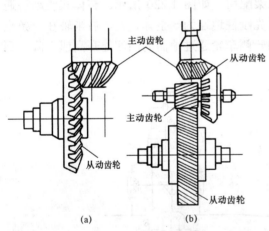

图 1.222 单级式主减速器与双级式主减速器

(a)单级式;(b)双级式

2. 单级式主减速器

单级式主减速器具有结构简单、体积小、质量轻、传动效率高等优点,广泛应用于轿车及轻型、中型货车,其结构特点足够满足该类车辆的动力性要求。

1)载货汽车单级式主减速器

(1)结构。

图 1.223 所示为某载货汽车采用的单级式主减速器。它由主动锥齿轮 18、从动锥齿轮 7、齿轮的支承调整装置和主减速器壳 4 等组成。

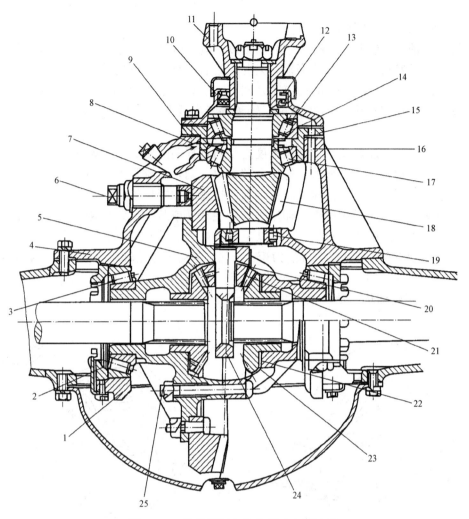

图 1.223 某载货汽车的单级式主减速器

1—差速器轴承盖；2—轴承调整螺母；3,13,17—圆锥滚子轴承；4—主减速器壳；5—差速器壳；6—支承螺柱；7—从动锥齿轮；8—进油道；9,14—调整垫片；10—防尘罩；11—叉形凸缘；12—油封；15—轴承座；16—回油道；18—主动锥齿轮；19—圆柱滚子轴承；20—行星齿轮垫片；21—行星齿轮；22—半轴齿轮推力垫片；23—半轴齿轮；24—十字轴（行星齿轮）；25—螺栓

主、从动锥齿轮采用准双曲面齿轮，主动锥齿轮与主动轴制成一体。为了保证主动锥齿轮有足够的支承刚度，改善啮合条件，其前端支承在相向的两个圆锥滚子轴承 13 和 17 上，后端支承在圆柱滚子轴承 19 上，该结构称为跨置式支承。从动锥齿轮连接在差速器壳上，差速器壳则用两个圆锥滚子轴承支承在主减速器壳的座孔中。从动锥齿轮的后面装有支承螺柱 6，以限制从动锥齿轮过度变形。

为使圆锥滚子轴承 13 和 17 得到充分的润滑，主减速器壳 4 侧面铸有进油道 8，从动锥齿轮转动时，将齿轮油甩动飞溅到进油道中去润滑轴承。润滑轴承的油又从轴承 13 的前方经主减速器壳 4 下方的回油道 16 流回壳体底部。主减速器壳体上装有通气塞，防止壳内气压过高而使润滑油渗漏。

(2) 调整。

① 轴承预紧度的调整。

圆锥滚子轴承在装配时需有一定的预紧度，既不能过紧，也不能过松，否则传动效率会下降，或轴承发热，加速轴承磨损。为此，设有轴承预紧度的调整装置。

在圆锥滚子轴承 13 与 17 的内座圈之间有隔套和调整垫片 14，用以调整主动锥齿轮的轴承预紧度。增加调整垫片 14 的厚度，轴承预紧度减小；减小调整垫片 14 的厚度，轴承预紧度增加。

从动锥齿轮（差速器壳）轴承预紧度则是通过拧动两侧的轴承调整螺母 2 来调整的。拧入调整螺母，轴承预紧度增加；拧出调整螺母，则轴承预紧度减小。

轴承预紧度调整后要进行检查。检查前应按规定力矩拧紧凸缘螺母，且在各零件润滑正常情况下进行。可用经验检查，即用手转动主动（或从动）锥齿轮，应转动自如，无卡滞现象，轴向或径向推动无间隙。也可以定量检查（如图 1.224 所示），用弹簧秤或指针扭矩扳手测量转动主动（或从动）轴的力矩。一般，主动锥齿轮轴承预紧度调整到能以 1.0～1.5 N·m 的力矩转动主动轴，预紧度即为合适。从动锥齿轮轴承预紧度调整到能以 1.5～2.5 N·m 的力矩转动从动轴，预紧度即为合适。

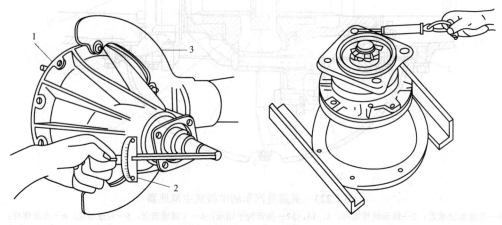

图 1.224　检查主减速器轴承预紧度
1—差速器壳；2—扭力扳手；3—支架

② 锥齿轮啮合印痕与啮合间隙的调整。

为了使齿轮传动工作正常、磨损均匀、延长使用寿命，必须保证齿轮副的正确啮合。为此，需要对锥齿轮的啮合进行调整。锥齿轮啮合的调整是指齿轮啮合印痕和啮合间隙的调整。

锥齿轮啮合印痕的检查方法：在主动锥齿轮上相隔 120°的三处用红丹油在齿的正反面各涂 2～3 个齿，再用手对从动锥齿轮稍施加阻力并正、反向各转动主动齿轮数圈。观察从动锥齿轮上的啮合印迹，正确的啮合印痕如图 1.225 所示，应沿齿长方向接触，其位置控制在齿轮的中部偏向小端，接触痕迹的长度不小于齿长的 50%，齿高方向的接触印痕应不小于齿高的 50%。

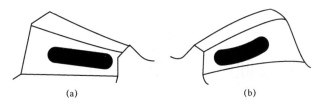

图 1.225　主减速器锥齿轮正确的啮合印痕
（a）正转工作时；（b）逆转工作时

如果啮合印痕位置不正确，应进行调整，方法是通过前后移动主动锥齿轮和左右移动从动锥齿轮来进行调整。如图 1.226 所示，增加垫片的厚度，会使主动锥齿轮前移，反之则后移。拧动调整螺母可以改变从动锥齿轮的位置，为保持已调好的差速器圆锥滚子轴承预紧度不变，一端调整螺母拧入的圈数应等于另一端调整螺母拧出的圈数。

调整啮合印痕后，主、从动锥齿轮的啮合间隙会发生变化。

啮合间隙的检查：将百分表垂直抵在从动锥齿轮正面的大端处，用手把住主动锥齿轮，然后轻轻往复摆转从动锥齿轮即可显示间隙值，如图 1.226 所示。

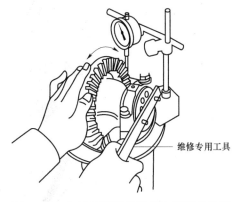

图 1.226　主减速器锥齿轮啮合间隙的检查

一般情况下，啮合印痕与啮合间隙的调整是同时进行的。先检查啮合印痕，然后按图 1.227 所示方法时行调整。调整的原则是"大进从，小出从，顶进主，根出主"。

具体调整步骤如下：

a. 当啮合印痕位于从动锥齿轮轮齿大端时，如图 1.227（a）所示，应将从动锥齿轮向主动锥齿轮靠拢，若因此使啮合间隙变小，可适当将主动锥齿轮向外移动。

b. 当啮合印痕位于从动锥齿轮轮齿小端时，如图 1.227（b）所示，应将从动锥齿轮向远离主动锥齿轮方向移动，若因此使啮合间隙变大，可适当将主动锥齿轮向内移动。

c. 当啮合印痕位于从动锥齿轮轮齿顶部时，如图 1.227（c）所示，应将主动锥齿轮向从动锥齿轮靠拢，若因此使啮合间隙变小，可适当将主动锥齿轮向外移动。

d. 当啮合印痕位于从动锥齿轮轮齿根部时，如图 1.227（d）所示，应将主动锥齿轮向远离从动锥齿轮方向移动，若因此使啮合间隙变大，可适当将主动锥齿轮向内移动。

在调整啮合间隙与啮合印痕时，应以调整啮合印痕为主，即在调整时若二者发生矛盾，应以满足啮合印痕为主，也就是为了满足啮合印痕，可将啮合间隙适当放大。啮合印痕反映的是该减速器齿轮的承载能力，而啮合间隙主要影响速度变化时的冲击噪声。

③ 从动锥齿轮止推装置调整。

有的单级主减速器从动齿轮因负荷较大会产生变形而破坏正常啮合，为此会在从动锥齿轮啮合处的背面装有止推装置。支承螺柱在小负荷时与齿轮背面留有一定的间隙，当负荷超过一定值时，因从动锥齿轮及支承轴承的变形，从动锥齿轮背面会抵在支承螺柱端面上，这样既限制了齿轮的变形量，又承受了部分负荷，保护了差速器侧轴承。在不受载时，支承螺柱与从动锥齿轮端面之间的间隙为 0.3～0.5 mm，转动支承螺柱可以调整此间隙。

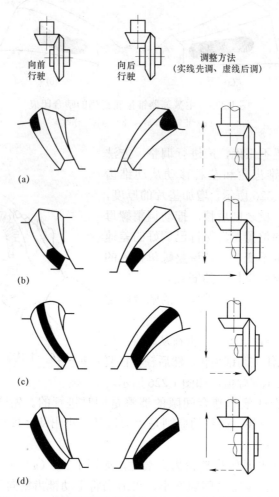

图 1.227 主减速器锥齿轮啮合印痕与啮合间隙的调整

2）桑塔纳 2000 轿车单级式主减速器

图 1.228 所示为桑塔纳 2000 轿车单级式主减速器。由于发动机纵向前置、前轮驱动，整个传动系都集中布置在汽车前部，因此其主减速器装于变速器壳体内，没有专门的主减速器壳体。由于省去了变速器到主减速器之间的万向传动装置，所以变速器输出轴即为主减速器主动轴。

主减速器由一对准双曲面锥齿轮组成。主动锥齿轮与变速器输出轴制为一体，用双列圆锥滚子轴承和圆柱滚子轴承支承在变速器壳体内。环状的从动锥齿轮靠凸缘定位，并用螺栓与差速器壳连接。差速器壳由一对圆锥滚子轴承支承在变速器壳体上。

主动锥齿轮轴上的轴承预紧度无须调整。支承差速器壳的圆锥滚子轴承的预紧度可通过垫片来满足 S_1、S_2 的尺寸要求。锥齿轮啮合间隙与啮合印痕通过垫片来满足 S_1、S_2 和 S_3 的尺寸要求，即增减垫片厚度，使主、从动锥齿轮轴向移动。

如果发动机横向前置，由于主减速器主动齿轮轴线与差速器轴线平行，因此主减速器采用一对圆柱斜齿轮传动即可，无须改变动力的传递方向。

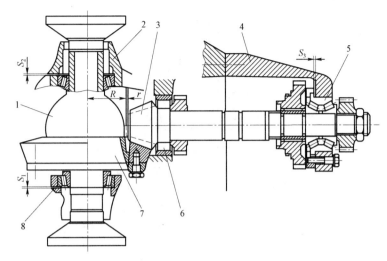

图 1.228 桑塔纳 2000 轿车单级式主减速器

1—差速器；2—变速器前壳体；3—主动锥齿轮；4—变速器后壳体；5—双列圆锥滚子轴承；6—圆柱滚子轴承；
7—从动锥齿轮；8—圆锥滚子轴承

3. 双级式主减速器

当汽车主减速器需要具有较大的传动比时，如果仍采用单级式主减速器，由于主动锥齿轮受强度、最小齿数的限制，其尺寸不能太小，相应地从动锥齿轮尺寸将增大，这不仅使从动锥齿轮刚度降低，而且会使主减速器及驱动桥壳外形轮廓尺寸增大，不能保证足够的离地间隙。因此，这时就需要采用两对齿轮降速的双级式主减速器。

1）结构

图 1.229 所示为一载货汽车采用的双级式主减速器。

第一级传动是一对螺旋锥齿轮，第二级传动是一对斜齿圆柱齿轮。

第一级主动锥齿轮 11 和轴 9 制成一体，用两个圆锥滚子轴承（相距较远）支承在轴承座的座孔中，因主动锥齿轮悬伸在两轴承之后，故称为悬臂式支承。第一级从动锥齿轮 16 用铆钉铆接在中间轴 14 的凸缘上。

第二级传动的主动圆柱齿轮 5 与中间轴 14 制成一体，用两个圆锥滚子轴承支承在两端轴承盖 4 和 15 的座孔中，轴承盖用螺栓与主减速器壳 12 固定连接。第二级从动齿轮 1 夹在左右两半差速器壳之间，并用螺栓将它们紧固在一起。

2）调整

（1）轴承预紧度的调整。

主动锥齿轮轴承的预紧度，用调整垫片 8 的厚度来调整。垫片厚度减小，轴承预紧度变紧；反之，变松。

中间轴圆锥滚子轴承预紧度通过改变两侧轴承盖 4、15 和主减速器壳之间的调整垫片 6 和 13 的总厚度来调整。垫片总厚度减小，轴承预紧度变紧；反之，变松。

支承差速器壳的圆锥滚子轴承的预紧度是依靠旋动调整螺母 3 来调整的。旋入调整螺母，轴承预紧度变紧；反之，变松。

（2）锥齿轮啮合印痕与啮合间隙的调整。

啮合印痕和啮合间隙的调整是通过轴向移动主动和从动锥齿轮来实现的。

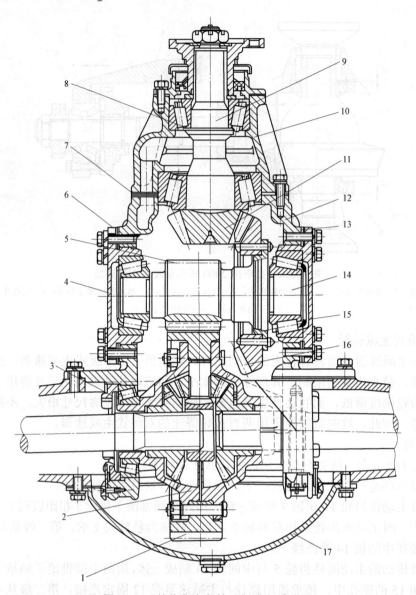

图 1.229 某载货汽车的双级式主减速器

1—第二级从动齿轮；2—差速器；3—调整螺母；4，15—轴承盖；5—第二级主动齿轮；6，7，8，13—调整垫片；
9—第一级主动锥齿轮轴；10—轴承座；11—第一级主动锥齿轮；12—主减速器壳；14—中间轴；
16—第一级从动锥齿轮；17—后盖

增加轴承座和主减速器壳之间的调整垫片7的厚度，主动锥齿轮11会沿轴向向远离从动锥齿轮的方向移动；反之则靠近。

减少右轴承盖15与主减速器壳之间的调整垫片13，将卸下来的垫片增加到左轴承盖4与主减速器壳之间的调整垫片6处，从动锥齿轮16左移，移动距离即所移垫片的厚度。反之，右移相应厚度的距离。调整垫片6和13的增减量应相等，保持总厚度不变，这样就不会破坏中间轴轴承的预紧度。

啮合印痕与啮合间隙的具体调整方法和单级式主减速器相同。

1.4.3 差速器

1. 差速器的功用与类型

1）差速器的功用

汽车在转向时,内外两侧车轮在同一时间内转动的距离不相等,外侧车轮移过的距离大于内侧车轮移过的距离,如图 1.230 所示。当同一车桥上的两侧车轮用同一刚性转轴连接时,如果两轮角速度相等,外侧车轮必定边滚动边滑移,内侧轮必定边滚动边滑转。

汽车做直线运动,当汽车行驶于不平路面,或两侧轮胎气压不同时,两侧车轮实际走过的距离必定不相等,也会造成车轮的滑移或滑转。

车轮相对于地面的滑移和滑转会加速轮胎磨损,增加汽车的动力消耗和燃油消耗,还会造成转向困难、制动性能恶化和行驶稳定性差等。

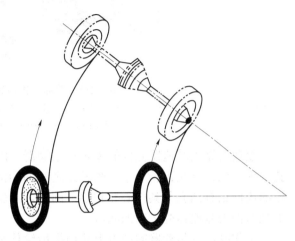

图 1.230 汽车转向时车轮运动示意图

为了消除以上的不良现象,使汽车各个车轮随时可能以不同的角速度旋转,在汽车结构设计上将汽车的驱动轴分为两段,并在两段中间增设了差速器。

差速器的功用是将主减速器传来的动力经左、右两半轴传给两侧驱动轮,必要时允许两侧驱动轮以不同转速旋转,满足两侧驱动轮差速的需要。

2）差速器的类型

差速器按其功能分为轮间差速器和轴间差速器。装在同一驱动桥两侧驱动轮之间的差速器称为轮间差速器。多桥驱动的汽车各驱动桥之间也存在着驱动轮与地面之间的滑移或滑转,为此有的汽车在各驱动桥之间也装有差速器,称为轴间差速器。

差速器按其工作特性可分为普通齿轮式差速器和防滑差速器。防滑差速器有强制锁止式齿轮差速器、高摩擦自锁差速器和自由轮式差速器等。

齿轮式差速器按齿轮形式的不同分为锥齿轮式和圆柱齿轮式。锥齿轮式差速器结构简单紧凑、工作平稳,应用最广。

2. 普通圆锥齿轮式差速器的构造

图 1.231 所示为普通圆锥齿轮式差速器,它由圆锥行星齿轮、行星齿轮十字轴、圆锥半轴齿轮和差速器壳组成。

差速器壳由左、右外壳两部分组成,用螺栓紧固在一起。主减速器从动锥齿轮用螺栓紧固在右外壳的凸缘上。装配时,十字轴的四个轴颈嵌在两半差速器壳端面半圆槽所形成的孔中,每个轴颈上浮套着一个直齿圆锥行星齿轮,两个半轴齿轮分别与四个行星齿轮啮合。半轴齿轮以其轴颈支承在差速器壳中,其内花键孔与半轴上的花键相连。行星齿轮和半轴齿轮的背面与差速器壳之间装有行星锥齿轮垫片和半轴锥齿轮垫片,用以减轻摩擦面间的摩擦和磨损,提高差速器的使用寿命。使用中还可以通过更换垫片来调整齿轮的啮合间隙。

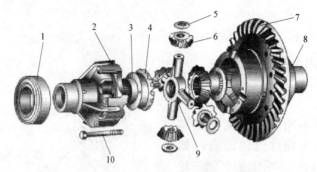

图 1.231 普通圆锥齿轮式差速器分解图

1—轴承；2—左外壳；3—垫片；4—半轴齿轮；5—垫圈；6—行星齿轮；
7—从动齿轮；8—右外壳；9—十字轴；10—螺栓

差速器靠主减速器壳内的齿轮油来润滑。因此，在差速器壳上开有供润滑油进出的窗孔。为了保证行星齿轮与十字轴轴颈之间的润滑，在十字轴轴颈上铣有平面，并在行星齿轮的齿间钻有油孔与其中心孔相通。同样，半轴齿轮齿间也钻有油孔，与其背面相通，以加强背面与差速器壳之间的润滑。

工作时，主传动器的动力由从动锥齿轮传至差速器壳，再依次经十字轴、行星齿轮和半轴齿轮传给半轴，最后由半轴传给驱动车轮。

在中型以下的货车或轿车上，因传递的转矩较小，故可用两个行星齿轮，相应的行星齿轮轴为一根直轴。如图 1.232 所示的桑塔纳轿车差速器即采用这种结构。

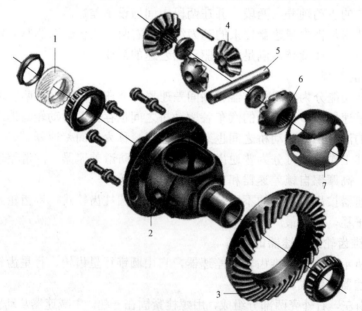

图 1.232 桑塔纳轿车差速器分解图

1—里程表主动齿轮；2—差速器壳体；3—从动锥齿轮；4—行星齿轮；
5—行星齿轮轴；6—半轴齿轮；7—球形垫圈

差速器壳为一整体框架结构，行星齿轮轴装入差速器壳后用止动销定位。半轴齿轮背面也制成球面，其背面的推力垫片与行星齿轮背面的推力垫片制成一个整体，称为复合式推力垫圈。

3. 普通圆锥齿轮式差速器的工作原理

1）普通圆锥齿轮式差速器的运动特性

图 1.233 所示为行星锥齿轮式差速器的运动原理图。

差速器壳与行星齿轮轴连成一体并由主减速器的从动齿轮带动一起转动,是差速器的主动件,设其转速为 n_0,半轴齿轮 1、2 为从动件,分别设其转速为 n_1 和 n_2,A、B 两点分别为行星齿轮与半轴齿轮 1、2 的啮合点,C 点为行星齿轮的中心。A、B、C 三点分别到差速器旋转轴线的距离是相等的。

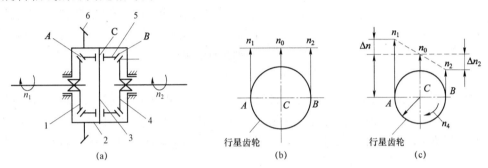

图 1.233　行星锥齿轮式差速器的运动原理图
1—半轴齿轮 1；2—差速器壳；3—行星齿轮轴；4—半轴齿轮 2；5—行星齿轮；6—主减速器从动齿轮

（1）汽车直线行驶时。

两侧驱动轮没有滑转和滑移趋势,转速相同。两侧车轮所受的行驶阻力也相等,通过半轴及半轴齿轮反作用于行星齿轮两啮合点 A、B 的力也相等。此时行星齿轮相当于一个等臂杠杆,保持平衡,即行星齿轮不自转,而只能随行星齿轮轴及差速器壳一起公转,两半轴无转速差,差速器不起差速作用。此时

$$n_1 = n_2 = n_0$$
$$n_1 + n_2 = 2n_0$$

（2）汽车转向行驶时。

两侧车轮有滑转和滑移趋势,两侧驱动轮所受到的地面阻力不同,如果车辆右转,则右侧驱动轮所受到的地面阻力大,左侧驱动轮所受到的地面阻力小,这两个阻力经半轴及半轴齿轮反作用于行星齿轮两啮合点 A、B,破坏了行星齿轮的平衡,使行星齿轮除了随差速器壳一起公转外,还要绕行星齿轮轴自转。设自转转速为 n_4,则半轴齿轮 1 的转速加快,而半轴齿轮 2 的转速减慢,且半轴齿轮 1 转速的增加值等于半轴齿轮 2 转速的减小值。设半轴齿轮转速的增减值为 Δn,则两半轴的转速分别为

$$n_1 = n_0 + \Delta n$$
$$n_2 = n_0 - \Delta n$$

这就是差速器的差速作用,即汽车在转弯或其他情况下行驶,两侧车轮有滑转和滑移趋势时,行星齿轮即发生自转,借行星齿轮的自转,使两侧车轮以不同的转速在地面上滚动。

此时仍有：

$$n_1 + n_2 = 2n_0$$

此方程式即为行星锥齿轮差速器的运动特性方程式。它表明,差速器无论差速与否,

两半轴齿轮转速之和始终等于差速器壳转速的两倍,而与行星齿轮自转速度无关。

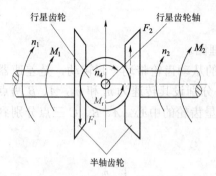

图1.234　行星锥齿轮式差速器的转矩分配原理

2)普通圆锥齿轮式差速器的转矩分配特性

图1.234所示为行星锥齿轮式差速器的转矩分配原理,设主减速器传至差速器壳的转矩为M_0,经行星齿轮轴和行星齿轮传给两半轴齿轮,两半轴齿轮的转矩分别为M_1和M_2。

当行星齿轮不自转时,$n_4=0$,$M_T=0$(M_T为行星齿轮自转时,其内孔和背面所受的摩擦力矩)。行星齿轮相当于一个等臂杠杆,主减速器传到差速器壳体上的转矩M_0被等分地传给了两半轴齿轮,即

$$M_1 = M_2 = M_0/2$$

当行星齿轮按图1.234中n_4方向自转时,$n_1 > n_2$,行星齿轮所受摩擦力矩M_T与其自转方向相反,从而使行星齿轮分别对半轴齿轮1和2附加作用了大小相等而方向相反的两个圆周力F_1和F_2,F_1使半轴齿轮1上的转矩M_1减小,而F_2却使半轴齿轮2的转矩M_2增加,且M_1的减小值等于M_2的增加值,即等于$M_T/2$。因此

$$M_1 = (M_0 - M_T)/2$$
$$M_2 = (M_0 - M_T)/2$$

由于M_T很小,可忽略不计,故有

$$M_1 = M_2 = M_0/2$$

此方程式即为行星锥齿轮式差速器的转矩分配特性方程式。它表明,差速器无论差速与否,行星锥齿轮式差速器向两半轴始终是等量分配转矩。

4. 防滑差速器

普通圆锥齿轮式差速器转矩等量分配的特性对于汽车在好路面上行驶是有利的。但汽车在坏路面上行驶时却会严重影响其通过能力。例如当汽车的一个驱动轮处于泥泞路面因附着力小而打滑时,即使另一驱动轮处于附着力大的路面上未滑转,但附着力小的路面只能对驱动车轮作用一个很小的反作用力矩,由于差速器等量分配转矩的特性,附着力好的驱动轮也只能分配到同样小的转矩,所以汽车不能行驶。

为了提高汽车通过坏路面的能力,一些越野汽车、高速小客车和载重汽车采用了防滑差速器。当汽车某一侧驱动轮发生滑转时,差速器的差速作用即被锁止,并将大部分或全部转矩分配给未滑转的驱动轮,充分利用未滑转车轮与地面之间的附着力,以产生足够的牵引力使汽车继续行驶。

汽车上常用的防滑差速器有人工强制锁止式和自锁式两大类。人工强制锁止式差速器是通过驾驶员操纵差速锁,人为地将差速器暂时锁住,使差速器不起差速作用。自锁式差速器是在汽车行驶过程中,根据路面情况自动改变驱动轮间的转矩分配,其又有摩擦片式、托森式等多种结构形式。

1)强制锁止式差速器

强制锁止式差速器就是在普通圆锥齿轮差速器上装设了差速锁,其结构如图1.235所示。

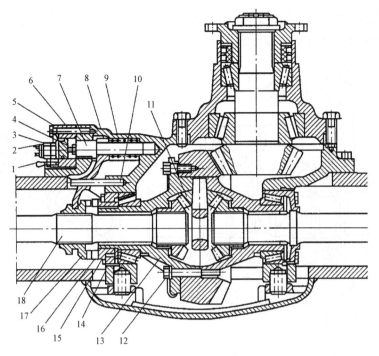

图 1.235 强制锁止式差速器

1—气管接头；2—带密封圈的活塞；3—差速锁指示灯开关；4—调整螺钉及其锁紧螺母；5—缸盖；6—缸体；7—拨叉轴；
8—拨叉；9—弹簧；10—导向轴；11—行星齿轮；12—螺栓；13—差速器壳；14—调整螺母；
15—固定接合套；16—弹性挡圈；17—滑动接合套；18—左半轴

差速锁由牙嵌式接合器及其操纵机构两大部分组成。牙嵌式接合器的固定接合套 15 用花键与差速器壳 13 左端连接，接合器用弹性挡圈 16 轴向限位。滑动接合套 17 用花键与左半轴 18 连接，且可在左半轴上轴向滑动。操纵机构的拨叉 8 装在拨叉轴 7 上，并可沿导向轴 10 轴向滑动，叉形部分插入滑动接合套 17 的环槽。

当汽车在好路面上行驶时，固定接合套 15 与滑动接合套 17 不嵌合，即处于分离状态，此时为普通圆锥齿轮差速器。

当汽车通过坏路面需要锁止时，驾驶员操纵开关，压缩空气由气管接头 1 进入气动活塞缸左腔，推动活塞 2 右移，并经调整螺钉 4 和拨叉轴 7 推动拨叉 8 压缩弹簧 9 右移，拨叉 8 拨动滑动接合套 17 右移与固定接合套 15 嵌合，将左半轴 18 与差速器壳 13 连成一整体，则左、右两半轴被锁成一体随差速器壳 13 一起转动，差速器被锁止，不起差速作用。转矩可全部分配给好路面上的车轮。同时，差速锁指示灯开关 3 接通，驾驶室内指示灯亮，提醒驾驶员差速器处于锁止状态，驶出坏路面后，应及时解除差速锁的锁止。

当需要解除差速锁的锁止时，反向操纵开关，排出气缸内压缩空气后，拨叉 8 在弹簧 9 的作用下左移回位，同时拨叉 8 带动滑动接合套 17 左移，与固定接合套 15 分离，差速器恢复差速作用，差速锁指示灯熄灭。

强制锁止式差速锁结构简单，易于制造。缺点是操纵不便，需要在停车时进行。

2）摩擦片式自锁差速器

摩擦片式自锁差速器（见图 1.236）是在普通圆锥齿轮差速器的基础上，特意增加内摩

擦力矩 M_T 而形成的。这样转得慢的车轮获得更大的转矩，转得快的车轮获得较小的转矩，使得车辆能够获得足够的驱动力矩而行驶。

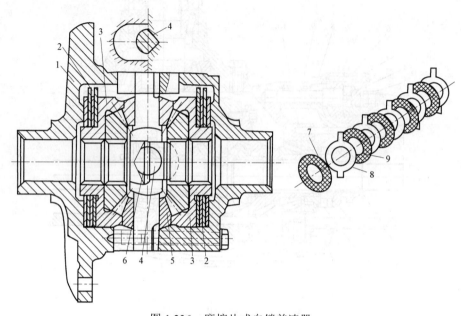

图 1.236　摩擦片式自锁差速器
1—差速器壳；2—主、从动摩擦片组；3—推力压盘；4—十字轴；5—行星齿轮；6—V 形斜面；
7—薄铜片；8—主动摩擦片；9—从动摩擦片

为了增加差速器内摩擦力矩，在半轴齿轮与差速器壳 1 之间装有摩擦片组 2。十字轴由两根互相垂直的行星齿轮轴组成，其端部切出凸 V 形斜面 6，相应地差速器壳孔也有凹 V 形斜面，两根行星齿轮轴的 V 形面反向安装。每个半轴齿轮的背面有推力压盘 3 和主、从动摩擦片 8、9。推力压盘通过内花键与半轴相连，轴颈处用外花键与从动摩擦片相连。主动摩擦片通过花键与差速器壳 1 相连。推力压盘和主、从动摩擦片均可做微小的轴向移动。

当汽车直线行驶时，两半轴无转速差，转矩平均分配给两半轴。差速器壳通过 V 形斜面对行星齿轮轴两端压紧，斜面上产生的轴向力迫使两行星齿轮轴分别向左、右两方向略微移动，通过行星齿轮使推力压盘压紧摩擦片。此时扭矩经两条路线传给半轴：一路经行星齿轮轴、行星齿轮和半轴齿轮将大部分转矩传给半轴；另一路则由差速器经主、从动摩擦片及推力压盘传给半轴。

当一侧车轮在坏路面上滑转或转弯时，差速器差速，两半轴转速不等，一侧转速高于差速器壳的转速，另一侧转速低于差速器壳的转速。此时，主、从动摩擦片间产生摩擦力矩，并与经从动摩擦片及推力压盘传给两半轴的摩擦力矩方向相反：与快转半轴的转向相反，与慢转半轴的转向相同，则慢转半轴得到的扭矩大于快转半轴所得到的扭矩。内摩擦力矩越大，则两半轴得到的扭矩差越明显，最大可达 5～7 倍。

摩擦片式自锁差速器结构简单，工作平稳，多用于轿车或轻型货车。

3) 托森式差速器

奥迪 A6、奥迪 A8 等全轮驱动轿车前、后驱动桥之间常采用托森式差速器，如图 1.237

所示。它装在变速器后端，转矩由变速器输出轴传给托森式差速器，再由差速器直接分配给前、后驱动桥。

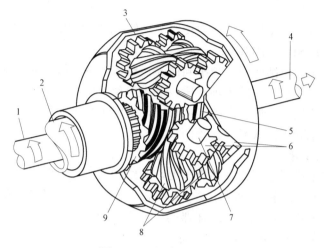

图 1.237 托森式差速器
1—差速器齿轮轴；2—空心轴；3—差速器外壳；4—驱动轴凸缘盘；5—后轴蜗杆；
6—直齿圆柱齿轮；7—蜗轮轴；8—蜗轮；9—前轴蜗杆

托森式差速器由差速器外壳 3、六个蜗轮 8、六根蜗轮轴 7、十二个直齿圆柱齿轮 6 及前后轴蜗杆 9 和 5 等组成。空心轴 2 和差速器外壳 3 用花键连接。每根蜗轮轴 7 上固定安装着一个蜗轮 8 和两个直齿圆柱齿轮 6，六根蜗轮轴分两组固定于差速器外壳 3 上，三对蜗轮各自与前轴蜗杆 9、后轴蜗杆 5 啮合，同一组的前后蜗轮轴上两个直齿圆柱齿轮相互啮合。前轴蜗杆 9 和前桥差速器齿轮轴为一体，后轴蜗杆 5 和后桥凸缘盘 4 为一体。汽车行驶时，驱动扭矩由空心轴 2 传到差速器外壳 3、蜗轮轴 7、蜗轮 8，再传至前轴蜗杆 9 和后轴蜗杆 5，然后分配给前、后驱动轴，再分别传到前、后驱动桥。

当前、后驱动桥无转速差时，蜗轮绕自身轴无自转，各蜗轮、蜗杆与差速器壳一起等速转动，差速器不起差速作用。

当前、后驱动桥有转速差时，比如汽车转弯，因前轮转弯半径大，前驱动桥转速大于后驱动桥的转速，蜗轮除公转传递动力外，还要自转。此时，由于直齿圆柱齿轮的相互啮合，使前、后蜗轮自转方向相反，从而使前轴蜗杆转速增加、后轴蜗杆转速减小，实现了差速。托森式差速器起差速作用时，因前、后蜗轮自转方向相反，前轴蜗杆转速增加，前轴蜗杆在啮合点受到一个与相对滑动速度方向相反，且与蜗杆转向相反的滑动摩擦力，从而减小了前轴蜗杆分配的转矩；然后轴蜗杆在啮合点受到一个与相对滑动速度方向相反，但与蜗杆转动方向相同的滑动摩擦力，从而增加了后轴蜗杆分配的转矩。若后桥分配到的转矩大到一定程度而出现滑转，则后桥转速升高一点，转矩又立刻重新分配给前桥一些，所以驱动转矩的分配可根据转弯的要求自动调节，使汽车转弯时具有良好的驾驶性。

当前、后驱动桥中某一桥因附着力小而出现滑转时，差速器起作用，将转矩的大部分分配给附着力好的另一驱动桥（最大可达 3.5 倍），从而提高了汽车通过坏路面的能力。

1.4.4 半轴和桥壳

1. 半轴

半轴的功用是将差速器传来的动力传给驱动轮。半轴的内端与差速器的半轴齿轮连接，外端与驱动轮的轮毂相连。因其传递转矩较大，故常制成实心轴。

半轴的结构因驱动桥结构形式的不同而异。整体式驱动桥中的半轴为一刚性长轴；而转向驱动桥和断开式驱动桥中的半轴分段，并用等速万向节连接。

半轴与驱动轮的轮毂在桥壳上的支承形式，决定了半轴的受力情况。半轴的支承形式分为全浮式半轴支承和半浮式半轴支承两种。

1) 全浮式半轴支承

全浮式半轴支承广泛应用在各种货车上，其结构简图，如图 1.238 所示。半轴外端凸缘较大，用螺栓和轮毂连接。轮毂用两个圆锥滚子轴承支承在半轴套管上。半轴套管与桥壳为静配合。半轴的内端用花键与差速器的半轴齿轮连接。

轮毂内两个圆锥滚子轴承的安装方向能分别承受向内和向外的轴向力，可防止轮毂连同半轴在侧向力作用下发生轴向窜动。轴承的紧度用调整螺母调整，再用垫圈和螺母锁紧。

图 1.239 所示为全浮式半轴支承形式示意图，在外端，路面对车轮的作用力以及由它们形成的弯矩，直接由轮毂 4 通过两个圆锥滚子轴承传给桥壳 1，半轴完全不承受这些力与力矩。同样，在内端，作用于主减速器从动锥齿轮上的力与弯矩全部由差速器壳来承受，半轴同样不承受这些力与力矩。因此这种半轴支承形式使得半轴只承受转矩，不承受任何力与力矩，故称为全浮式支承形式。

全浮式支承的半轴容易拆装，拧下半轴凸缘上的螺钉和锥形弹簧垫，即可从半轴套管中抽出半轴，车轮与桥壳仍可支承住汽车。

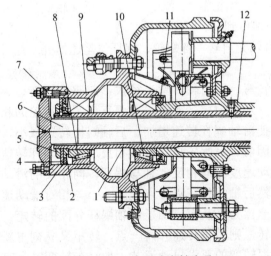

图 1.238 全浮式半轴支承

1—半轴套管；2—调整螺母；3—油封；4—锁紧垫圈；
5—锁紧螺母；6—半轴；7—轮毂螺栓；8，10—圆锥滚子轴承；
9—轮毂；11—油封；12—桥壳

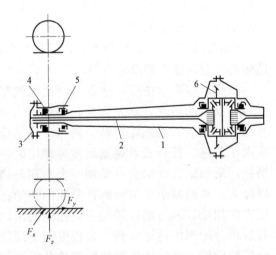

图 1.239 全浮式半轴支承形式示意图

1—桥壳；2—半轴；3—半轴凸缘；4—轮毂；
5—轴承；6—从动锥齿轮

2）半浮式半轴支承

半浮式半轴支承形式广泛用于承受载荷较小的各类轿车和微型车的驱动桥上，其结构如图 1.240 所示。半浮式半轴内端的支承方法与全浮式半轴支承相同，不承受重力和弯矩；半轴外端的锥形锥面上有键槽，最外端有螺纹；轮毂上的锥形孔与半轴配合，用键传力，并用螺母紧固；半轴用轴承直接支承在桥壳凸缘内。此时，作用在车轮上的各反力都经过半轴外端传给驱动桥壳。这种支承形式只使半轴内端免受弯矩，而外端既承受转矩，又承受全部弯矩，因此称为半浮式。其支承示意图如图 1.241 所示。

半浮式半轴支承结构简单，但半轴受力情况复杂，不易拆装。

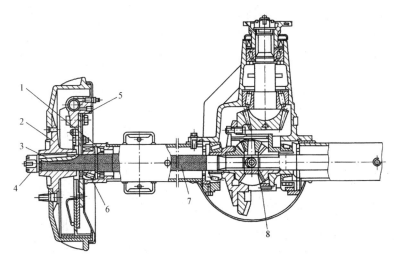

图 1.240 半浮式半轴支承

1—桥壳凸缘；2—轮毂；3—键；4—锁紧螺母；5—制动底板；6—圆锥滚子轴承；7—半轴；8—推力块

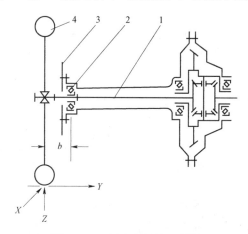

图 1.241 半浮式半轴示意图

1—半轴；2—圆锥滚子轴承；3—轴承盖；4—车轮

2. 桥壳

驱动桥的桥壳是用来安装主减速器、差速器和半轴等的部件。桥壳使左右驱动轮的轴向位置相对固定，与从动桥一起支承车架及其上面的各总成，在汽车行驶时，承受由车轮传递的路面反力和力矩,并经悬架传给车架。

桥壳必须有足够的强度和刚度,质量小,易于拆装和调整主减速器。

驱动桥壳分为整体式驱动桥壳和分段式驱动桥壳。

1)整体式驱动桥壳

图 1.242 所示为某载货汽车的整体式驱动桥壳。它由主减速器壳、中部的空心梁、半轴套管和后盖等组成。空心梁用球墨铸铁铸成,中部有一环形大通孔,前端用来安装主减速器及差速器总成,后端用来检视主减速器、差速器的工作情况,后盖用螺钉装于后端面,并在后盖上装有检查油面用的螺塞。空心梁上的凸缘盘用来固定制动底板,两端压入钢制半轴套管,并用止动螺钉限位。半轴套管外端轴颈用以安装轮毂轴承,为了对轴承进行限位及调整轴承预紧度,最外端还制有螺纹。

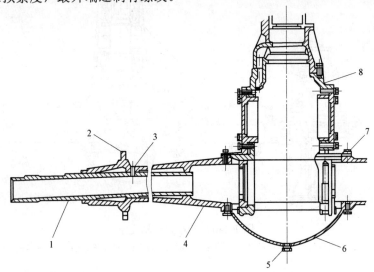

图 1.242 整体式驱动桥壳

1—半轴套管;2—凸缘盘;3—止动螺钉;4—空心梁;5—后盖;6—油面检查螺塞;7—固定螺钉;8—主减速器壳

整体式驱动桥壳具有较大的强度和刚度,且便于主减速器的拆装和调整;缺点是质量大,铸造品质不易保证。因此,其适用于中型以上货车。

2)分段式驱动桥壳

图 1.243 所示为分段式驱动桥壳。桥壳一般分为两段,由螺栓将两段连成一体。它主要由主减速器壳、盖以及两根钢制半轴套管组成。

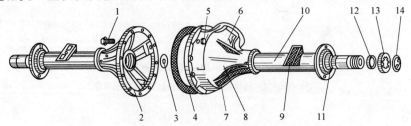

图 1.243 分段式驱动桥壳

1—螺栓;2—盖;3—油封;4—垫片;5—注油孔;6,8—主减速器壳;7—放油孔;9—弹簧座;10—半轴套筒;11—凸缘盘;12—调整螺母;13—止动垫片;14—锁紧螺母分段式驱动桥壳最大的缺点是拆装、维修主减速器及差速器十分不便，必须把整个驱动桥从车上拆卸下来，目前已很少采用。

1.4.5 驱动桥的常见故障与排除

驱动桥的主减速器、差速器、半轴、轴承和油封等长期承受冲击载荷，会使其各配合副磨损严重、各零部件损坏，导致驱动桥过热、异响和漏油等故障发生。

1. 驱动桥过热

1）现象

汽车行驶一段里程后，用手探试驱动桥壳中部或主减速器壳，有非常烫手的感觉。

2）原因

（1）齿轮油变质、油量不足或齿轮油牌号不符合要求。

（2）轴承调整过紧或损坏。

（3）主、从动锥齿轮啮合间隙过小。

（4）行星齿轮与半轴齿轮啮合间隙过小。

（5）推力垫片与主减速器从动齿轮背隙过小。

（6）油封过紧。

（7）各运动副、轴承润滑不良。

3）故障诊断与排除方法

检查驱动桥中各部分的过热情况：

（1）局部过热情况：如果油封处过热，则故障由油封过紧引起；如果轴承处过热，则故障由轴承损坏或调整不当引起；如果油封和轴承处均不过热，则故障由推力垫片与主减速器从动齿轮背隙过小引起。

（2）普遍过热情况：检查齿轮油液面高度，液面太低，则故障由齿轮油油量不足引起；检查齿轮油规格、黏度或润滑性能，如果检查结果不符合要求，则故障由齿轮油变质或规格不符引起；检查主减速器齿轮啮合间隙的大小；检查行星齿轮与半轴齿轮啮合间隙的大小。

2. 驱动桥漏油

1）现象

从驱动桥加油口、放油口螺塞处或油封、各接合面处可见到明显漏油痕迹。

2）原因

（1）加油口、放油口螺塞松动或损坏。

（2）油封磨损、硬化，油封装配不良，油封与轴颈不同轴，油封轴颈磨成沟槽。

（3）接合平面变形，密封衬垫太薄、硬化或损坏，紧固螺钉松动或损坏。

（4）通气孔堵塞。

（5）桥壳有铸造缺陷或裂纹。

（6）齿轮油加注过多。

3）故障诊断与排除方法

可根据漏油痕迹部位判断漏油的具体原因。

3. 驱动桥异响

驱动桥异响应根据异响的部位、声音特点进行判断与排除。

（1）汽车车速发生变化或车速不稳时，驱动桥发出比较清脆的撞击声，车速稳定时，声响不明显，这主要是齿轮啮合间隙过大引起的，应检查和调整齿轮啮合间隙。

（2）汽车行驶中，驱动桥发出异响，且车速越高，声音越大，用手摸主减速器壳体温度过高，一般是由于齿轮啮合间隙过小、润滑油不足或轴承间隙过小造成的，应及时检查油面高度，检查轴承与调整齿轮啮合间隙，若轴承处发热，则应检查轴承是否过紧。

（3）如果驱动桥发出有节奏的响声，很可能是由于从动锥齿轮铆钉松动，从动锥齿轮在工作时发生偏摆，使啮合间隙不均匀所致，应及时停车检查修复。

（4）如果汽车在转弯时发出响声，而直线行驶时声音消失或减轻，一般为行星齿轮和半轴齿轮啮合间隙过大或半轴齿轮与半轴花键磨损严重所致，应检查调整，严重时可更换相关零件。

（5）汽车行驶中，驱动桥突然发出响声，一般为轮齿打坏，应及时停车检查并更换相应零件。

（6）当驱动桥发出杂乱响声，且车速越高，响声增大，增减车速都有响声，一般为差速器壳体支承轴承间隙过大所致，应拆检进行调整。

本项目小结

汽车传动系的作用是将发动机的动力按需要传递给驱动轮，机械传动系一般由离合器、手动变速器、万向传动装置和驱动桥组成。

离合器装于发动机与变速器之间，可在需要时切断或接合动力，以实现车辆平稳起步、便利换挡、防止传动系过载等功用。轿车一般采用膜片式摩擦离合器，结构包括主动部分、从动部分、压紧装置和操纵机构等。主动部分包括发动机飞轮、离合器盖和压盘；从动部分包括从动盘；压紧装置包括膜片弹簧；操纵机构有机械操纵与液压操纵，目前应用较广的是液压操纵，有离合器总泵、离合器分泵、分离叉和分离轴承。离合器的易损件主要是从动盘与分离轴承。装配时要注意从动盘的方向、离合器盖的原始位置和花键孔的定位。维护时要注意离合器踏板自由行程的检查与调整。离合器的常见故障有离合器打滑、离合器分离不彻底、离合器发抖和异响等。

手动变速器的功用是根据需要将发动机的动力变速、变矩和变向。手动变速器的工作原理是通过改变传动比来实现变速，可分为两轴式和三轴式。手动变速器结构上分为变速传动部分和变速操纵部分，传动部分主要是齿轮，操纵部分主要是同步器、自锁、互锁和防倒挡锁等。变速器检修时应对变速器壳体、齿轮、花键、轴、轴承、同步器等进行裂纹、变形、磨损等检查，维护时注意齿轮油的使用与更换。手动变速器的常见故障有自动脱挡、乱挡、挂挡困难、有异响与漏油等。

万向传动装置的作用是在汽车上相对位置与角度经常变化的转轴之间进行动力传递，主要由万向节与传动轴组成。万向节分为刚性和柔性万向节。刚性万向节按速度特性又分为不等速和等速万向节。十字轴刚性万向节属于不等速万向节，等速万向节常用的有球笼式和三叉式。万向节在检修时需要注意防尘罩是否破裂、传动轴是否变形。万向传动装置的常见故障有传动轴的摆振、异响等。

驱动桥由主减速器、差速器、半轴和桥壳组成。主减速器的主要作用是减速增扭，一般分为单级式主减速器和双级式主减速器。发动机横置时采用圆柱齿轮；发动机纵置时采用圆锥齿轮，可以将动力改变 90°方向。差速器的作用是使左右两轮实现差速，在转弯时使内侧车轮转得慢一点、外侧车轮转得快一点。驱动桥常见故障有驱动桥异响、过热和漏油等。

习　题

一、选择题

1. 当谈论离合器从动盘的安装方式时，技师甲说用螺栓连接在飞轮上，技师乙说通过花键与变速箱输入轴相连。请问谁的说法正确？（　　）

　　A. 只有甲对　　　　　B. 只有乙对　　　　　C. 甲和乙都对　　　D. 甲和乙都不对

2. 当讨论从动盘的扭转减振弹簧时，技师甲说，当它们快速结合时扭转减振弹簧可缓冲从动盘上的突发载荷。技师乙说，扭转弹簧可允许离合器从动盘和毂产生轻微的转动。请问谁的说法正确？（　　）

　　A. 只有甲对　　　　　B. 只有乙对　　　　　C. 甲和乙都对　　　D. 甲和乙都不对

3. 当讨论离合器总成的运作时，技师甲说，当踩下踏板时，分离轴承被推入压盘的中心，释放了从动盘上压盘的压力。技师乙说，一般来说从动盘被压盘压在飞轮上。请问谁的说法正确？（　　）

　　A. 只有甲对　　　　　B. 只有乙对　　　　　C. 甲和乙都对　　　D. 甲和乙都不对

4. 当讨论不同类型的压盘时，技师甲说，螺旋弹簧不常用，因为弹簧力很强时需要很大的踏板力。技师乙说，膜片弹簧压盘不常用，因为它们要在壳体中占据过多的空间。请问谁的说法正确？（　　）

　　A. 只有甲对　　　　　B. 只有乙对　　　　　C. 甲和乙都对　　　D. 甲和乙都不对

5. 膜片弹簧离合器的膜片弹簧起到（　　）的作用。

　　A. 压紧弹簧和分离杠杆　　　　　　　　　B. 减振

　　C. 从动盘　　　　　　　　　　　　　　　D. 主动盘

6. 两轴式变速器主要应用在（　　）的中、轻型轿车上。

　　A. 前置前驱　　　B. 前置后驱　　　C. 中置后驱　　　D. 全轮驱动

7. 变速器保证工作齿轮在全齿宽上啮合的是（　　）。

　　A. 自锁装置　　　B. 互锁装置　　　C. 倒挡锁　　　D. 差速锁

8. 关于换挡时齿轮相撞击而发出异响的原因，下列说法错误的是（　　）。

　　A. 离合器踏板行程不正确　　　　　　　B. 同步器损坏

　　C. 缺油和油的质量不好　　　　　　　　D. 变速杆调整不当

9. 手动变速器的润滑方式一般采用（　　）。

　　A. 压力式　　　B. 飞溅式　　　C. 预注式　　　D. 压力飞溅复合式

10. 当同步器滑块弹簧力不足时，可能会造成变速器（　　）故障。
A. 乱挡　　　　　　B. 跳挡　　　　　　C. 挂挡困难　　　　D. 振动大

11. 下面不属于等角速万向节的是（　　）。
A. 球笼式万向节　　　　　　　　　　B. 三枢轴式万向节
C. 十字轴式万向节　　　　　　　　　D. 球叉式万向节

二、判断题

1. 从动盘有安装方向要求。　　　　　　　　　　　　　　　　　　　　（　　）
2. 离合器踏板自由行程过大会导致离合器打滑。　　　　　　　　　　　（　　）
3. 离合器传递的转矩越大越好。　　　　　　　　　　　　　　　　　　（　　）
4. 离合器的主、从动部分常处于分离状态。　　　　　　　　　　　　　（　　）
5. 离合器的摩擦衬片上粘有油污后，会使离合器打滑，而使其传力性能下降。
　　　　　　　　　　　　　　　　　　　　　　　　　　　　　　　　（　　）
6. 若小齿轮为主动轮，其转速经大齿轮传出时就降低了。若大齿轮为主动轮，其转速经小齿轮传出时同样降低。　　　　　　　　　　　　　　　　　　（　　）
7. 变速器的挡数都是指前进挡的个数外加倒挡的个数。　　　　　　　　（　　）
8. 变速器齿轮应成对更换。　　　　　　　　　　　　　　　　　　　　（　　）
9. 同步器能够保证：变速器换挡时，待啮合齿轮圆周速度迅速达到一致，以减少冲击和磨损。　　　　　　　　　　　　　　　　　　　　　　　　　　　（　　）
10. 变速器互锁装置的作用是防止变速器同时挂进两个挡。　　　　　　（　　）

项目 2 汽车转向系结构与检修

✓ 学习目标

本项目应掌握转向系的结构及工作过程，掌握转向系主要零部件的结构，会检测转向系主要零部件，会分析、诊断及排除转向系的常见故障，会根据转向系的故障现象制定维修方案。

✓ 学习要求

能力目标	知识要点	权重
掌握汽车转向系的类型、组成	1. 转向系的类型； 2. 转向系的组成	20%
熟悉转向操纵机构，掌握转向器的分类、结构和原理	1. 转向操纵机构的结构、原理； 2. 转向器的类型； 3. 转向器的结构； 4. 转向器的原理	30%
掌握机械转向器的结构、工作原理，能够对机械转向器进行检修与故障诊断	1. 机械转向器的构造； 2. 机械转向器的工作原理； 3. 机械转向器的检修； 4. 机械转向器的故障诊断与排除	20%
熟悉动力转向器的结构、工作原理，能够对机械转向器进行检修与故障诊断	1. 动力转向器的构造； 2. 动力转向器的工作原理； 3. 动力转向器的检修； 4. 动力转向器的故障诊断与排除	30%

引例

张先生的速腾轿车行驶转向时，需较大幅度转动方向盘才能控制汽车的行驶方向，转动方向盘时感到有明显的间隙感，且在行驶时汽车方向不稳定。主要涉及的内容包括：转向系的功用、类型、组成与工作原理；机械转向器的结构和工作原理；转向系主要零部件的检修与调整；转向传动机构常见故障的诊断等。

汽车在行驶过程中，需按驾驶员的意志经常改变其行驶方向，即所谓汽车转向。就轮式汽车而言，实现汽车转向的方法是，驾驶员通过一套专设的机构，使汽车转向桥（一般是前桥）上的车轮（转向轮）相对于汽车纵轴线偏转一定角度。在汽车直线行驶时，往往转向轮也会受到路面侧向干扰力的作用，自动偏转而改变行驶方向。此时，驾驶员也可以利用这套机构使转向轮向相反方向偏转，从而使汽车恢复原来的行驶方向。这一套用来改变或恢复汽车行驶方向的专设机构，即称为汽车转向系统（俗称汽车转向系）。因此，汽车转向系的功用是，保证汽车能按驾驶员的意志而进行转向行驶。

汽车转向系按转向能源的不同分为机械转向系和动力转向系两种。机械转向系以驾驶员的体力作为转向能源，其中所有转力都是机械的，是动力转向系的基础所在。动力转向系是依靠驾驶员的体力及其他动力作为转向能源的转向系统。

2.1 机械转向系

2.1.1 基本组成

机械转向系由转向操纵机构、机械转向器和转向传动机构三大部分组成，图 2.1 所示为其一般布置情况示意图。

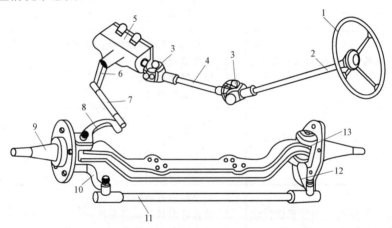

图 2.1 机械转向系示意图

1—转向盘；2—转向轴；3—转向万向节；4—转向传动轴；5—转向器；6—转向摇臂；7—转向直拉杆；8—转向节臂；
9—左转向节；10—左转向梯形臂；11—转向横拉杆；12—右转向梯形臂；13—右转向节

从转向盘到转向传动轴之间的这一系列部件和零件，均属于转向操纵机构，包括转向盘、转向轴、万向节和转向传动轴。

机械转向器有很多种类型，乘用车上常采用齿轮齿条转向器。

由转向摇臂到转向梯形的这一系列部件和零件(不包含转向节)，均属于转向传动结构，包括转向摇臂、转向直拉杆、转向节臂、转向梯形臂和转向横拉杆。

2.1.2 工作原理

汽车转向时，驾驶员转动转向盘，通过转向轴、转向万向节和转向传动轴，将转向力矩输入转向器。转向器中有 1~2 级啮合传动副，具有降速增矩的作用。经转向器减速后的运动和增大后的力矩传到转向摇臂，再通过转向直拉杆传给固定于左转向节上的转向节臂，使左转向节及装于其上的左转向车轮绕主销偏转。左、右转向梯形臂的一端分别固定在左、右转向节上，另一端则与转向横拉杆用球铰链连接。当左转向节偏转时，经左梯形臂、转向横拉杆和右梯形臂的传递，右转向节及装于其上的右转向车轮随之绕主销同向偏转相应的角度。左、右转向梯形臂以及转向横拉杆和前轴构成转向梯形，其作用是汽车转向时，使左、右转向轮按一定的规律进行偏转。

2.1.3 转向系主要参数和转向理论

1. 转向系角传动比

转向盘的转动增量与转向摇臂转角的相应增量之比 i_{w1}，称为转向器角传动比。转向摇臂转角增量与同侧转向轮偏转角相应增量之比 i_{w2}，称为转向传动机构角传动比。转向盘转角增量与同侧转向轮偏转角相应增量之比则为转向系角传动比，用 i_w 表示，显然

$$i_w = i_{w1} i_{w2}$$

转向系角传动比越大，则为了克服一定的地面转向阻力矩所需的转向盘上的转向力矩便越小，从而在转向盘直径一定时，驾驶员应加于转向盘的手力也越小。但是角传动比太大将导致转向操纵不太灵敏，即为了得到一定的转向节偏转角，转向盘所需转过的圈数会过多。因此选取转向系角传动比时要兼顾转向轻便和灵敏等要求，合理选择角传动比。但机械转向系很难做到这点，所以越来越多的车辆采用动力转向系。

2. 转向盘自由行程

转向盘的自由行程是指转向盘在空转阶段的角行程，这主要是由于转向系各传动部件之间的装配间隙和弹性变形所引起的。由于转向系各传动件之间都存在着装配间隙，而且这些间隙将随零件的磨损而增大，因此在一定的范围内转动转向盘时，转向节并不马上同步转动，而是在消除这些间隙并克服机件的弹性变形后才做相应的转动，即转向盘有一个空转的过程。

转向盘自由行程对于缓和路面冲击及避免驾驶员过于紧张是有利的，但过大的自由行程会影响转向灵敏性，所以汽车维护过程中应定期检查转向盘自由行程。一般汽车转向盘的自由行程应不超过 10°~15°，否则应进行调整。

3. 转向时车轮运动规律

汽车转向时，内侧车轮和外侧车轮滚过的距离是不相等的。对于一般汽车而言，后桥左、右两侧的驱动桥由于差速器的作用，能够以不同的转速滚过不同的距离。但前桥左、右两侧的转向轮要滚过不同的距离，必然引起车轮沿路面边滚动边滑动，致使转向时的行驶阻力增大、轮胎磨损增加。为了避免这种现象，要求转向系能保证在汽车转向时，所有车轮均做纯滚动。显然，这只有在转向时，所有车轮的轴线都交于一点才能实现，这个交点称为汽车的转向中心 O。如图 2.2 所示，

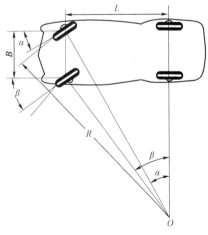

图 2.2 汽车转向示意图

汽车转向时内侧转向轮偏转角 β 大于外侧转向轮偏转角 α。α 与 β 的关系是

$$\cot\alpha = \cot\beta + \frac{B}{L}$$

式中，B——两侧主销中心距（可近似认为是转向轮轮距）；
L——汽车轴距。

这一关系是由转向梯形保证的。所有汽车转向梯形的设计实际上都只能保证在一定的车轮偏转角范围内，使两侧车轮偏转角大体上接近这个关系式。

从转向中心 O 到外侧转向轮与地面接触点的距离 R 称为汽车转弯半径。转弯半径 R 越小，则汽车转向所需要场地就越小，汽车的机动性能就越好。当外侧转向轮偏转角达到最大值 α_{max} 时，转弯半径 R 最小。

2.2 转向操纵机构

2.2.1 功用

转向操纵机构的功用是产生转动转向器所必需的操纵力，并具有一定的调节和安全性能。转向操纵机构要将驾驶员操纵转向盘的力传给转向器，同时为了驾驶员的舒适驾驶，还要求转向操纵机构可以进行调节，以满足不同驾驶员的需求；为了防止车辆撞击后对驾驶员造成损伤，还要求转向操纵机构具有一定的安全保护装置。

2.2.2 基本组成

如图 2.3 所示，转向操纵机构一般由转向盘 1、转向轴 15、转向柱管 2、万向节 8（11）及转向传动轴 9 等组成。

转向柱管 2 中部用橡胶垫 3 和转向柱管支架 4 固定在驾驶室前围板上，下端插入转向柱管支座 5 的孔中。转向柱管支座 5 固定在转向操纵机构支架 6 上。

转向轴 15 穿过转向柱管 2，其下端支承在支座 5 中的圆锥滚子轴承（图中未画出）上，上部则通过衬套 16 支承在柱管 2 的内壁上，其上端用螺母与转向盘 1 相连接，转向盘上装有电喇叭按钮 17 及相应部件。转向轴 15 通过万向传动装置与转向器 12 中的转向蜗杆相连。万向节 11 与转向传动轴 9 用滑动花键相连接。

2.2.3 安全式转向柱

为了保证驾驶员的安全，同时也为了更加舒适、可靠地操纵转向系，现代汽车（特别是轿车）通常在转向操纵机构上增设相应的安全、调节装置，这些装置主要反映在转向轴和转向柱管的结构上。通常情况下为了叙述方便，将转向轴和转向柱管统称为转向柱。安全式转向柱是在转向柱上设置能量吸收装置，当汽车紧急制动或发生撞车事故时，吸收冲击能量，减轻或防止冲击对驾驶员的伤害。

安全式转向柱主要包括可分离式安全操纵机构和缓冲吸能式转向操纵机构。

汽车转向系结构与检修

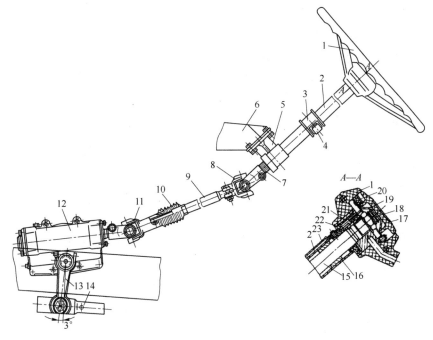

图 2.3　汽车转向操纵机构示意图

1—转向盘；2—转向柱管；3—橡胶垫；4—转向柱管支架；5—转向柱管支座；6—转向操纵机构支架；7—转向轴限位弹簧；8，11—万向节；9—转向传动轴；10—花键防护套；12—转向器；13—转向摇臂；14—转向直拉杆；15—转向轴；16—转向轴衬套；17—电喇叭按钮；18—电喇叭按钮搭铁弹簧；19—电喇叭按钮接触罩；20—搭铁接触板组件；21—按钮电刷组件；22—集电环组件；23—导线组件

1. 可分离式安全转向操纵机构

桑塔纳轿车采用了可分离式安全转向操纵机构，如图 2.4（a）所示。可分离式安全转向操纵机构分为上、下两轴段，中间用柔性联轴器连接。联轴器的上下凸缘盘靠两个销子和销孔扣合在一起，销子通过衬套与销孔配合。

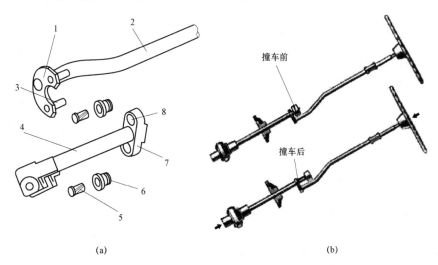

图 2.4　可分离式安全转向操纵机构

1—上凸缘盘；2—上转向轴；3—销子；4—下转向轴；5—聚四氟乙烯衬套；6—橡胶衬套；7—下凸缘盘；8—销孔

当发生严重交通事故猛烈撞车时，将引起车身、车架严重变形，导致转向轴、转向盘等部件后移。与此同时，在惯性作用下驾驶员身体向前冲，致使转向轴上、下凸缘盘的销子与销孔脱开，转向轴上、下两段互相分离，从而缓和了冲击，吸收了冲击能量，有效地减轻了驾驶员受伤的程度。图2.4（b）所示为车辆受到撞击前、后转向操纵机构变化示意图。

2. 缓冲吸能式转向操纵机构

缓冲吸能式转向操纵机构具有碰撞吸能的作用，既可以减轻车辆碰撞冲击，又可以防止转向主轴伤及驾驶人。缓冲吸能式转向操纵机构主要包括网状柱管变形式和钢球滚压变形式。

1）网状柱管变形式

这种转向操纵机构转向柱管的部分管壁制成网格状，当汽车发生碰撞时，转向柱管上的网格部分被压缩而变形，这样会消耗一定的变形能量，从而阻止转向管柱整体向上的移动，避免了转向盘对驾驶员的挤压伤害，如图2.5所示。

2）钢球滚压变形式

图2.6（a）所示为一种用钢球连接的分开式转向柱。转向轴分为上转向轴16和套在轴上的下转向轴15两部分，两者用塑料销钉17连成一体。转向柱管也分为上转向柱和下转向柱两部分，上、下转向柱管之间装有钢球，下转向柱管

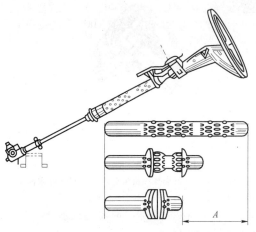

图2.5 网状柱管变形式转向操纵机构

的外径与上转向柱管的内径之间的间隙比钢球直径稍小。上、下转向柱管连同柱管托架通过特制橡胶垫固定在车身上，橡胶垫则利用塑料销钉与托架连接。

汽车发生碰撞冲击时，首先车身被撞坏（第一次碰撞冲击），转向操纵机构被后推，从而挤压驾驶员，使其受到伤害；接着，随着汽车速度的降低，驾驶员在惯性力的作用下前冲，再次与转向操纵机构接触（第二次碰撞冲击）而受到伤害。

对于钢球滚压变形式转向操纵机构来说，当发生第一次碰撞冲击时，将连接上、下转向轴的塑料销钉切断，下转向轴便套在上转向轴上滑动，如图2.6（b）所示。在这一过程中，上转向轴和上转向柱管的空间位置没有因冲击而上移，故可使驾驶员免受伤害。第二次碰撞冲击发生时，则连接橡胶垫与柱管托架的塑料销钉被切断，托架脱离橡胶垫，即上转向轴和上转向柱管连同转向盘、托架一起，相对于下转向轴和下转向柱管向下滑动，从而减缓了对驾驶员胸部的冲击。在上述两次撞击过程中，上、下转向柱管之间均产生相对滑动。因为钢球的直径稍大于上、下柱管的间隙，所以滑动中带有对钢球的挤压，冲击能量就在这种边滑动边挤压的过程中被吸收。

2.2.4 可调节式转向柱

驾驶员不同的身材和驾驶姿势对转向盘的最佳操纵位置有不同的要求。另外，转向盘的这一位置往往会与驾驶员进、出汽车的方便性发生矛盾。为此，在汽车上装设了可调节

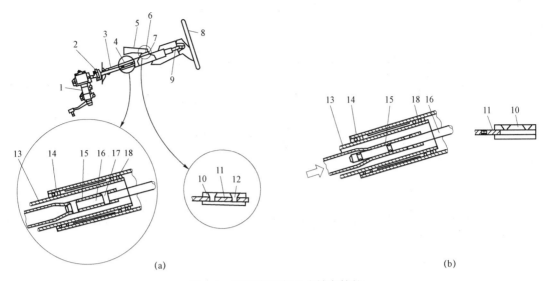

图 2.6 钢球滚压变形式转向管柱

1—转向器总成；2—挠性联轴节；3，13—下转向管柱；4，14—上转向管柱；5—车身；6，10—橡胶垫；7，11—转向柱管托架；8—转向盘；9，16—上转向轴；12，17—塑料销钉；15—下转向轴；18—钢球

式转向柱，使驾驶员可以在一定的范围内调节转向盘的位置。调节的形式分为倾斜角度调节和轴向位置调节两种。图 2.7 所示为转向盘倾斜角度的变化图，图 2.8 所示为轴向伸缩式转向柱。

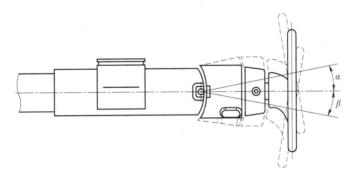

图 2.7 转向盘倾斜角度变化示意图

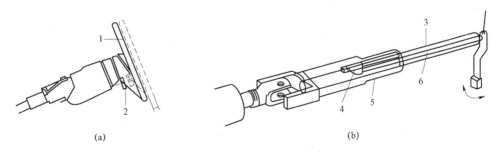

图 2.8 转向盘轴向伸缩变化示意图

（a）伸缩杠杆位置示意图；（b）轴向伸缩式转向柱

1—转向盘；2—伸缩杠杆；3—滑轴；4—楔形锁；5—转向轴；6—锁紧螺栓

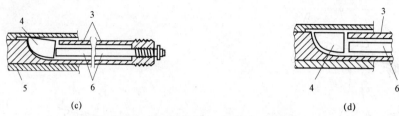

图 2.8　转向盘轴向伸缩变化示意图（续）
（c）楔形锁锁紧滑轴；（d）滑轴在转向轴内转动并轴向移动
1—转向盘；2—伸缩杠杆；3—滑轴；4—楔形锁；5—转向轴；6—锁紧螺栓

若需要轴向调整转向盘的位置，驾驶员可顺时针方向转动伸缩杠杆，使伸缩杠杆带动锁紧螺栓向外端移动，将螺栓内端的楔形锁松开，使滑轴能够在转向轴内转动并轴向移动。转向盘位置调好后再利用伸缩杠杆锁定。

2.3　转　向　器

2.3.1　功用

转向器作为汽车转向系的重要组成部分，其功用如下：
（1）增大来自转向盘的转矩，使之足以克服转向轮与路面之间的转向阻力矩；
（2）将与转向传动轴连接在一起的主动齿轮的转动，转换成齿条的直线运动而获得所需要的位移；
（3）通过选取不同螺（蜗）杆上的螺纹螺旋方向，达到使转向盘的转动方向与转向轮转动方向协调一致的目的。

2.3.2　类型

按转向器中传动副的结构形式分，可以分为循环球式、齿轮齿条式、蜗杆曲柄指销式和蜗杆滚轮式等几种类型。

2.3.3　转向器的传动效率

转向器的传动效率是指转向器输出功率与输入功率之比。当功率由转向盘输入，从转向摇臂输出时，所求得的传动效率称为正传动效率；反之，转向摇臂受到道路冲击而传到转向盘的传动效率则称为逆传动效率。

按照传动效率的不同，转向器还可以分为可逆式转向器、极限可逆式转向器和不可逆式转向器。

可逆式转向器是指正、逆传动效率都很高的转向器。这种转向器有利于汽车转向后转向轮的自动回正，转向盘"路感"很强，但也容易在坏路行驶时出现"打手"，所以主要应用于经常在良好路面行驶的车辆。

极限可逆式转向器是指正传动效率远大于逆传动效率的转向器。这种转向器能实现汽车转向后转向轮的自动回正，但"路感"很差，只有当路面冲击力很大时才能部分地传到转向盘，主要应用于中型以上的越野汽车、工矿用自卸汽车等。

不可逆式转向器是指逆传动效率很低的转向器，这种转向器使驾驶员不能得到路面的反馈信息，没有"路感"，而且转向轮也不能自动回正，所以很少采用。

2.3.4 转向器结构、原理和检修

1. 循环球式转向器

1）结构、原理

循环球式转向器是目前国内外应用最广泛的结构形式之一，一般有两级传动副，第一级是螺杆螺母传动副，第二级是齿条齿扇传动副。由于循环球式转向器螺杆和螺母之间有可以循环流动的钢球，将滑动摩擦转变为滚动摩擦，因而正效率能达到 75%～85%；在结构和工艺上采取措施，其中包括提高制造精度，工作表面的表面粗糙度足够低，螺杆、螺母上的螺旋槽经淬火和磨削加工，使之有足够的硬度和耐磨性能，可保证有足够的使用寿命；转向器的角传动比可以设计成可变的，以适应不同车型的需要；工作平稳可靠；消除齿扇与齿条齿之间间隙的调整工作容易进行；适合于做整体式动力转向器等。循环球式转向器的结构如图 2.9 所示。

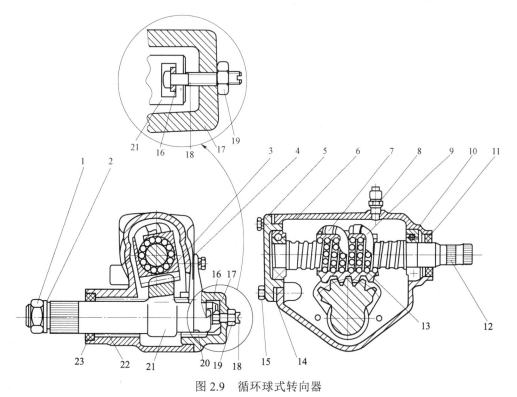

图 2.9 循环球式转向器

1—螺母；2—弹簧垫圈；3—转向螺母；4—转向器壳体密封垫圈；5—转向器壳体底盖；6—转向器壳体；7—导管夹；8—加油螺塞；9—钢球导管；10—球轴承；11、23—油封；12—转向螺杆；13—钢球；14—调整垫片；15—螺栓；16—调整垫圈；17—侧盖；18—调整螺钉；19—锁紧螺母；20、22—滚针轴承；21—摇臂轴

循环球式转向器由蜗杆轴、螺母、钢球、导管、转向摇臂轴、壳体及上、下盖等主要

零件组成。所谓的循环球指的就是一些小钢球，它们被放置于螺母与螺杆之间的密闭管路内，起到将螺母和螺杆之间的滑动摩擦转变为阻力较小的滚动摩擦的作用。当与方向盘转向柱管固定到一起的螺杆转动起来后，螺杆推动螺母上下运动，螺母再通过齿轮来驱动转向摇臂往复摇动从而实现转向。在这个过程中，那些小钢球就在密闭的管路内循环往复地滚动，所以这种转向器就被称为循环球式转向器。

循环球式转向器的工作原理为：转向螺杆转动时，通过钢球将力传给转向螺母，螺母即沿轴向移动。同时，在螺杆与螺母两者和钢球间的摩擦力偶作用下，所有钢球便在螺旋管状通道内滚动，形成"球流"。在转向器工作时，两列钢球只是在各自的封闭流道内循环，不会脱出。钢球在管状通道内绕行两周后，流出螺母而进入导管的一端，再由导管另一端流回螺旋管状通道。故在转向器工作时，两列钢球只是在各自的封闭流道内循环，而不致脱出。通过转向盘和转向轴转动转向螺杆时，转向螺母不能转动，只能轴向移动，驱使摇臂轴转动，从而驱动转向摇臂。

2）检修

（1）转向器壳体及盖的检修。

转向器的壳体和盖的裂纹可用渗透探伤等方法检验。如有裂纹，一般应予以更换，当裂纹不大时允许焊补。转向器壳体和盖上各轴承孔与轴承的配合间隙不得大于原设计规定。转向摇臂衬套磨损应更换。

（2）传动副的检修

蜗杆和摇臂轴经探伤检查不得有裂纹，否则应报废。摇臂轴花键应无明显扭曲，螺纹损伤不得多于2牙。

检查止推轴承、扇形齿轮轴、滚针轴承有无损伤、凹陷、锈蚀及裂纹等情况，必要时应更换。

钢球与转向螺母总成的检查：将蜗杆垂直竖立，随着转向螺母平滑地转动，观察转向螺母是否下降，如果转向螺母以自重下降不平滑，应检查蜗杆轴是否弯曲，球槽是否有伤痕、毛刺和杂质；下降过快、卡滞或配合间隙超过规定时，应成对更换，也可换用加大尺寸组的钢球。检查时，注意不要使螺母碰到涡轮轴，否则会损坏球管。

（3）转向器啮合间隙的调整。

循环球式转向器的调整主要是转向器啮合间隙的调整，方法如下：

① 使转向器的传动副处于中间位置（直行位置）。

② 通过调整螺钉，调整转向器传动副的啮合间隙，在直线位置上应无间隙啮合。

③ 在中间位置上，转向器转动力矩应为 $1.5 \sim 2.0 \mathrm{~N \cdot m}$。转向器转动力矩调整合格后，按规定力矩锁紧调整螺钉。

2. 齿轮齿条式转向器

1）结构、原理

图2.10（a）所示为齿轮齿条式转向器，它主要由转向器壳体、转向齿轮和转向齿条等组成。转向器通过转向器壳体的两端固定在车身上。齿轮轴通过球轴承、滚柱轴承垂直安装在壳体中，其上端通过花键与转向轴上的万向节（图中未画出）相连，其下部分是与轴制成一体的转向齿轮。转向齿轮是转向器的主动件，它与相啮合的从动件转向齿条水平布置，齿条背面装有压簧垫块。在压簧的作用下，压簧垫块将齿条压靠在齿轮上，保证二者

无间隙啮合。调整螺塞可用来调整压簧的预紧力。压簧不仅起消除啮合间隙的作用，而且还是一个弹性支撑，可以吸收部分振动能量，缓和冲击。

转向齿条的中部（有的是齿条两端，见图 2.10（b））通过拉杆支架与左右转向横拉杆连接。转动转向盘时，转向齿轮转动，与之相啮合的转向齿条沿轴向移动，从而使左右转向横拉杆带动转向节转动，使转向轮偏转，实现汽车转向。

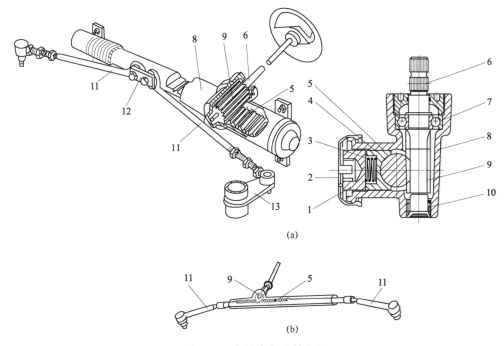

图 2.10 齿轮齿条式转向器

1—调整螺塞；2—罩盖；3—压簧；4—压簧垫块；5—转向齿条；6—齿轮轴；7—球轴承；8—转向器壳体；
9—转向齿轮；10—滚柱轴承；11—转向横拉杆；12—拉杆支架；13—转向节

齿轮齿条式转向器结构简单，可靠性好，也便于独立悬架的布置。同时，由于齿轮齿条直接啮合，转向灵敏、轻便，所以在各类型汽车上的应用越来越多。

2）检修

（1）零件出现裂纹应更换，转向横拉杆、转向齿条在总成修理时应进行隐伤检验。

（2）转向齿条的直线度误差不得大于 0.3 mm。

（3）齿面上应无疲劳剥蚀及严重磨损，若出现左右大转角转向沉重，且又无法调整时应更换。

3）调整

齿轮齿条式转向器调整时调整转向齿条与转向齿轮的啮合间隙，也称为转向齿条的预紧力。因结构的差异，调整方法也有所不同。但常见的有两类：一是通过改变转向齿条导块与盖之间的垫片厚度来调整转向齿条与转向齿轮轮齿的啮合间隙，完成预紧力的调整，如图 2.11 所示；另一种方法是用盖上的调整螺塞改变转向齿条导块与弹簧座之间的间隙值，完成预紧力的调整，如图 2.12 所示。

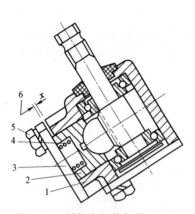 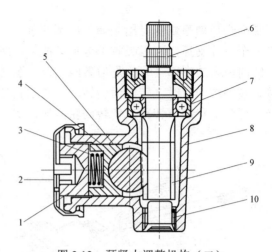

图 2.11 预紧力调整机构（一）　　　图 2.12 预紧力调整机构（二）
1—转向器壳体；2—导块；3—盖；4—导块压紧弹簧；　　1—调整螺塞；2—罩盖；3—压簧；4—压簧垫块；5—转向齿条；
5—固定螺母；6—盖与壳体间间隙　　　　　　　　　　6—齿轮轴；7—球轴承；8—转向器壳体；9—转向齿轮；
　　　　　　　　　　　　　　　　　　　　　　　　　10—滚柱轴承

对于第一种结构形式，其预紧力的调整步骤是：先不装弹簧以及盖之间的垫片，进行 x 值的调整，使转向齿轮轴上的转动力矩为 1～2 N·m；然后用厚薄规测量 x 值，在 x 值上加 0.05～0.13 mm，此值就是应加垫片的厚度，也就是转向齿条和转向齿轮合格的啮合间隙所要求的垫片厚度。

对于第二种结构形式，其预紧力的调整步骤：先旋转盖上的调整螺塞，使弹簧座与导块接触，再将调整螺塞旋出 30°～60° 之后检查转向齿轮的转动力矩。如此重复操作，直至转向齿轮的转动力矩符合原厂规定，最后紧固锁紧螺母。

 特别提示

齿轮齿条式转向器常见的调整方法有两种：
（1）通过改变转向齿条导块与盖之间的垫片厚度来调整转向齿条与转向齿轮轮齿的啮合间隙，完成预紧力的调整。
（2）用盖上的调整螺塞改变转向齿条导块与弹簧座之间的间隙值，完成预紧力的调整。

3. 蜗杆曲柄指销式转向器

蜗杆曲柄双指销式转向器如图 2.13 所示，它主要由转向器壳体、转向蜗杆、转向摇臂轴、曲柄、指销、上下盖、调整螺塞和螺钉、侧盖等组成。

转向器壳体固定在车架的转向器支架上。壳体内装有传动副，其主动件是转向蜗杆，从动件是装在摇臂曲柄端部的指销。具有梯形截面螺纹的转向蜗杆支承在转向器壳体两端的两个向心推力球轴承上。

蜗杆与两个锥形的指销相啮合，构成传动副。两个指销均用双列圆锥滚子轴承支承在曲柄上，并可绕自身轴线转动，以减轻蜗杆与指销啮合传动时的磨损，提高传动效率。销颈上的螺母用来调整轴承的预紧度，以使指销能自由转动而无明显轴向间隙为宜，调整后

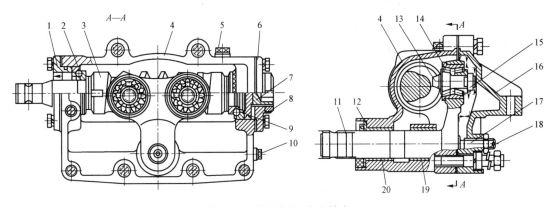

图 2.13 蜗杆曲柄指销式转向器

1—上盖；2, 9—角接触球轴承；3—转向蜗杆；4—转向器壳体；5—加油螺塞；6—下盖；7—调整螺塞；
8, 15, 18—螺母；10—放油螺塞；11—摇臂轴；12—油封；13—指销；14—双列圆锥滚子轴承；
16—侧盖；17—调整螺钉；19, 20—衬套

用锁片将螺母锁住。

安装指销和双排圆锥滚子轴承的曲柄制成叉形，与摇臂轴制成一体。摇臂轴用粉末冶金衬套支承在转向器壳体中。转向器侧盖上装有调整螺钉，旋入或旋出可以改变摇臂轴的位置，以调整指销与蜗杆的啮合间隙，从而调整了转向盘的自由行程，调整后用螺母锁紧。摇臂轴伸出壳体的一端通过花键与转向摇臂连接。

汽车转向时，驾驶员通过转向盘转动主动件转向蜗杆，与其相啮合的从动件指销一边自转，一边以曲柄为半径绕摇臂轴轴线在蜗杆的螺纹槽内做圆弧运动，从而带动曲柄、转向摇臂摆动，实现汽车转向。

 特别提示

汽车转向时，驾驶员通过转向盘转动转向蜗杆，与其相啮合的指销一边自转，一边以曲柄为半径绕摇臂轴轴线在蜗杆的螺纹槽内做圆弧运动，从而带动曲柄、转向摇臂摆动，实现汽车转向。

2.4 转向传动机构

2.4.1 功用

转向传动机构的功用是将转向器输出的力和运动传给转向轮，使两侧转向轮偏转，以实现汽车转向，并保证左右转向轮的偏转角按一定关系变化。

2.4.2 基本组成

1. 与非独立悬架配用的转向传动机构

与非独立悬架配用的转向传动机构如图 2.14 所示，它一般由转向摇臂 2、转向直拉

杆 3、转向节臂 4、两个梯形臂 5 和转向横拉杆 6 等组成。各杆件之间都采用球形铰链连接，并设有防止松动、缓冲吸振、自动消除磨损后的间隙等结构。

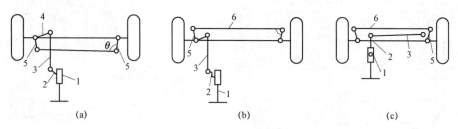

图 2.14　与非独立悬架配用的转向传动机构示意图
1—转向器；2—转向摇臂；3—转向直拉杆；4—转向节臂；5—转向梯形臂；6—转向横拉杆

当前桥仅为转向桥时，由左、右梯形臂 5 和转向横拉杆 6 组成的转向梯形一般布置在前桥之后，如图 2.14（a）所示，称为后置式。这种布置简单方便，且后置的横拉杆 6 有前面的车桥做保护，可避免直接与路面障碍物相碰撞而损坏。当发动机位置较低或前桥为转向驱动桥时，往往将转向梯形布置在前桥之前，如图 2.14（b）所示，称为前置式。若转向摇臂 2 不是在汽车纵向平面内前后摆动而是在与路面平行的平面内左右摆动（如北京 BJ2020 N 型汽车），则可将转向直拉杆 3 横向布置，并借球头销直接带动转向横拉杆 6，从而推动左、右梯形臂 5 转动，如图 2.14（c）所示。

1）转向摇臂

图 2.15 所示为常见转向摇臂的结构形式，其大端具有三角细花键锥形孔，用以与转向摇臂轴外端相连接，并用螺母固定；其小端带有球头销，以便与转向直拉杆做空间铰链连接。转向摇臂安装后从中间位置向两边摆动的角度应大致相等，故在把转向摇臂安装到摇臂轴上时，二者相应的角度位置应正确。为此，常在摇臂大孔外端面和摇臂轴的外端面上各刻有短线，或是在二者的花键部分都少铣一个齿作为装配标记。装配时应将标记对齐。

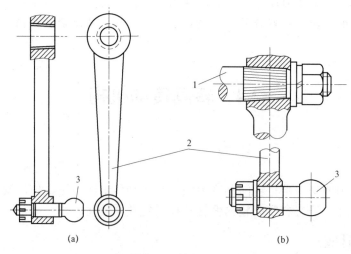

图 2.15　转向摇臂
1—转向摇臂轴；2—转向摇臂；3—球头销

2）转向直拉杆

图 2.16 所示为解放 CA1092 型汽车的转向直拉杆。直拉杆体由两端扩大的钢管制成，在扩大的端部里装有由球头销、球头座、弹簧座、压缩弹簧和螺塞等组成的球铰链。球头销的锥形部分与转向摇臂连接，并用螺母固定；其球头部分的两侧与两个球头座配合，前球头座靠在端部螺塞上，后球头座在弹簧的作用下压靠在球头上。这样，两个球头座就将球头紧紧夹持住。为保证球头与座的润滑，可从油嘴注入润滑脂。拆装时供球头出入的直拉杆体上的孔口用油封垫的护套盖住，以防止润滑脂流出和污物侵入。

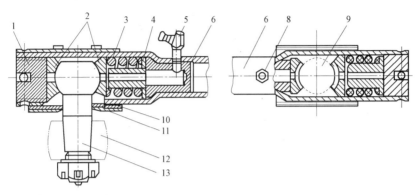

图 2.16　转向直拉杆

1—端部螺塞；2—球头座；3—压缩弹簧；4—弹簧座；5，8—油嘴；6—座塞；7—直拉杆体；
9—转向节臂球头销；10—油封垫；11—油封垫护套；12—转向摇臂；13—球头销

压缩弹簧能自动消除因球头与座磨损而产生的间隙，弹簧座的小端与球头座之间留有不大的间隙，作为弹簧缓冲的余地，并可限制缓冲时弹簧的压缩量（防止弹簧过载）。此外，当弹簧折断时，此间隙可保证球头销不致从管孔中脱出。端部螺塞可以调整此间隙，调整间隙的同时也调整了前弹簧的预紧度，调好后用开口销固定螺塞的位置，以防松动。

3）转向横拉杆

图 2.17（a）所示为解放 CA1092 型汽车转向横拉杆，横拉杆体用钢管制成，其两端切有螺纹，一端为右旋，一端为左旋，与横拉杆接头旋装连接。两端接头结构相同，如图 2.17（b）所示，接头的螺纹孔壁上开有轴向切口，故具有弹性，旋装到杆体上后可用螺栓夹紧。旋松夹紧螺栓以后，转动横拉杆体，可改变转向横拉杆的总长度，从而调整转向轮前束。

在横拉杆两端的接头上都装有由球头销等零件组成的球形铰链。球头销的球头部分被夹在上、下球头座内，球头座用聚甲醛制成，有较好的耐磨性。球头座的形状如图 2.17（c）所示。装配时上、下球头座凹凸部分互相嵌合。弹簧通过弹簧座压向球头座，以保证两球头座与球头的紧密接触，且在球头和球头座磨损时能自动消除间隙，同时还起缓冲作用。弹簧的预紧力由螺塞调整。球铰上部有防尘罩，以防止尘土侵入。球头销的尾部锥形柱与转向梯形臂连接，并用螺母固定、开口销锁紧。

4）转向节臂和梯形臂

解放 CA1092 型汽车的转向节臂和梯形臂如图 2.18 所示，转向横拉杆通过转向节臂与转向节相连。转向横拉杆两端经左、右梯形臂与转向节相连。转向节臂和梯形臂带锥形柱

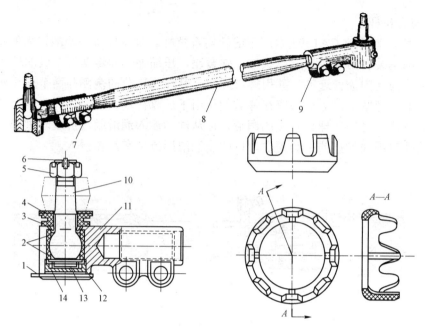

图 2.17 转向横拉杆

(a) 转向横拉杆；(b) 接头；(c) 球头座

1—限位销；2—球头座；3—防尘罩；4—防尘垫；5—螺母；6—开口销；7—夹紧螺栓；8—横拉杆体；9, 11—横拉杆接头；10—球头销；12—弹簧座；13—弹簧；14—螺塞

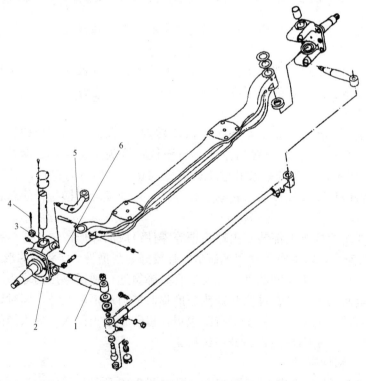

图 2.18 转向节臂和梯形臂

1—左转向梯形臂；2—转向节；3—锁紧螺母；4—开口销；5—转向节臂；6—键

的一端与转向节锥形孔相配合,用键防止螺母松动;臂的另一端带有锥形孔,与相应的拉杆球头销锥形柱相配合,同样用螺母紧固后插入开口销锁住。

2. 与独立悬架配用的转向传动机构

当转向轮采用独立悬架时,由于每个转向轮都需要相对于车架(或车身)做独立运动,所以转向桥必须是断开式的。与此同时,转向传动机构中的转向梯形也必须分成两段或三段。图2.19所示为几种独立悬架配用的转向传动机构示意图。其中,如图2.19(a)和图2.19(b)所示的机构与循环球式转向器配用,如图2.19(c)和图2.19(d)所示的机构与齿轮齿条式转向器配用。

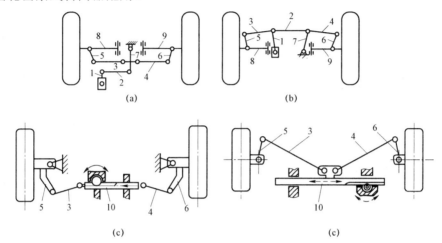

图 2.19 与独立悬架配用的转向传动机构示意图
1—转向摇臂;2—转向直拉杆;3—左转向横拉杆;4—右转向横拉杆;5—左梯形臂;6—右梯形臂;
7—摇杆;8—悬架左摆臂;9—悬架右摆臂;10—齿轮齿条式转向器

现代轿车的前桥广泛采用独立悬架,并采用发动机前置前轮驱动的方式,使得前桥的结构变得更加复杂,并导致转向传动机构转向困难,齿轮齿条转向器的使用可以有效解决这一问题。齿轮齿条转向器的转向传动部分如图2.20所示:齿轮齿条转向器直接与左、右横拉杆3和4相连接,并且由左右转向节带动车轮旋转,省去了复杂的中间传动拉杆,使得传动机构大为简化,故在现代轿车中得到广泛应用。

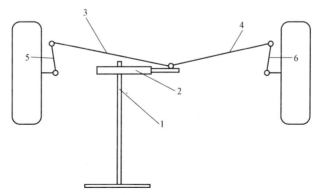

图 2.20 齿轮齿条式转向器的转向传动机构简图
1—安全转向柱;2—齿轮齿条转向器;3,4—左、右横向拉杆;5,6—左右转向节

2.5　转向传动机构检修

1. 检查

1）转向摇臂的检查

（1）用磁力探伤法检查转向摇臂是否有裂纹，若有裂纹应更换。
（2）检查转向摇臂上端的锯齿花键有无磨损、损坏，若有应更换。
（3）检查转向摇臂的锁紧螺母，其螺纹不应有损伤，否则应更换。
（4）检查转向摇臂下端和转向拉杆球头销的连接应牢固、可靠，切不可松旷，否则应修复。

2）转向拉杆的检查

（1）横拉杆杆体有无裂纹、弯曲，其直线度误差一般不大于 2 mm，否则应校直，直拉杆 8 字孔磨损不超过 2 mm。
（2）各螺纹部位不应有损坏，与螺塞配合不松旷，否则应更换。
（3）球头销、球座体及钢碗无裂纹、不起槽；球头销颈部磨损不超过 1 mm，球面磨损失圆不大于 0.50 mm，螺纹完好；弹簧不应弹力减弱或折断。
（4）防尘装置应齐全有效。

3）转向节臂和梯形臂的检查

（1）转向节臂和梯形臂是否有裂纹，若有应更换。
（2）检查两端部的固定与连接部位不应有松动，要求牢固、可靠。

4）转向减震器（桑塔纳轿车）的检查

（1）检查是否漏油，若渗漏严重，应更换或分解修理和更换密封圈等零件。
（2）查看支承是否开裂，若有应更换。
（3）检查减震器的工作行程，必须拆下来试验。L_{max} = 556 mm，L_{min} = 344.5 mm，最大阻尼载荷为 560 N，最小阻尼载荷为 180 N。

5）转向臂及横拉杆的检查

（1）松脱、松旷和损伤：检查槽形螺母是否松脱，如松脱应予拧紧，同时也应检查开口销、盖等的装配情况。
（2）使转向盘从直行状况向左、向右方向反复转过 60°左右，此时检查横拉杆、转向臂等是否松脱、松旷。

2. 转向拉杆球头销预紧度的调整

（1）组装横、直拉杆总成时，注意在球头销、球碗表面涂抹润滑油。
（2）组装直拉杆时，用弯头扳手将调整螺塞拧到底后，再退回 1/4 圈左右，并对准开口销孔，然后穿入开口销锁止螺塞。
（3）组装横拉杆时，将螺塞拧到底，再退回 1/4～1/2 圈，装上开口销锁止螺塞。

2.6　机械转向系故障诊断

机械转向系的常见故障部位主要有：转向盘自由行程、转向传动机构连接处、转向器等。

机械转向系的常见故障主要包括：转向沉重、转向盘自由行程过大和转向轮抖动。

1. 转向沉重

1）故障现象

汽车行驶中，驾驶员向左、右转动转向盘时，感到沉重费力，无回正感；汽车低速转弯行驶和调头时，转动转向盘感到非常沉重，甚至打不动。

2）故障主要原因及处理方法

转向沉重的根本原因是转向轮气压不足或定位不准，转向系传动链中出现配合过紧或卡滞而引起摩擦阻力增大。具体原因主要有：

（1）转向轮轮胎气压不足，应按规定充气。

（2）转向轮本身定位不准或车轴、车架变形造成转向轮定位失准，应校正车轴和车架，并重新调整转向轮定位。

（3）转向器主动部分轴承调整过紧或从动部分与衬套配合太紧，应予调整。

（4）转向器主、从动部分的啮合间隙调整过小，应予调整。

（5）转向器缺油或无油，应按规定添加润滑油。

（6）转向器壳体变形，应予校正。

（7）转向柱管转向轴弯曲或套管凹瘪造成互相碰擦，应予修理。

（8）转向纵、横拉杆球头连接处调整过紧或缺油，应予调整或添加润滑脂。

（9）转向节主销与转向节衬套配合过紧或缺油，或转向节止推轴承缺油，应予调整或添加润滑脂等。

3）故障诊断方法

以桑塔纳乘用车为例，先检查轮胎气压，排除由轮胎气压过低引起的故障，接着按图 2.21 所示机械转向系转向沉重常见故障原因的诊断流程找出故障位置。

2. 转向盘自由行程过大

1）故障现象

汽车保持直线行驶位置静止不动时，转向盘左右转动的游动角度太大。具体表现为汽车转向时感觉转向盘松旷量很大，需用较大的幅度转动转向盘，方能控制汽车的行驶方向，而在汽车直线行驶时又感到行驶方向不稳定。

2）故障主要原因及处理方法

转向盘自由行程过大的根本原因是转向系传动链中一处或多处的配合因装配不当、磨损等原因造成松旷。具体原因主要有：

① 转向器主、从动啮合部位间隙过大或主、从动部位轴承松旷，应予调整或更换。

② 转向盘与转向轴连接部位松旷，应予调整。

③ 转向垂臂与转向垂臂轴连接松旷，应予调整。

④ 纵、横拉杆球头连接部位松旷，应予调整或更换。

⑤ 纵、横拉杆臂与转向节连接松旷，应予调整或更换。

⑥ 转向节主销与衬套磨损后松旷，应予更换。

⑦ 车轮轮毂轴承间隙过大，应予更换。

3）故障诊断方法

造成转向盘自由行程过大的根本原因是转向系传动链中一处或多处连接的配合间隙过

大，诊断时，可从转向盘开始检查转向系各部件的连接情况，看是否有磨损、松动、调整不当等情况，并找出故障部位。

3. 转向轮抖动

1）故障现象

汽车在某低速范围内或某高速范围内行驶时，出现转向轮各自围绕自身主销进行角振动的现象。尤其是高速时，转向轮摆振严重，握转向盘的手有麻木感，甚至在驾驶室可看到汽车车头晃动。

2）故障主要原因及处理方法

转向轮抖动的根本原因是转向轮定位不准，转向系连接部件之间出现松旷，旋转部件动不平衡。具体原因及处理方法主要有：

（1）转向轮旋转质量不平衡或转向轮轮毂轴承松旷，应予校正动平衡或更换轴承。

（2）转向轮使用翻新轮胎，应予更换。

（3）转向轮所在车轴左右两悬挂的高度或刚度不一，应予更换等。

（4）转向系与悬挂的运动发生干涉，应予更换部件。

（5）转向器主、从动部分啮合间隙或轴承间隙太大，应予调整或更换轴承。

（6）转向器垂臂与其轴配合松旷或纵、横拉杆球头连接松旷，应予调整或更换。

（7）转向器在车架上的连接松动，应予紧固。

（8）转向轮所在车轴的悬挂减震器失效或左右两边减震器效能不一，应予更换。

（9）转向轮所在车轴的钢板弹簧U形螺栓松动或钢板销与衬套配合松旷，应予紧固或调整。

3）故障诊断方法

以桑塔纳乘用车为例，根据转向轮抖动特征，按照图2.21所示机械转向系转向轮抖动常见故障原因的诊断流程找出故障部位。

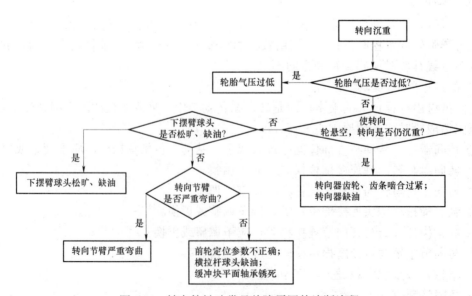

图 2.21 转向轮抖动常见故障原因的诊断流程

2.7 液压动力转向系

对于转向系来说,最主要的要求是转向的灵敏性和操纵的轻便性。高的转向灵敏性要求转向器具有小的传动比,好的操纵轻便性则要求转向器具有大的传动比,可见这是一对矛盾,普通的机械转向系很难兼顾汽车的转向灵敏性和操纵的轻便性。为解决这一矛盾,越来越多的车辆采用了以发动机输出的部分动力为能源的动力转向系。

2.7.1 动力转向系功用和分类

动力转向系就是在机械转向系的基础上加设一套转向加力装置而形成的。转向加力装置减轻了驾驶员操纵转向盘的作用力。由于汽车和超低压胎的轿车转向时阻力较大,为了减轻驾驶员的疲劳强度,改善转向系的技术性能,一般采用动力转向系。汽车转向时,所需的能量只有小部分是驾驶员提供,而大部分是发动机驱动转向油泵旋转,将发动机输出的部分机械能转化为压力能,图 2.22 所示为机械液压动力转向系。

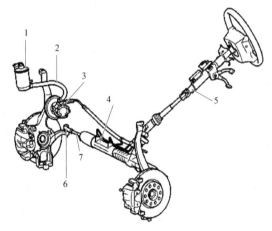

图 2.22 机械液压动力转向系
1—油罐;2—油管;3—油泵;4—转向器;5—转向轴;6—横拉杆球头;7—拉杆

动力转向系按动力介质的不同分为气压式、液压式和电动式三类。气压式动力转向系主要用于采用气压制动系统的货车和客车,本书不再详述,主要介绍液压式动力转向系,其中液压式动力转向系又包括机械液压式和电控液压式两种。

2.7.2 机械液压动力转向系基本结构和工作原理

机械液压动力转向系按液流形式可以分为常流式和常压式;按转向控制阀的运动方式又可以分为滑阀式和转阀式。

1. 液压常流滑阀式动力转向装置

液压常流滑阀式动力转向装置的基本组成如图 2.23 所示,主要包括转向储油罐、转向油泵、转向控制阀和转向动力缸等。

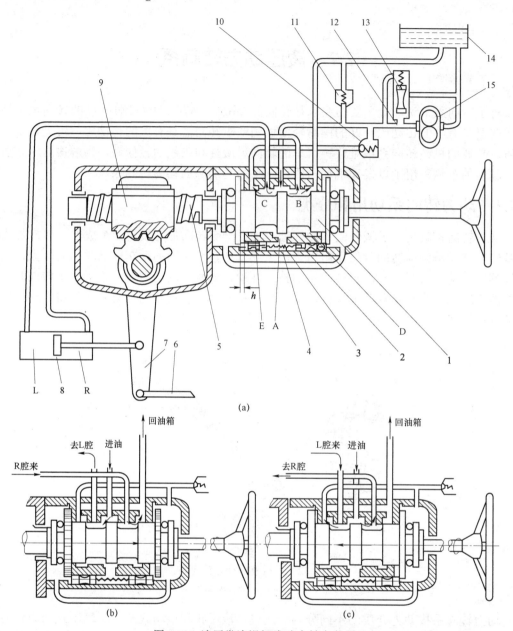

图 2.23 液压常流滑阀式动力转向装置

1—滑阀；2—反作用柱塞；3—滑阀回位弹簧；4—阀体；5—转向螺杆；6—转向直拉杆；7—转向摇臂；8—转向动力缸；9—转向螺母；10—单向阀；11—安全阀；12—节流阀；13—溢流阀；14—转向储油罐；15—转向油泵

当汽车直线行驶时，如图 2.23（a）所示，滑阀 1 在回位弹簧 3 的作用下保持在中间位置。转向控制阀内各环槽相通，自转向油泵 15 输送出来的油液进入阀体环槽 A 之后，经环槽 B 和 C 分别流入动力缸 8 的 R 腔和 L 腔，同时又经环槽 D 和 E 进入回油管道流回储油罐 14。这时，滑阀与阀体各环槽槽肩之间的间隙大小相等，油路畅通，动力缸 8 因左右腔油压相等而不起加力作用。

汽车右转向时，驾驶员通过转向盘使转向螺杆 5 向右转动（顺时针）。开始时，转向螺

— 118 —

母暂时不动,具有左旋螺纹的螺杆 5 在螺母 9 的推动下向右轴向移动,并带动滑阀 1 压缩回位弹簧 3 向右移动,消除左端间隙 h,如图 2.23(b)所示。此时环槽 C 与 E 之间、A 与 B 之间的油路通道被滑阀和阀体相应的槽肩封闭,而环槽 A 与 C 之间的油路通道增大,油泵送来的油液自 A 经 C 流入动力缸的 L 腔,L 腔成为高压油区。R 腔油液经环槽 B、D 及回油管流回储油罐 14,动力缸 8 的活塞右移,使转向摇臂 7 逆时针转动,从而起加力作用。

只要转向盘和转向螺杆 5 继续转动,加力作用就一直存在。当转向盘转过一定角度保持不动时,转向螺杆 5 作用于转向螺母 9 的力消失,但动力缸活塞仍继续右移,转向摇臂 7 继续逆时针方向转动,其上端拨动转向螺母,带动转向螺杆 5 及滑阀一起向左移动,直到滑阀 1 恢复到中间稍偏右的位置。此时 L 腔的油压仍高于 R 腔的油压。此压力差在动力缸活塞上的作用力用来克服转向轮的回正力矩,使转向轮的偏转角维持不动,这就是转向的维持过程。如转向轮进一步偏转,则需继续转动转向盘,重复上述全部过程。

松开转向盘,滑阀在回位弹簧 3 和反作用柱塞 2 上的油压的作用下回到中间位置,动力缸停止工作。转向轮在前轮定位产生的回正力矩作用下自动回正,通过转向螺母 9 带动转向螺杆 5 反向转动,使转向盘回到直线行驶位置。如果滑阀不能回到中间位置,汽车将在行驶中跑偏。

在对装的反作用柱塞 2 的内端,回位弹簧 3 所在的空间,在左转向过程中总是与动力缸高压油腔相通,此油压与转向阻力成正比,作用在柱塞 2 的内端。转向时,要使滑阀移动,驾驶员作用在转向盘上的力不仅要克服转向器内的摩擦阻力和回位弹簧的张力,还要克服作用在柱塞 2 上的油液压力。所以,转向阻力增大,油液压力也增大,驾驶员作用于转向盘上的力也必须增大,使驾驶员感觉到转向阻力的变化情况,这种作用就是"路感"。

汽车直线行驶时,若遇路面不平,转向轮有可能左右偏转而产生振动。这种振动将迫使转向摇臂摆动,使动力缸活塞在缸筒内轴向移动,动力缸 L、R 两腔充满着的油液便对活塞移动起阻尼作用,从而吸收振动能量,减轻了转向轮的振动。若路面冲击力很大,迫使转向轮偏转(设向右偏转,而驾驶员仍保持转向盘处于直线行驶位置),此时转向螺杆将受到一个向左的轴向力,这个力使滑阀向左移动,于是反向接通动力缸油路(L 腔为低压油区,R 腔为高压油区),动力转向装置中即使装用逆传动效率较高的转向器,也不会出现"打手"现象。由以上所述可知,装用动力转向装置的汽车,仍具有保持直线行驶和转向后自动回正的能力。

如果动力转向装置失效(如油泵不运转),则该装置不但不能使转向省力,反而会增加转向阻力。为了减小这种阻力,在转向控制阀的进油道和回油道之间装有止回阀。在正常情况下,进油道的油压为高压,回油道为低压,止回阀在弹簧张力和油压差作用下关闭,进、回油道不相通。当油泵失效后靠人力强制进行转向时(设右转向),进油道变为低压(油罐中的油液也不能通过失效的油泵流入进油道),而回油道却因动力缸中的活塞移动而具有稍高于进油道的油压。进、回油道的压力差使止回阀打开,两油道相通,动力缸活塞两侧油腔也相通,油液便从动力缸受活塞挤压的 R 腔,流向活塞移离后产生低压的 L 腔,从而减小了人力转向时的油液阻力。可见止回阀的作用是将不工作的油泵短路。

动力转向装置工作时,动力缸活塞的移动速度除随转向盘的转动速度变化外,还取决于油泵的输出油量。如果油泵输出油量不足,会使转向速度慢(转向轮的偏转明显滞后于转向盘的转动)而不灵敏,且转向沉重。若油泵输出油量过大,又会使转向过分灵敏,转向盘"发飘"。油泵的输出油量受发动机转速的影响很大,为了保证发动机怠速时供油充足,而在发动机高速运转时供油量不致过大,油路中装有量孔和溢流阀。当油泵输出油量超过一定值时,油液利用量孔节流作用下产生的油压差把溢流阀打开,使多余的油液流回油泵入口处。安全阀的作用是限制油泵及系统内的最高压力值。

2. 液压常流转阀式动力转向装置

液压常流转阀式动力转向装置应用广泛,主要由转向油泵、转向动力缸和转向控制阀组成,如图2.24所示。

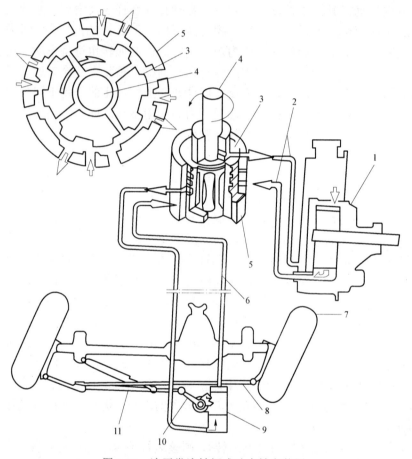

图2.24 液压常流转阀式动力转向装置
1—转向油泵;2—油管;3—阀体;4—阀芯;5—转向器壳体;6—油管;7—车轮;8—转向拉杆;
9—转向动力缸;10—转向摇臂;11—转向横拉杆

当汽车直线行驶时,转阀处于中间位置,如图2.25所示。工作油液从转向器壳体的进油孔 B 流到阀体 5 的中间油环槽中,经过其槽底的通孔进入阀体 5 和阀芯 4 之间,此时阀芯处于中间位置,进入的油液分别通过阀体与阀芯纵槽和槽肩形成的两边相等的间隙,再通过阀芯的纵槽以及阀体的径向孔流向阀体外圆上、下油环槽,通过壳体油道流到转向动力缸的左转向动力腔 L 和右转向动力腔 R。流入阀体内腔的油液在通过阀芯纵槽流向阀体上油环槽的同时,通过阀芯槽肩上的径向油孔流到转向螺杆和输入轴之间的空隙中,从回油口油管回到储油罐中去,形成常流式油液循环。此时,转向动力缸上、下腔油压相等且很小，齿条-活塞既没有受到转向螺杆的轴向推力，也没有受到转向动力缸上、下腔因压力差造成的轴向推力，其处于中间位置，动力转向器不工作。

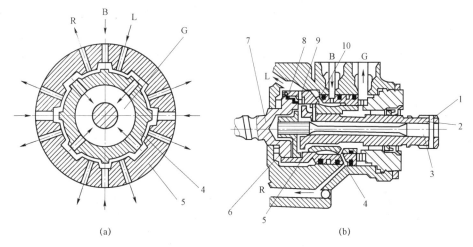

图 2.25　汽车直线行驶时转阀的工作状态
（a）阀芯与阀体的相对位置；（b）阀芯中的油流情况
1—短轴扭杆锁定销；2—短轴；3—弹性扭杆；4—阀芯；5—阀体；6—下端轴盖；7—转向螺杆；
8—转向螺杆与阀体锁定销；9—下端轴盖与阀体的定位销；10—转阀与短轴的锁定销
R—接右转向动力腔；L—接左转向动力腔；B—接转向油泵；G—接转向油罐

左转向时（右转向与此正相反），转动转向盘，短轴 2 逆时针转动，通过下端轴销带动阀芯 4 同步转动，同时弹性扭杆 3 也通过轴盖、阀体上的销子带动阀体 5 转动，阀体通过缺口和销子带动转向螺杆 7 旋转，但由于转向阻力的存在，促使扭杆发生弹性扭转，造成阀体 5 转动角度小于阀芯 4 的转动角度，两者产生相对角位移，通转向动力缸下腔的进油缝隙减小（或关闭），回油缝隙增大，油压降低；而上腔正相反，油压升高，上、下腔产生油压差，齿条-活塞在油压差的作用下移动，产生助力作用，如图 2.26 所示。

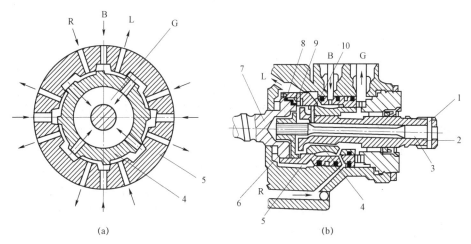

图 2.26　汽车左转向时转阀的工作状态[①]

---

① 图 2.26 中标注同图 2.25。

当转向盘转动并停在某一位置后,阀体 5 随转向螺杆 7 在液力和扭杆 3 弹力的作用下,沿转向盘转动方向旋转一个角度,使之与阀芯 4 的相对角位移量减小,转向动力缸上、下腔油压差减小,但仍有一定的助力作用,使助力转矩与车轮的回正力矩相平衡,车轮维持在某一转角位置上。

在转向过程中,若转向盘转动的速度快,则阀体与阀芯的相对角位移量也大,转向动力缸上、下腔的油压差也相应加大,前轮偏转的速度加快;若转向盘转动的慢,则相应的前轮偏转的也慢;若转向盘转到某一位置不动,则前轮也偏转到某一位置不变。此即"快转快助,大转大助,不转不助"原理。

转向后需回正时,驾驶员放松转向盘,阀芯在弹性扭杆作用下回到中间位置,失去了助力作用,转向轮在回正力矩的作用下自动回位。若驾驶员同时回转转向盘,则转向助力器助力,帮助车轮回正。

当汽车直线行驶偶遇外界阻力使转向轮发生偏转时,阻力矩通过转向传动机构、转向螺杆、螺杆与阀体的锁定销作用在阀体上,使之与阀芯之间产生相对角位移,动力缸上、下腔油压不等,产生与转向轮转向相反的助力作用,转向轮迅速回正,保证了汽车直线行驶的稳定性。

当液压动力转向装置失效后,失去方向控制是非常危险的,所以,一旦液压动力转向装置失效,该动力转向器将变成机械转向器,其动力传递路线与机械转向系完全一致。

2.8 液压动力转向系主要部件

2.8.1 动力转向器

1. 滑阀整体式动力转向器

JN1181C13 型汽车滑阀整体式动力转向器如图 2.27 所示,其主要由机械转向器、转向动力缸和转向控制阀组成。机械转向器为循环球-齿条齿扇式,由转向螺杆 26、转向螺母 37、转向动力缸活塞 27(齿条)和齿扇轴 30 组成,齿条与齿扇的啮合间隙用调整螺钉 44 调节;转向动力缸由转向动力缸的缸体(转向器壳体 28)、转向动力缸活塞 27 组成;转向控制阀位于转向螺母下方,二者轴线互相垂直,阀体 53 借锁紧螺钉 36 限制其轴向和周向位置,滑阀 52 的轴向位置由转向螺母下部的板状凸缘控制,其"中立位置"由复位弹簧 54 保证,滑阀两端各有一个由反作用柱塞 51 密封的反作用孔腔,分别与动力缸前、后腔连通。

在通过转向盘转动螺杆时,由于转向螺杆的轴向位置已被推力滚子轴承 42 限制,动力缸活塞也因受齿扇轴传来的路面阻力而暂时不能运动,螺母两端碟形弹簧的预紧力又使得转向螺母不可能相对于活塞轴向移动,结果只能使转向螺母随转向螺杆转动一个不大的角度,将滑阀拨到相应的工作位置,于是动力缸的一腔通进油道 P,另一腔通回油道 O,在动力缸活塞上的液压作用力与转向螺母的轴向力共同作用下,带动扇齿轴 30 和转向摇臂 50 转动。

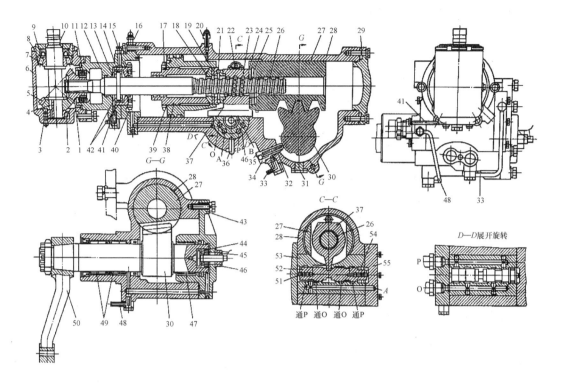

图 2.27 JN1181C13 型汽车滑阀整体式动力转向器

1—从动圆锥齿轮；2—圆锥滚子轴承；3—齿轮箱放油螺塞；4—平键；5—主动圆锥齿轮；6—齿轮箱壳体；7—圆锥滚子轴承；8—锁紧螺母；9—调整螺塞；10—输入轴；11—向心球轴承；12—转向器前盖；13—锥面垫圈；14,49—向心滚子轴承；15—调整座；16—动力缸前腔放气阀；17—锁紧螺母；18—球面垫圈；19,25—碟形弹簧；20—动力缸后腔放气阀；21—径向推力球轴承；22—钢球导管；23—钢球；24—推力滚子轴承；26—转向螺杆；27—转向动力缸活塞；28—转向器壳体（动力缸缸体）；29—转向器后盖；30—齿扇轴；31—放油螺塞；32—转向限制柱塞；33—通动力缸前腔的油管；34—转向控制阀弹簧；35,53—转向控制阀体；36—锁紧螺钉；37—转向螺母；38—调整垫片；39—锁片；40—锁紧螺母；41,48—润滑油管；42—推力滚子轴承；43—转向器后侧盖；44—调整螺钉；45—垫圈；46—固定螺母；50—转向摇臂；51—反作用柱塞；52—滑阀；54—滑阀复位弹簧；55—转向器前侧盖；P—转向控制阀进油道；O—转向控制阀回油道；A—控制阀通动力缸前腔油道；B—控制阀通动力缸后腔油道

2. 转阀整体式动力转向器

北京切诺基汽车转阀整体式动力转向器结构如图 2.28 所示，主要由机械转向器、转向动力缸和旋转式转向控制阀三者组合而成。

机械转向器为循环球式，有两级传动副，第一级是螺杆螺母（活塞-齿条）传动副，第二级是齿条-齿扇传动副。转向器壳体侧盖上的调整螺钉 27 及锁紧螺母 26 用来调整齿条和齿扇的啮合间隙。

转向控制阀用于控制压力油的流动方向，主要由阀体 3、阀芯 4、输入轴组件及密封件等组成，如图 2.29 所示。扭杆 1 的一端同阀体 3 连接在转向轴上，另一端通过定位销与阀芯 4 相连。阀体 3 和阀芯 4 上开有相对应的油道，动力缸左腔和右腔分别与阀体上相对两油道相连，阀体上还开有回油道。图 2.30 所示为阀体及阀芯结构。

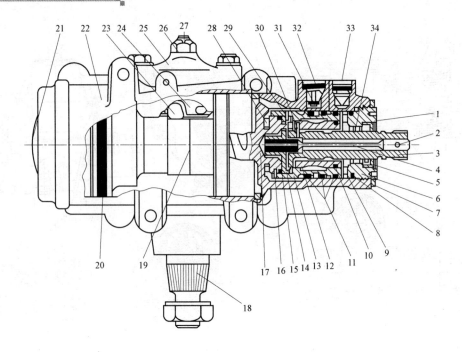

图 2.28 北京切诺基汽车转阀整体式动力转向器

1—卡环；2，16，30—锁销；3—短轴；4—扭杆；5—骨架油封；6—调整螺塞；7，26—锁紧螺母；8，10，11，15，20—O形密封圈；9，28—推力滚子轴承；12—阀芯；13—阀体；14—下端轴盖；17—转向螺杆；18—转向摇臂轴；19—转向螺母（齿轮-齿条）；21—转向器端盖；22—壳体；23—循环球导管；24—导管压紧板；25—侧盖；27—调整螺钉；29—定位销；31—止回阀；32—进油口；33—出油口；34—滚子轴承

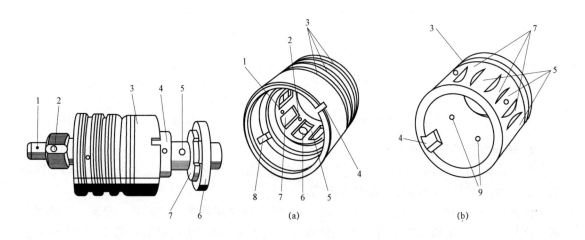

图 2.29 输入轴组件
1—扭杆；2，5—锁销；3—阀体；4—阀芯；
6—轴盖；7—短轴

图 2.30 阀体及阀芯结构
（a）阀体；（b）阀芯
1—通动力缸前腔小孔；2—通动力缸后腔小孔；3—环槽；4—缺口；
5—槽肩；6—通进油口小孔；7—纵槽；8—锁销；9—通回油口小孔

转向动力缸为双向作用型，其作用是利用油压来扩大传送到转向传动机构上的转向力。动力缸缸体即转向器壳体，动力缸活塞即齿条活塞。

2.8.2 转向油泵

1. 功用

转向油泵是动力转向装置的动力源,其功用是将发动机的机械能变为驱动动力缸工作的液压能,再由转向动力缸输出的转向力,驱动转向车轮转向。

2. 类型

转向油泵有很多种类型,常见的有齿轮式、转子式和叶片式。本书主要介绍应用较为广泛的齿轮式。

图 2.31 所示为齿轮式转向油泵结构,在泵体上加工有进油口和出油口,轮齿之间的润滑油由于轮齿逐渐啮合而被挤压产生很高的压力,此压力会通过齿轮作用在主动齿轮轴和从动齿轮轴上,使齿轮和轴的磨损加剧,因此在泵盖上加工出卸压槽,使啮合齿隙与出油腔连通,以降低其油压。另外,泵盖上装有限压阀,以维持主油道内的正常压力;为减小机油泄损,提高机油泵的容积效率,齿轮与壳体的齿顶间隙、端面间隙均较小;泵盖与壳体之间的密封衬垫做得很薄,衬垫既可防止漏油,又可调整齿轮端隙。

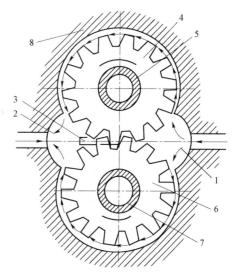

图 2.31 齿轮式转向油泵
1—进油口;2—出油口;3—卸荷槽;4—主动齿轮;
5—主动齿轮轴;6—从动齿轮;
7—从动齿轮轴;8—泵体

齿轮泵的工作原理如下:发动机工作时,两齿轮转动方向相反,这时进油腔的齿轮逐渐分离,密封容积逐渐增大,出现了局部真空,油底壳中的油在大气压力的作用下,经齿轮泵入口进入吸油腔。随着齿轮的旋转,储存在齿轮齿槽间的机油被带到出油腔。出油腔轮齿逐渐啮合,密封容积逐渐减小,油压升高,出油腔油液被挤出,经出油口输送到发动机润滑油道中。发动机工作时,机油泵齿轮不停地运转,润滑油就连续不断地流入油道,保证机油在润滑油路中不断循环。

2.9 液压动力转向系维护与故障诊断方法

液压动力转向系正确、及时的维护,是减少故障率和延长使用寿命的保证。对于液压动力转向系而言,主要应保证其工作油液的品质及规定数量。

(1) 油液应符合液压动力转向系所使用牌号的规定,应符合原厂的要求,油液应具有良好的黏温特性、耐磨性、抗氧化性、润滑性,无杂质和沉淀物。若无原厂规定牌号油液,则可用 13 号机械油或 8 号液力传动油代替,但不能两种油液混用。

(2) 定期检查转向油罐的液面高度,应结合维护周期检查转向油罐液面高度是否在规定刻线上,不足时应添加;添加的油液要经过滤清,品种要与原油液相同。

(3) 按时换油。因为液压动力转向系的油液是在高温高压下工作的,容易变质,所以,即使油液看起来比较干净,也要定期更换,一般一年更换一次,或按原厂规定更换。换油时,将前轴顶起,发动机以怠速运转,卸下转向器下部的放油螺塞,左、右打方向盘至极限位置数次,待油液排完后立即熄灭发动机并旋上放油螺塞。

（4）排气。在转向系统加油或转向系统混入空气时,需要将空气排出。排气的方法是先将油液注到油罐规定的液面高度,然后起动发动机,在怠速状态下左、右打转向盘到极限位置（在极限位置停留不得超过 10 s,以防油泵发热）,反复几次,并不断往油罐补充油液,同时松开系统中的放气螺钉,直到油液充满整个系统、放气口没有气泡冒出、油罐内油面不再下降为止,然后扭紧放气螺钉。

2.9.1 液压动力转向系的检查与调整

1. 液压泵工作压力试验

做此试验前,首先应确认液压泵驱动装置可靠,然后在液压泵出油口与转向器进油口之间安装压力表及一个限压阀,进行如下操作:使发动机怠速运转,方向盘处于中间位置（车辆直行状态）,检查油压是否符合规定（一般小型车为 7.5 MPa 左右,大型车为 2 MPa 左右或按原厂规定）。短时间地关闭限压阀（不超过 10 s）,使发动机以 1 500 r/min 的转速运转,此时压力表的指示值应为液压泵的最大工作压力（一般小型车为 7 MPa 左右,大型车为 10 MPa 左右,或按原厂规定）。

2. 油路压力异常的处理

如液压泵工作压力过低,应拆下液压泵限流阀进行清洗检查,并重新安装调整,再重复上述试验。如液压泵压力仍然过低,应对液压泵进行拆检。如液压泵压力过高,可能是溢流阀弹簧卡住,应拆卸检查。把转向盘左、右打到极限位置,中途不要停顿,转动中油压应稳定。如有下降现象,可能是动力缸活塞油封损坏漏油。

3. 控制阀和动力缸泄漏检查

动力转向系的泄漏分内泄和外泄两种,外部泄漏比较容易发现,而内部泄漏是难以发现的。内泄可采取油路压力试验的方法来检查,先测出油路油压的数值（油压正常）,然后将一块 15 mm 厚的金属垫板放在车轮转角限位螺栓（或凸块）上,左、右转动转向盘,其极限位置受垫板限制,使限位阀不能卸荷,这时再测量油路压力,若油压低于原来测得的值,说明控制阀和动力缸内部有泄漏现象。

4. 液压限位阀的检查和调整

支起车轮,将 3 mm 厚的垫片放在前轴的限位凸块上,起动发动机,转动转向盘至车轮的限位机构起作用时为止,这时限位阀应卸荷,用旋具作传导,可听到卸荷的排油声,否则应对限位阀进行调整。调整后应进行复验,其方法是慢慢使汽车起步,转动转向盘直到液压加力作用不足但又不完全是机械转向时,车轮转向限位螺钉与前轴限位凸块之间应有 2～3 mm 的间隙。

2.9.2 液压动力转向系统的故障诊断与排除

1. 转向沉重故障现象

动力转向的汽车,本来转向很轻便,突然感到转向沉重或方向盘转不动。
故障原因:

（1）油箱缺油或油液高度不足。

（2）系统中混入大量空气。

（3）油箱滤网堵塞或管路堵塞。

（4）液压泵磨损，内部泄漏或驱动部分打滑、磨坏。

（5）助力器内溢油阀、安全阀机件磨损，弹簧过软或调整不当。

（6）助力器内滑阀与滑壁间隙过大或关闭不严。

（7）系统各接头、衬垫处密封不良，产生液压油外漏；系统内部密封元件损坏，产生内漏。

故障诊断与排除：

（1）检查液压泵驱动部分的工作情况。检查驱动皮带是否打滑或其他驱动形式的齿轮传动等有无损坏。

（2）检查油箱内的油面高度，看其是否达到规定的高度，如油面过低，应予以加足，使油面达到油尺上的高度标记。检查油箱内的滤清器是否堵塞或损坏，如果堵塞，应进行清洗；如果损坏，应予以更换。

（3）检查系统中是否混有空气。如果发现液压油中有泡沫（或液压油混浊），则可能是油路中有空气（通常通过观察回油管回油时是否夹带气泡来判定）。空气的进入通常是液压泵的进油管裂损、接头松动以及液压泵轴上的密封环损坏等所致。如出现上述损坏，均应先予以维修，然后再排除系统中的空气。

（4）检查液压泵流量及溢油阀、安全阀的作用是否良好。可将压力表接在管路上检查，如果作用不良，应将阀及弹簧卸下，进行清洗和检查，必要时更换新件。

（5）检查控制阀内的滑阀，看其作用是否良好。如间隙过大或关闭不严，应更换新的转向螺杆及滑阀。

（6）检查助力活塞上的密封环和阀体径向环槽的中间密封作用是否良好，必要时应予更换，同时还要检查液压缸表面有无损伤。

（7）检查单向阀的球阀与阀座的接触是否严密。如是因脏物垫起而引起的关闭不严，应进行清洗；如是因阀本身而引起的关闭不严，必须更换新件。

2. 转向时有噪声故障现象

转向时液压泵处发生响声。

故障原因：

（1）液压泵驱动部分发响，如皮带过松、驱动齿轮传动件损坏等。

（2）液压油量不足、系统中混有空气。

（3）油箱滤芯堵塞或损坏。

（4）各管路接头松动或油管破裂、堵塞。

故障诊断与排除：

（1）先检查油箱内的油面高度，若油面过低应补足液压油。

（2）检查驱动部分的工作情况。检查皮带是否过松、驱动齿轮及其他部件是否损坏，若不正常，则应按规定要求给予调整、修复。

（3）检查回油管的回油情况，观察液压油中是否夹带有气泡（油液呈混浊状），如有气泡，应先查出漏气，然后再排除空气。

（4）检查油箱滤芯以及油路各处有无堵塞、损坏，若有应将其修复。

3. 方向盘自由行程过大故障现象

转动方向盘，发现自由行程过大。

故障原因：

主要是机械驱动部分间隙过大所致。

（1）转向纵拉杆两端的球头销与销座的间隙过大。

（2）齿条与齿扇的间隙过大。

（3）转向螺杆和转向螺母与钢球之间的间隙过大。

故障诊断与排除：应逐一检查上述间隙是否过大，并采取相应的措施。

4. 左右转向时轻重不一故障现象

汽车在行驶中左右转弯时，左右转动方向盘感到轻重不同。

故障原因：

（1）控制阀中的滑阀偏离中间位置，或虽在中间位置但与阀体台肩的缝隙大小不一致。

（2）滑阀或阀体台肩处有毛刺、碰伤或有脏物阻滞，使液压油循环受阻致使加力不平衡。

（3）动力缸一侧有空气，造成活塞两侧压力差过大，致使左、右转向轻重不同。

故障诊断与排除：

（1）先检查液压油是否脏污，视需要更换液压油与清洗液压助力系统。

（2）拆检控制阀。滑阀在中间位置时的顶开缝隙一般仅有 0.1~0.2 mm，全开缝隙为 1.0~2.0 mm。在装配时如调整不当或紧固不牢，都会使滑阀偏离中间位置，遇此情况则需要重新按规定装配与紧固。若不属装配问题，则需考虑制造误差与损伤，视情况予以更换或修复。

（3）排除系统中的空气，解决动力缸一侧有空气的影响。

5. 转向时转向盘强烈抖动故障现象

汽车行驶中，转向时感到转向盘强烈抖动（打手）。

故障原因：

（1）助力液压系统中缺油或空气混入较多。

（2）齿条与齿扇间的间隙过大。

（3）转向螺杆和转向螺母与钢球间的间隙过大。

故障诊断与排除：

（1）检查液压油的油量是否足够及系统中是否有空气，必要时加油与排除空气。

（2）检查齿条与齿扇的间隙，如间隙过大，应进行调整（方法同机械驱动式转向器）。

（3）检查转向螺杆和转向螺母球槽与钢球的配合间隙，如间隙较大，可选配加大尺寸公差组的钢球装配。注意：必须整组更换；若间隙过大，则应更换转向螺杆、转向螺母，并重新选配钢球组。

6. 汽车直线行驶时，转向盘发飘或跑偏故障现象

汽车直线行驶时，无法保持直线方向，而自动偏向一边。

故障原因：

（1）不转动转向盘时，控制阀中的滑阀偏离中间位置，致使自动加力。

（2）控制阀中的定心弹簧过软，难以克服转向轮传来的逆动力，致使滑阀随逆动力的变化经常改变位置而自动加力。

（3）液压油过脏，使滑阀运动受阻或移动不灵敏。

（4）溢油阀工作不良，使液压泵向控制阀输出过多的液压油，在此情形下若还有油道布置不合理、油路不畅等，就极易使加力缸两侧产生压力差，致使自动加力转向。

故障诊断与排除：

（1）先检查液压油是否过脏，视需要换液压油及清洗液压助力系统。

（2）拆检控制阀。对其中的滑阀与阀体的顶开缝隙、全开缝隙及定心弹簧弹力和溢油安全工作性能做检查。若出现不正常情况，则应更换、修复有关部件。

注意：汽车跑偏极易引起交通事故，遇到上述情况应立即进行检查与故障排除。

7. 快打转向盘时，转向沉重故障现象

汽车在急转弯时，快打转向盘感到沉重吃力。

故障原因：

（1）转向液压泵转子严重磨损，导致供油压力降低和流量不足。

（2）转向液压泵节流阀卡死。

（3）转向液压泵传动皮带过松。

故障诊断与排除：

（1）检查转向液压泵的工作压力和流量，如达不到规定要求，可更换转子或液压泵总成。

（2）拆卸节流阀并清洗干净。

（3）精确校正液压泵传动皮带的张紧度，或更换新皮带。

【案例概况】

本田汽车转向沉重，检查转向盘的转动力时其值大于 30 N。

【案例解析】

故障分析排除

（1）检查储油罐是否缺油、转向油泵驱动皮带是否打滑，同时确认系统内无空气。若是缺油或皮带打滑，转向助力泵皆不能正常工作且没有助力；若油中混有气体，则由于气体具有可压缩性而起不到助力作用。加满油或换油、更换清洁皮带、排气，便可排除相应故障。

（2）检查转向油泵的压力。在压力控制阀和节流阀全开的情况下测量怠速时的静态油压应小于等于 1 500 kPa，否则检查动力转向器与动力转向油泵之间的进油和回油管路是否堵塞、老化或变形。若没问题，则说明转向器转向阀有故障。

（3）如果检测的动力转向油泵的压力正常，则在压力控制阀和节流阀全闭的情况下测量怠速时的油泵卸荷压力应为 7 200～7 800 kPa。若压力过低，则检查流量控制阀与油泵总成是否正常。

（4）如果上述检查均正常，则检查转向盘向左、向右转动时动力的差值，其值应小于等于 2.9 N。若符合要求，则应检查油缸管路是否变形或安装不当。若正常，则检查齿条轴是否变形、齿条导向螺塞调整是否过紧。若也正常，则说明转向控制阀有故障。

（5）如果左、右两方向转向盘转向力差值正常，则应检查并调整齿条导向螺塞。若通过调整齿条导向螺塞不能消除上述故障，则应更换动力转向器。若齿条导向螺塞调整正常，则应检查动力转向装置以外的零部件是否有故障，如：

① 转向轴相关零部件是否卡滞或转动不自如；
② 转向万向节是否有故障；
③ 各球头销是否装配过紧或缺油；
④ 转向系内机件是否相互干涉。

本项目小结

  转向系的作用是通过汽车驾驶员的操作，根据需要改变汽车行驶的方向。汽车转向系按转向能源的不同分为机械转向系和动力转向系两种。机械转向系以驾驶员的体力作为转向能源，其中所有转力件都是机械的，是动力转向系的基础所在。动力转向系是依靠驾驶员的体力和其他动力作为转向能源的转向系统。

  机械转向系由转向操纵机构、机械转向器和转向传动机构三大部分组成。

  转向操纵机构的功用是产生转动转向器所必需的操纵力，并具有一定的调节和安全性能。转向操纵机构要将驾驶员操纵转向盘的力传给转向器，同时为了驾驶员的舒适驾驶，还要求转向操纵机构可以进行调节，以满足不同驾驶员的需求。为了防止车辆撞击后对驾驶员的损伤，还要求转向操纵机构具有一定的安全保护装置。

  转向器按传动副的结构形式可以分为循环球式、齿轮齿条式、蜗杆曲柄指销式、蜗杆滚轮式等几种类型。

  转向传动机构的功用是将转向器输出的力和运动传给转向轮，使两侧转向轮偏转以实现汽车转向，并保证左右转向轮的偏转角按一定关系变化。

  动力转向系就是在机械转向系的基础上加设一套转向加力装置而形成的。转向加力装置减轻了驾驶员操纵转向盘的作用力。由于汽车和超低压胎的轿车转向时阻力较大，为了减轻驾驶员的疲劳强度，改善转向系的技术性能，一般采用动力转向系。动力转向系按动力介质的不同分为气压式、液压式和电动式三类。

  四轮转向系使汽车低速行驶转向且转向盘转动角度很大时，后轮相对于前轮反向偏转，并且偏转角度随转向盘转角增大而在一定范围内增大，如汽车急转弯、调头行驶、避障行驶或进出车库等，从而使汽车转向半径减小、转向机动性能提高。汽车在高速行驶转向时，后轮应相对于前轮同向偏转，从而使汽车车身的横摆角度和横摆角速度大为减小，以提高汽车高速行驶时的操纵稳定性。

项目3 汽车行驶系结构与检修

✓ 学习目标

本项目应了解汽车行驶系的功用、组成和类型，汽车行驶的基本原理；掌握汽车行驶系主要部件的功用、组成和类型；掌握汽车行驶系主要部件的结构、原理和检修，以及常见故障的诊断与排除。

✓ 学习要求

能力目标	知识要点	权重
了解汽车行驶系的功用、组成和类型，汽车行驶的基本原理	1. 汽车行驶系的功用、组成和类型； 2. 汽车行驶的基本原理	10%
熟悉车桥、车架的功用、构造，掌握转向轮定位参数的内容	1. 车桥的功用、构造； 2. 车架的功用、构造； 3. 转向轮定位的基本原理和检查、调整	20%
熟悉车轮与轮胎的功用、组成和类型，了解车轮与轮胎的规格，掌握车轮与轮胎的装配、动平衡与换位工作	1. 车轮的功用、组成和类型； 2. 轮胎的功用、组成和类型； 3. 车轮与轮胎的规格； 4. 会做车轮与轮胎的装配、动平衡与换位工作	20%
掌握悬架的功用、组成和类型，悬架中弹性元件、减震器、导向装置的类型、构造和工作原理	1. 悬架的功用、组成和类型； 2. 非独立悬架与独立悬架的类型、特点和工作过程； 3. 弹性元件的类型、构造和工作原理； 4. 减震器的类型、构造和工作原理； 5. 导向装置的类型、构造和工作原理	40%
运用知识分析案例，会做行驶系各总成的拆装、检修、维护工作，会分析行驶系常见故障产生的原因，并提出相应的措施	1. 车架、车桥、车轮与悬架的拆装、检修和维护； 2. 车架、车桥、车轮和悬架的常见故障排除	10%

一辆行驶 3 000 公里的小轿车,直线行驶时总是跑偏,没出过车祸,车辆没有大的撞击,应该是四轮定位有问题,分析并排除故障。

3.1 汽车行驶系概述

3.1.1 汽车行驶系的功用

汽车行驶系的功用是接收发动机经传动系传来的转矩,并通过驱动轮与路面间的附着作用,产生路面对汽车的牵引力,以保证整车正常行驶;传递并承受路面作用于车轮上的各向反力及其形成的力矩;缓和各种冲击及振动,保证汽车平顺行驶,并且与汽车转向系很好地配合工作,实现汽车行驶方向的正确控制,以保证汽车的操纵稳定性。

3.1.2 汽车行驶系的组成

轮式汽车行驶系一般由车架、车桥、车轮和悬架组成,如图 3.1 所示。

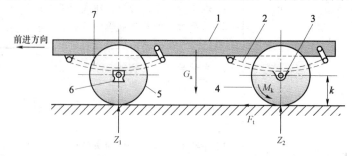

图 3.1 轮式汽车行驶系结构

1—车架;2—后悬架;3—驱动桥;4—后轮;5—前轮;6—从动桥;7—前悬架

车架是全车装配与支撑的基础,它将汽车的各相关总成连接成一个整体并与行驶系共同支撑汽车的质量。车轮分别装在前桥和后桥上,支撑着车桥和汽车。为了减少汽车在行驶中受到的各种冲击与振动,车桥与车架之间通过悬架系统弹性连接。在一些轿车中,为了提高其舒适性,采用断开式车桥,两侧车轮的心轴分别通过各自的弹性元件与车架连接,受外力作用时互不干扰,即独立悬架系统。

3.1.3 汽车行驶系的类型

汽车行驶系根据其结构形式的不同,可以分为以下几种:
(1) 轮式行驶系:行驶系中直接和地面接触的是车轮,称这种行驶系为轮式行驶系,这种车被称为轮式汽车。
(2) 半履带式行驶系:前桥装有滑橇或车轮,用来实现转向,后桥上装有履带,以减少对地面的单位压力(比压),控制汽车下陷,同时履带上的履刺也加强了附着作用,具有很高的通过能力,主要用于雪地或沼泽地带行驶。这样的行驶系被称为半履带式行驶系,这种车被称为半履带式汽车。

（3）全履带式行驶系：如果汽车前后桥上都装有履带，则称为全履带式行驶系，这种车被称为全履带式汽车。

（4）车轮-履带式行驶系：行驶系中直接与路面接触的部分有可以互换使用的车轮和履带，则称为车轮-履带式行驶系，这种车被称为车轮-履带式汽车。

3.1.4 汽车行驶系的受力分析

汽车行驶系的受力情况如图 3.1 所示，汽车的总重力 G_a 通过前、后车轮传到地面，引起地面作用于前轮和后轮上的垂直反力 Z_1 和 Z_2。当驱动桥中半轴将驱动转矩 M_k 传到驱动轮上时，产生路面作用于驱动轮边缘上的向前的纵向反力，称作驱动力，用 F_t 表示。驱动力用以克服驱动轮本身的滚动阻力，其余大部分则依次通过驱动桥壳、后悬架传到车架，用来克服作用于汽车上的空气阻力和坡道阻力；还有一部分驱动力由车架经过前悬架传至从动桥，作用于自由支撑在从动桥两端转向节上的从动轮中心，使前轮克服滚动阻力向前滚动。于是，整个汽车便向前行驶了。如果行驶系中处于牵引力传递路线上的任一个环节中断，汽车将无法行驶。

由图 3.1 还可看出，驱动力 F_t 是作用于轮缘上的，因而对车轮中心造成了一个反力矩，此反力矩力图使驱动桥壳中部（主减速器壳）的前端向上抬起。当采用断开式驱动桥时，主减速器是直接固定在车架上的，因而此反力矩也就直接由主减速器壳传给车架。当采用非断开式驱动桥时，反力矩则由主减速器壳经半轴套管传给后悬架，再由后悬架传给车架。反力矩传到车架上的结果，使得车架连同整个汽车前部都有向上抬起的趋势，具体表现为前轮上的垂直荷载减少而后轮上的垂直荷载增加。

汽车在制动时，同样产生一个与转矩相反的制动转矩，作用于车轮上，产生一个与汽车行驶方向相反的制动力，迫使汽车减速或停车。汽车产生后部向上抬起、前部下沉的趋势，从而使作用于后轮上的垂直荷载减小、前轮上的垂直荷载增大。紧急制动时，作用尤其明显。

汽车在弯道上或路面弓度较大的道路上行驶时，由于离心力或汽车质量在横向坡道上的分力作用，使汽车具有侧向滑动的趋势，路面将阻止车轮侧滑而产生作用于车轮的侧向力，此力由行驶系来传递和承受。

3.2 车　　架

3.2.1 车架的功用

车架俗称"大梁"，它是汽车的装配基体，汽车绝大多数的零部件、总成都要安装在车架上。另外，车架不仅要承受各零部件、总成的载荷，还要承受汽车行驶时来自路面各种复杂载荷的作用，如汽车加速、制动时的纵向力，汽车转弯、侧坡行驶时的侧向力，不良路面传来的冲击，等等。所以车架的功用可以概括为两点，一是支撑、连接汽车各零部件、总成；二是承受车内、外各种载荷的作用。

提示：从车架的功用可以看出，车架是一个形状复杂、强度和刚度要求较高的刚性结构。

3.2.2 车架的类型和构造

汽车上采用的车架有 4 种类型：边梁式车架、中梁式车架、综合式车架和无梁式车架（又称承载式车身）。目前汽车上多采用边梁式车架和无梁式车架。

1. 边梁式车架

边梁式车架如图 3.2 所示，由左、右两根纵梁和若干根横梁组成，并通过铆接或焊接将纵梁和横梁连接成坚固的刚性构架。边梁式车架的结构特点是便于安装车身（包括驾驶室、车厢及一些特种装备等）和布置其他总成，有利于改装变型车和发展多品种汽车。因此被广泛应用在货车和大多数的特种汽车上。

边梁式车架的纵梁用低碳合金钢板冲压而成，结构上具有以下特点：一是从宽度上看有前窄后宽、前宽后窄和前后等宽 3 种形式，前窄使前轮具有足够的偏转角度，提高了车辆的机动性能；后窄多用于重型车辆，便于布置双胎；载重汽车大多采用前后等宽式，这是为了简化制造工艺，避免纵梁宽度转折处应力集中，提高车架的使用寿命。二是从平面度上看有水平的和弯曲的两种形式，水平的纵梁便于零部件、总成的安装和布置；弯曲的纵梁可以降低车辆重心。三是从断面形状上看有槽形、Z 字形、工字形和箱形几种，这些形状主要为了在满足质量小的前提下，车架具有足够的强度和刚度，以承受各种载荷。横梁多为槽形，它不仅用来保证车架的扭转刚度和承受纵向载荷，而且还可以支撑发动机、散热器等主要部件，通常货车有 5～8 根横梁。

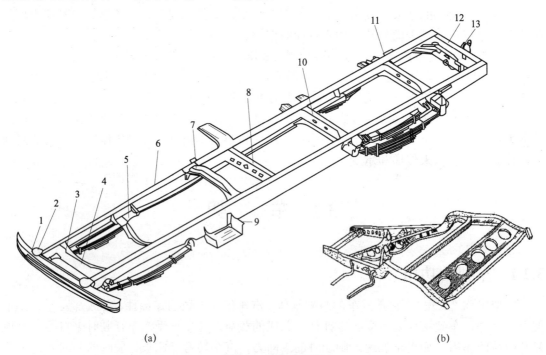

图 3.2 边梁式车架

(a) 东风 EQ1092 型汽车车架；(b) 轿车车架

1—保险杠；2—挂钩；3—前横梁；4—发动机前悬置横梁；5—发动机后置右（左）支架和横梁；
6—纵梁；7—驾驶室后悬置横架；8—第四横梁；9—蓄电池托架；10—后钢板弹簧前支架横梁；
11—后钢板弹簧后支架横梁；12—后横梁；13—拖曳部件

轿车车速较高,为保证其高速行驶稳定,应使其重心高度尽量降低,一般从车架着手将高度降低。同时,为了不影响前轮转向时的转角空间,车架的前端比较窄,后端局部向上弯曲。横梁采用 X 形,以提高车架的扭转刚度,如图 3.2 所示。

在货车车架前端,或轿车车架前后两端,装有一缓冲件——保险杠。当汽车受到撞击时,它可以保护车身、翼子板及散热器,使之免受损伤。轿车上的保险杠还同时起着美化汽车外观的作用。汽车车架前端还装有简单的挂钩,以便在汽车发生故障或陷入泥坑时可以由别的汽车来拖带。货车后横梁上装有拖带挂车用的拖钩,为使拖钩能承受很大的作用力,通常以角支撑使其加强。

边梁式车架有结构简单及部件安装牢固、方便等优点,其最大的缺点是扭转刚度小。为提高车架的扭转刚度,在一些轿车和载货汽车中采用了中梁式车架(也称脊梁式车架)的结构形式。

2. 中梁式车架

中梁式车架主要由 1 根位于中央贯穿前后的纵梁和若干根横向悬伸托架组成,因此也称为脊骨式车架,如图 3.3 所示。中梁的断面可做成管形或箱形,传动轴从中梁内穿过,主减速器通常固定在其尾端。中梁前端悬伸托架用以安装发动机,中梁中后端悬伸托架(图3.3 中未画出)则用来布置车身及其他总成。

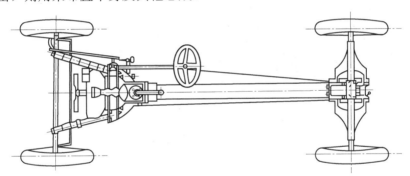

图 3.3 中梁式车架

中梁式车架有较大的扭转刚度,并使车轮有较大的运动空间,便于采用独立悬架和获得大的转向角。但其制造工艺复杂,精度要求高,维修不方便。因此,中梁式车架目前应用不多,只是在某些轿车和货车上被采用。

3. 综合式车架

综合式车架是由边梁式和中梁式车架结合而成的,如图 3.4 所示。

车架前段或后段近似边梁式结构,便于分别安装发动机和驱动桥,传动轴从中梁中间穿过,这种结构制造工艺复杂,目前应用也不多。

图 3.4 综合式车架

4. 无梁式车架

无梁式车架是用车身兼作车架,汽车的所有零部件、总成都安装在车身上,车身要承受各种载荷的作用,因而这种车身又称为承载式车身,广泛用于轿车和客车,如图 3.5 和图 3.6 所示。承载式车身由于无车架,故可以减轻整车质量,并可以使底板高度降低,使上、下车方便。

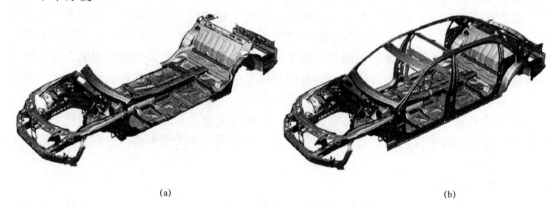

图 3.5　迈巴赫轿车承载式车身
(a) 车身底板；(b) 车身

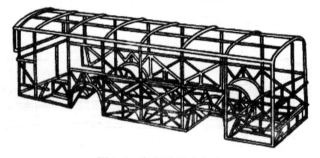

图 3.6　客车承载式车身

3.2.3　车架的失效和检修

1. 车架的失效形式

车架在使用过程中往往会出现变形(包括弯曲变形、扭转变形)、裂纹、锈蚀、螺栓和铆钉松动等失效形式。

由于车架是汽车的装配基体,并承受各种载荷的作用,故在某些情况下有可能出现车架弯曲和扭转变形。车架的变形会导致汽车各总成之间的装配、连接位置发生变化,使得各系统出现故障。

为了汽车整体布局、安装的需要,车架常要制成各种形状,在形状急剧变化的地方往往会由于应力集中而导致裂纹、断裂,所以早期发现车架的裂纹对于汽车非常重要。

恶劣的工作环境往往会使汽车车架锈蚀,路面不平产生的冲击振动会使螺栓、铆钉等连接松动。

2. 车架的检修

1) 外观检查

从外观上检查车架是否有严重的变形、裂纹、锈蚀、螺栓或铆钉松动等现象。

2）车架变形的检修

车架弯曲可以通过拉线、直尺等来测量、检查。一般要检查车架上平面和侧平面的直线度误差。车架纵梁直线度允许误差为 1 000 mm 长度不大于 3 mm。

车架扭转通常采用对角线法进行测量。如图 3.7 所示，分段测量车架各段对角线 1—1、2—2、3—3、4—4 长度差，不应超过 5 mm。如果车架的各项形位误差超过标准值，则应进行校正。

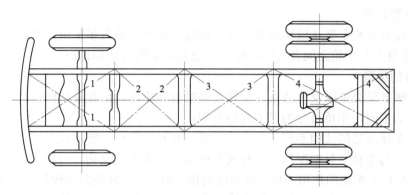

图 3.7　车架扭转的检查

3）裂纹的检修

车架出现裂纹，应根据裂纹的长短及所在部位的不同，采取不同的修复方法。微小的裂纹可以采用焊修的方法。裂纹较长但未扩展至整个断面，且受力不大的部位，应先进行焊修，再用三角形腹板进行加强，如图 3.8 所示。

如果裂纹已扩展到整个断面，或虽未扩展到整个断面但在受力较大的部位时，应先对裂纹进行焊修，然后用角形或槽形腹板进行加强，如图 3.9 所示。加强腹板在车架上的固定可以采用铆接、焊接或铆焊结合等方式。采用铆接方法时，铆钉孔应上下交错排列；采用铆焊结合的方法时，应先铆后焊，以免降低铆接质量；采用焊接方法时，应尽量减少焊接部位的应力集中。

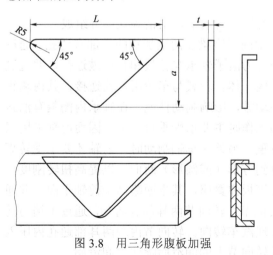

图 3.8　用三角形腹板加强

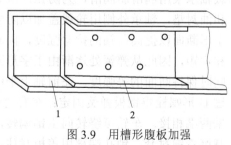

图 3.9　用槽形腹板加强
1—纵梁；2—槽形腹板

3.3 车　　桥

3.3.1 车桥的功用与类型

1. 车桥的功用

车桥通过悬架和车架（或承载式车身）相连，两端安装汽车车轮，其功用是传递车架（或承载式车身）与车轮之间各方向的作用力及其产生的弯矩和转矩。

2. 车桥的类型

根据车辆悬架类型以及传动系（前置发动机前轮驱动、前置发动机后轮驱动、四轮驱动，等等）的不同，车桥可分为以下几种类型：

（1）按车辆悬架的结构不同，分为整体式、断开式车桥。整体式车桥的中部是刚性实心或空心梁，与非独立悬架配用；断开式车桥为活动关节式结构，与独立悬架配用。

（2）按车桥上车轮的作用不同，分为转向桥、驱动桥、转向驱动桥和支持桥四种类型。

在后轮驱动的汽车中，前桥不仅用于承载，还起到转向作用，称为转向桥；后桥不仅用于承载，还起到驱动作用，称为驱动桥。

越野车和前轮驱动汽车的前桥，除了具有承载和转向的作用外，还兼起驱动的作用，称为转向驱动桥。

支持桥除了不具有转向和驱动功能外，其他功能和结构与转向桥相同。

3.3.2 车桥的结构、组成

1. 转向桥

汽车转向桥的结构大致相同，其主要由前轴、转向节和主销等部分组成。转向桥可以与独立悬架匹配，也可以与非独立悬架匹配。

1）与非独立悬架匹配的转向桥

汽车非独立悬架的结构大体相同，主要由前轴、转向节、主销等几部分组成。

图 3.10 所示为非独立悬架汽车转向桥。前轴的工字梁在两端加粗的拳部有通孔，通过主销和转向节连接。转向节前端用内、外两个推力滚子轴承与轮毂和制动鼓连接，并通过锁止螺母、前轮毂轴承调整螺母与转向节安装成一体。轮毂与车轮用螺栓连接，其内端轮毂轴承采用润滑脂润滑，为防止润滑脂侵入制动鼓，影响制动性能，在轴承内侧装有油封和油封垫，轴承外侧用轮毂盖加以防尘。前轴工作时主要承受垂直弯矩，因而前轴采用工字形断面以提高前轴的抗弯强度，同时减轻自重。另外在车辆制动时，前轴还要承受转矩和弯矩，因此从弹簧处逐渐由工字形断面过渡到方形（或圆形）断面，以提高扭转刚度，同时保持断面的等强度。在前轴上平面加工有钢板弹簧座，其平面略高于前轴平面，并通过 U 形螺栓将钢板弹簧固定；左右两端安装转向节，转向节两耳部有通孔，通过主销与前轴两端相接。车轮可绕转向主销偏转，从而实现汽车转向。转向节内端两耳部通孔内压入减磨青铜衬套，销孔端部用盖板封住，并通过转向节上的润滑脂嘴注入润滑脂。

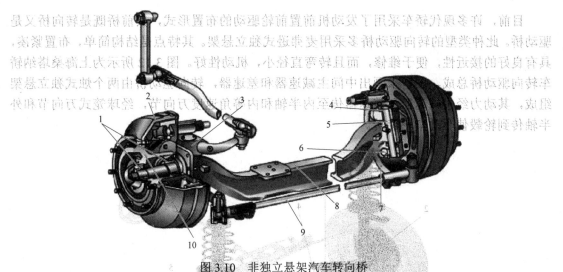

图 3.10 非独立悬架汽车转向桥

1—轮毂轴承；2—制动鼓；3—转向节；4—衬套；5—主销；6—止推轴承；
7—梯形臂；8—前梁；9—转向横拉杆；10—轮毂

2）与独立悬架匹配的转向桥

断开式转向桥的作用与非断开式转向桥一样，所不同的是断开式转向桥与独立悬架匹配。有关独立悬架的结构、工作原理将在后面讲解。

2. 转向驱动桥

转向驱动桥（见图 3.11）同一般驱动桥一样，有主减速器和差速器。但由于在转向时转向车轮需要绕主销偏转一定角度，故与转向轮相连的半轴必须分成内、外两段（内半轴和外半轴），其间用万向节（一般多用等角速万向节）连接，同时主销也因此分制成两段。另外，转向驱动桥转向节轴颈部分做成中空的，以便外半轴穿过其中。

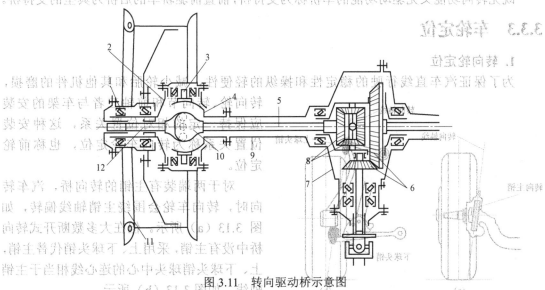

图 3.11 转向驱动桥示意图

1—轮毂；2—转向节壳体；3—主销；4—球形支座；5—内半轴；6—主减速器；7—主减速器壳；
8—差速器；9—半轴套管；10—转向节；11—车轮；12—外半轴

目前，许多现代轿车采用了发动机前置前轮驱动的布置形式，其前桥既是转向桥又是驱动桥。此种类型的转向驱动桥多采用麦弗逊式独立悬架。其特点是结构简单，布置紧凑，具有良好的接近性，便于维修，而且转弯直径小，机动性好。图 3.12 所示为上海桑塔纳轿车转向驱动桥总成，图中未画出中间主减速器和差速器，转向驱动桥由两个烛式独立悬架组成，其动力经主减速器和差速器传至内半轴和内等角速度万向节，经球笼式万向节和外半轴传到轮毂使驱动车轮旋转。

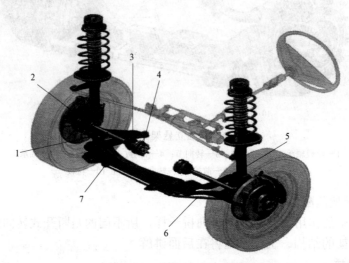

图 3.12 上海桑塔纳轿车转向驱动桥总成
1—传动轴；2—外等速万向节；3—发动机悬置；4—内等角速度万向节；
5—悬架摆臂；6—横向稳定杆；7—副车架

3. 支持桥

既无转向功能又无驱动功能的车桥称为支持桥，前置前驱轿车的后桥为典型的支持桥。

3.3.3 车轮定位

1. 转向轮定位

为了保证汽车直线行驶的稳定性和操纵的轻便性，减少轮胎和其他机件的磨损，转向轮、转向节和前轴三者与车架的安装应保持一定的相对位置关系，这种安装位置关系称为转向车轮定位，也称前轮定位。

对于两端装有主销的转向桥，汽车转向时，转向车轮会围绕主销轴线偏转，如图 3.13（a）所示。但在大多数断开式转向桥中没有主销，采用上、下球头销代替主销，上、下球头销球头中心的连心线相当于主销轴线，如图 3.13（b）所示。

转向轮定位包括主销后倾、主销内倾、

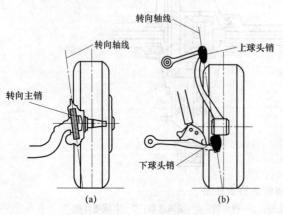

图 3.13 主销的不同形式

前轮外倾及前束四个参数。现以有主销的转向桥为例说明转向车轮定位。

1）主销后倾

主销安装在前轴上，其上端略向后倾斜，这种现象称为主销后倾。在垂直于汽车支撑平面的纵向平面内，主销轴线与汽车支撑平面垂线之间的夹角 γ 叫主销后倾角，如图 3.14 所示。

主销后倾的功用是形成回正力矩，保证汽车直线行驶的稳定性，并使汽车转向后回正操纵轻便。

原理：主销后倾，使主销轴线的延长线与地面的交点 a 位于车轮与路面的接触点 b 之前，a、b 两点之间的距离称为主销后倾移距。设 b 点到主销轴线延长线之间的距离为 l，汽车直线行驶时，若转向轮偶然受到外力作用而偏转（图 3.14 中所示为向右偏转），汽车将偏离行驶方向而右转弯。由于汽车本身离心力的作用，在轮胎与路面接触点 b 处将产生一个路面对车轮的侧向反作用力 F，由于反作用力 F 没有通过主销轴线，因而形成了一个使车轮绕主销轴线旋转的力矩 Fl，其方向正好与车轮偏转方向相反。在力矩的作用下，车轮可以

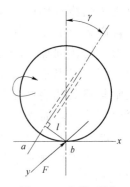

图 3.14 主销后倾

回复到原来中间位置，从而保证了汽车直线行驶的稳定性。同理，在汽车转向后的回正过程中，此力矩具有帮助驾驶员使转向车轮回正的作用，使汽车转向后回正操作轻便。

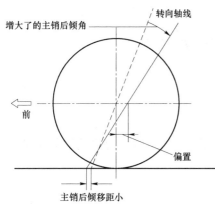

图 3.15 Vorlauf 几何结构示意图

主销后倾角越大、车速越高，回正力矩越大，转向轮偏转后自动回正的能力也越强。但主销后倾角也不宜过大，一般不超过 2°~3°，否则在转向时为了克服此力矩，驾驶员需在转向盘上施加较大的力，使转向沉重。为了解决这个问题，现代轿车常采用 Vorlauf 几何结构，可使主销轴线偏移至车轮中心之后，如图 3.15 所示，从而可以在不增加后倾移距的情况下，增大后倾角，以提高汽车直线行驶的稳定性，这样可将主销后倾角增大。这种几何结构在 Lexus（凌志）LS 400 型（UCFIO 系列）和 Celica 型（ST184 系列）轿车上都有应用。

此外，有些汽车由于采用超低压轮胎，弹性增加，转向时因轮胎弹性变形而使轮胎与路面的接触点后移，使回正力矩增加，故主销后倾角可以减小，甚至为负值（即主销前倾）。

2）主销内倾

主销安装在前轴上，其上端略向内侧倾斜，这种现象称为主销内倾。在垂直于汽车支撑平面的横向平面内，主销轴线与汽车支撑平面垂线之间的夹角 β 称为主销内倾角，如图 3.16 所示。

主销内倾角 β 有使车轮自动回正的作用，如图 3.16（b）所示。当转向车轮在外力作用下由中间位置偏离左右一个角度时，车轮的最低点将陷入路面以下 h 处，但实际上

车轮边缘不可能陷入路面以下,而是将转向轮连同整个汽车前部向上抬起一个相应的高度 h,这样汽车本身的重力有使转向轮回复到原来中间位置的效应,即能自动回正。主销内倾角越大或转向轮偏转角越大,汽车前部就被抬起得越高,转向轮自动回正的作用就越大。

主销内倾角的另一个作用是使转向轻便,如图 3.16(a)所示,由于主销的内倾使得主销轴线与路面的交点到车轮中心平面与地面交线的距离 c 减小,转向时路面作用在转向轮上的阻力矩减小(因力臂 c 减小),从而可降低转向时驾驶员加在转向盘上的力,使转向操作轻便,同时也可以减小因路面不平而从转向轮传到转向盘上的冲击力。但 c 值也不宜过小,即内倾角不宜过大,否则在转向车轮绕主销偏转的过程中,轮胎与路面间将产生较大的滑动,因而增大了轮胎与路面的摩擦阻力,这不仅使转向变得很沉重,而且加速了轮胎的磨损,故一般内倾角 β 不大于 $8°$,距离 c 一般为 $40\sim 60$ mm。但在一些发动机前置、前轮驱动的轿车上,为了使汽车具有良好的行驶稳定性,其主销内倾角均较大,如丰田普瑞维亚轿车为 $11°20'$,天津夏利 TJ7100 型轿车为 $12°\pm30'$。

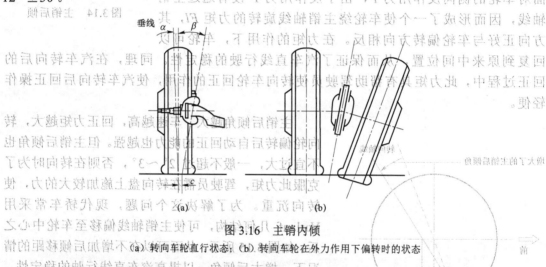

图 3.16 主销内倾
(a)转向车轮直行状态;(b)转向车轮在外力作用下偏转时的状态

主销内倾角通过前梁的设计来保证,由机械加工来实现。加工时将前梁两端的主销轴线上端向内倾斜就形成了内倾角。

特别提示

主销后倾和主销内倾都具有使车轮自动回正及保证汽车直线行驶稳定性的作用,但其区别在于:主销后倾的回正作用随着车速的增高而增大,而主销内倾的回正作用几乎与车速无关。

3)车轮外倾

向汽车前后方向看车轮,轮胎并非垂直安装,而是稍微倾斜。在汽车的横向平面内,前轮中心平面向外倾斜一个角度 α,如图 3.17 所示,称为前轮外倾角。轮胎呈现"八"字形张开时称为负外倾,而呈现"Y"字形张开时称正外倾。前轮外倾角 α 具有提高转向操纵轻便性和车轮工作安全性的作用。如果空车时车轮的安装正好垂直于路面,则满载时车桥将因承载变形而可能出现车轮内倾,这样将加速汽车轮胎的偏磨损。另外,路面对车轮的垂直反作用力沿轮毂的轴向分力将使轮毂压向轮毂外端的小轴承,加重了外端小轴承及轮毂紧固螺母的负荷,降低它们的使用寿命,严重时会损坏外端的锁紧螺母而使车轮松脱,造成交通事故。因此,为了使轮胎磨损均匀和减轻轮毂外轴承的负荷,安装车轮时应预先使其有一定的外倾角,以防止车轮内倾。

外倾角也不宜过大,否则也会使轮胎产生偏磨损。

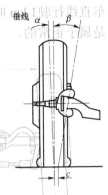

图 3.17 车轮外倾

前轮的外倾角是在转向节的设计中确定的。设计时使转向节轴颈的轴线与水平面成一定角度,该角度即为前轮外倾角 α。在使用不同斜交轮胎的时期,由于使轮胎倾斜触地便于转向盘的操作,所以外倾角设计得比较大。随着汽车装用的扁平子午线轮胎不断普及,且由于子午线轮胎的特性(轮胎花纹刚性大、胎体比较软、外胎面宽),若设定较大外倾角,会使轮胎偏磨,缩短轮胎的使用寿命。现在的汽车一般都将外倾角设定为 1°左右。为改善前桥的稳定性,早期汽车的车轮采用正外倾角,使轮胎与地面成直角,防止在中间高于两边的路面上行驶时,轮胎不均匀磨损。在现代汽车中,由于悬架和车桥比过去坚固,加之路面平坦,所以,采用正外倾角的必要性小了,即在车轮调整上,倾向于采用接近零度的外倾角,某些车辆甚至采用负外倾角,以改善转向性能。

4)车轮前束

俯视车轮,汽车两个前轮的旋转平面并不完全平行,而是稍微带一些角度,这种现象称为前轮前束。在通过两前轮中心的水平面内,两前轮的前边缘距离 B 小于两前轮的后边缘距离 A,$A-B$ 之差称为前轮前束,如图 3.18 所示。像"内八字"一样前端小后端大的称为前束,而像"外八字"一样后端小前端大的称为后束或负前束。

前轮前束的作用是消除由车轮外倾而引起的前轮"滚锥效应",即车轮有了外倾角后,在滚动时,就类似于圆锥滚动,从而导致两侧车轮向外滚开。由于转向横拉杆和车桥的约束使车轮不可能向外滚开,车轮将在地面上出现边滚边向内滑移的现象,从而增加了轮胎的磨损。为了消除车轮外倾带来的这种不良后果,在安装车轮时,使汽车两前轮的中心平面不平行,两轮前边缘距离 B 小于后边缘距离 A,这样可使车轮在每一瞬时滚动方向接近于向着正前方,从而在很大程度上减轻和消除了由于前轮外倾而产生的不良后果。

前轮前束可通过改变横拉杆的长度来调整。调整时,可根据各生产厂所规定的测量位置,使两轮前后距离差 $A-B$ 符合规定的前束值。测量位置通常取两轮胎中心平面处的前后差值,也可以选取两车轮刚圈内侧面处的前后差值。一般前束值为 0~12 mm,有时汽车为与负前轮外倾角相配合,其前束也取负值即负前束(如上海桑塔纳轿车前束为 -3~-1 mm)。

车辆在进行安全检测时需要检查侧滑,即检查直线行驶时轮胎的横向侧滑率,也就是车轮外倾角与前轮前束的配合情况。检查标准规定,采用前束或后束发生的侧滑率,在汽车直线行驶1 km时，应在5 mm以内，即汽车在直线行驶状态下，轮胎稍微发生横向侧滑是属于正常的。

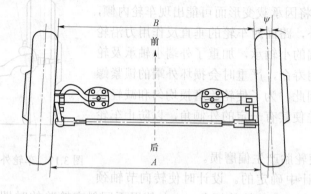 

图3.18 前轮前束

2. 后轮定位

1）后轮外倾角

像前轮外倾角一样，后轮外倾角也对轮胎磨损和操纵性有影响。理想状态是4个车轮的运动外倾角均为零，这样轮胎和路面接触良好，从而得到最佳的牵引性能和操纵性能。

后轮外倾角不是静态的，它随悬架的上下移动而变化。车辆加载，后悬架下沉，就会引起车轮外倾角改变。为了对荷载进行补偿，采用独立后悬架的大多数车辆常有一个较小的正后轮外倾角。滑柱筒破坏或错位、滑柱弯曲、上控制臂衬套破坏、上控制臂弯曲、弹簧压缩或悬架过载都会使后轮外倾角有变为负外倾角的趋势。转向节弯曲、下控制臂弯曲会使后轮外倾角过大。后轮驱动车辆在转矩过大、严重超载或道路损坏的情况下，即使是刚性的后桥壳也会变弯。

2）后轮前束

如同前轮前束一样，后轮前束也是后轮定位的一个重要项目。如果前束不当，后轮轮胎也会被擦伤，另外也会引起转向不稳定及制动效能降低。像后轮外倾角一样，后轮前束也不是一个静态量，悬架摇动和反弹时它就要起变化。滚动阻力和发动机转矩对后轮前束也有影响。对于前驱动车辆：前驱动轮宜前束，后从动轮宜负前束。后驱动车辆则相反：前驱动轮宜负前束，独立悬架的后驱动轮应尽可能为前束。

如果后轮前束不符合技术要求，就会影响轮胎的磨损和转向稳定性，其影响程度与前轮前束相同。前束测量值在规定范围内，并不意味着车轮一定正确定位，尤其对后轮前束测量值来说更是如此。如果一侧后轮前端向内偏斜量相等，那么前束值在规定的范围内，但由于后轮与纵轴线不平行，车辆还会跑偏。当汽车在路面上行驶时，最理想的状态是所有车轮的运动前束量均为零，对于防抱死制动车辆尤其如此。因此，当在滑湿路面上制动时，不正确的前束会影响制动平衡性，若无防抱死制动系统，则地面驱动力受到干扰可能会引起无法控制的滑移。

3.3.4 车轮定位的检查和调整

下面以桑塔纳轿车为例介绍其前轮定位的检查和调整。

车轮定位不仅影响车轮的磨损程度，同时还会对操纵稳定性和行车安全产生进一步的影响。因此，除了平时经常检查车轮定位外，在车桥拆装后和轮胎发生异常磨损、车辆的操纵稳定性变差时，必须检查和调整车轮定位。

1. 检查准备

桑塔纳轿车只有前轮定位可以调整，因此检查前轮定位前，车辆应先满足以下条件，否则检查结果无效。

（1）汽车停放在水平场地或专用检测台上，车轮在直线行驶位置且无负载。

（2）轮胎气压符合规定。

（3）车轮平衡，悬架活动自如。

（4）转向系调整正确。

（5）前悬架弹簧无过大的间隙和损坏。

桑塔纳轿车前轮定位最好使用光学测量仪检查。如果没有光学测量仪，检查前轮外倾角可用 3021 量角器，检查前束可用机械轮距测试器。检查和调整在车辆行走 1 000～2 000 km 后、螺旋弹簧的长度基本定型的情况下进行最为适宜。

2. 前轮定位的调整

由于主销后倾角和前轮外倾角的改变会引起前束的改变，而前束的变化不会影响主销后倾角和前轮外倾角，所以前轮定位的检查和调整顺序是：首先检查与调整主销后倾角和左右轮的差值，然后检查与调整前轮外倾角和左右轮的差值，最后检查和调整前束。

1）前轮外倾角

前轮外倾角不正确时，轮胎会出现单边磨损（吃胎）。另外，外倾角过大，高速时车身晃动加剧，转向发"飘"，不易掌握；外倾角过小，转向太沉，回位不良，左右轮外倾角差值过大，会使汽车侧滑跑偏，轮胎磨损不匀。

检查前轮外倾角可采用水准仪进行动态测量。水准仪的结构组成如图 3.19 所示。

将车轮对准正前方，利用装有轮辋或轮盘的固定支架（见图 3.20）将水准仪安装在与车轮平面垂直的平面内，此时水准仪的倾角读数即为车轮外倾角的值，如图 3.21 所示。当测量值与标准值不符时，应予以调整。

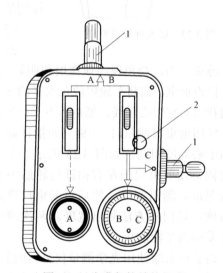

图 3.19 水准仪的结构组成
1—插销；2—调整螺钉；A—外倾角刻度表及相应插销；
B—后倾角刻度表及相应插销；C—内倾角刻度表及相应插销

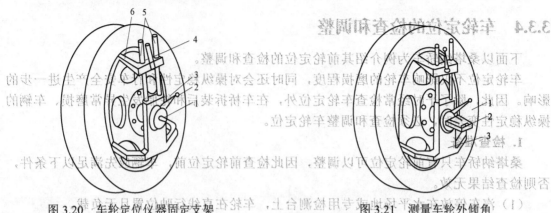

图 3.20　车轮定位仪器固定支架　　　　　图 3.21　测量车轮外倾角
1—支承轴；2—固定手柄；3—调节手轮；　　　1—被测车轮；2—水准仪；3—固定支架
4—高度调整手柄；5—立柱；6—偏心夹

调整前轮外倾角时车轮应着地，通过球头销在下摇臂长孔中的位移来调整。其步骤如下：

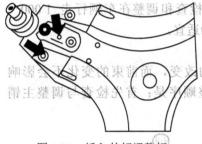

（1）松开下摇臂球头销的固定螺母。
（2）把外倾调整杆插入图 3.22 中箭头所示的孔中。调整左侧时，应从后面插入调整杆；调整右侧时，应从前面插入调整杆。
（3）横向移动球头销，直至达到外倾角值。
（4）紧固螺母并再次检查外倾角值，需要时重新进行调整。
（5）如有必要可调整前束。

图 3.22　插入外倾调整杆

2）前束

前束不当，会出现高速摆振和明显的单侧磨损。

检查前束，需将车轮停放在水平的硬实地面上，顶起前轮，使车轮能平稳回转，在轮胎周向花纹对称中心画线，然后拆下千斤顶，使车轮恢复稳定状态，并使车轮处于直行位置。

使用前束尺测量时，前束尺的指针高度与轮胎中心高度相同，如图 3.23 所示。在车轮的前侧，使前束尺的左右指针与轮胎中心的画线对准，测出宽度。然后将前束尺移到车轮后侧，以同样方法测出宽度。两次测量结果之差即为车轮前束。

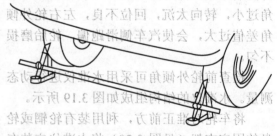

图 3.23　检查前束

调整前束除使用光学测量仪外，还需要使用专用工具 3075。调整前束是通过改变两侧转向横拉杆的长度来实现的。其步骤如下：

（1）将转向器置于中间位置。
（2）拧出转向中间轴盖上的螺栓。
（3）将带有挂钩"B"的专用工具安置在左转向横拉杆的紧固螺母上，如图 3.24 所示。

（4）用特定的螺钉将作衬垫的间隔件固定到标有"C"记号的转向器孔中。

注意：不得使用一般螺钉，因为一般螺钉太短，会碰坏转向盘的螺纹。

（5）总前束值分为两半，分别在左、右转向横拉杆上调整。

（6）固定转向横拉杆。

（7）必要时调整转向盘。

（8）拆下专用工具3075。

（9）重新拧紧转向中间轴盖上的螺栓，拧紧力矩为20 N·m。

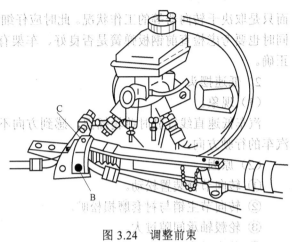

图3.24 调整前束

3）主销后倾角和主销内倾角

桑塔纳轿车的主销后倾角是不能调整的。

桑塔纳轿车的主销内倾角也不可调整，它是靠前轮外倾角的正确性来保证的。

3.3.5 车桥的维护及故障诊断

1. 车桥的维护

车桥的维护主要包括以下三方面的内容：

1）检查车桥漏油

主要是检查驱动桥、转向驱动桥的相关部位是否有漏油的地方，检查方法和内容同手动变速驱动桥的漏油检查。

2）检查车桥部位的螺栓、螺母是否松动

用扭力扳手按规定力矩将螺栓、螺母重新紧固。

3）前轮定位的检查和调整

一般是采用四轮定位仪检查车轮外倾角、主销内倾角、主销后倾角、前束，并调整以符合标准值。

2. 车桥的故障诊断与排除

1）转向沉重

（1）现象。

汽车转向时，转动方向盘感到沉重费力，并且没有回正感。

（2）原因。

① 转向节臂变形。

② 转向节止推轴承缺油或损坏。

③ 转向节主销与衬套间隙过小或缺油。

④ 前轴或车架变形引起前轮定位失准。

⑤ 轮胎气压不足。

（3）诊断。

诊断时先支起前桥，用手转动转向盘，若感到转向很容易，不再有转动困难的感觉，说明故障部位在前桥与车轮。因为支起前桥，故转向时已不存在车轮与路面的摩擦阻力，而只是取决于转向器等的工作状况。此时应仔细检查前轮胎气压是否过低、前轴有无变形，同时也要考虑检查前钢板弹簧是否良好、车架有无变形。必要时，检查车轮定位角度是否正确。

2）低速摆头

（1）现象。

汽车低速直线行驶时前轮摇摆，感到方向不稳。转弯时大幅度转动方向盘，才能控制汽车的行驶方向。

（2）原因。

① 转向节臂装置松动。

② 转向节主销与衬套磨损松旷。

③ 轮毂轴承间隙过大。

④ 前束过大。

⑤ 轮毂螺栓松动或数量不全。

（3）诊断。

前轮低速摆头和转向盘自由行程大，其原因一般是各部分间隙过大或有连接松动现象，应采用分段区分的方法进行检查。可支起前桥，并用手沿转向节轴轴向推拉前轮，凭感觉判断是否松旷。若松旷，说明转向节主销与衬套的配合间隙过大或前轴主销孔与主销配合间隙过大。若此处不松旷，说明前轮毂轴承松旷，应重新调整轴承的预紧度。若非上述原因，则应检查前轮定位是否正确、前轴是否变形。如果前轮轮胎异常磨损，则应检查前束是否正确。

3）高速摆振

（1）现象。

随着车速的提高，摆振逐渐增大；在某一较高车速范围内出现摆振或行驶不稳，甚至还会造成方向盘抖动。

（2）原因。

① 轮毂轴承松旷，使车轮歪斜，在运行时摇摆。

② 轮盘不正或制动鼓磨损过度失圆，歪斜失正。

③ 使用翻新轮胎。

④ 转向节主销或止推轴承磨损松旷。

⑤ 横、直拉杆弯曲。

⑥ 前轮定位值调整不当。前束失调，两前轮主销后倾角或内倾角不一致等，汽车向前行驶时，前轮摇摆晃动。

⑦ 车轮不平衡。

⑧ 转向节弯曲。

⑨ 前钢板弹簧刚度不一致。

（3）诊断。

① 在进行高速摆振故障的诊断时，应先检查前桥、转向器以及转向传动机构连接是否松动，悬架弹簧固定是否可靠。

② 支起驱动桥，用楔块固定非驱动轮，起动发动机并逐步换入高速挡，使驱动轮达到

产生摆振的转速。若此时转向盘出现抖动，说明是由传动轴不平衡引起的，应拆下传动轴进行检查；若此时不出现明显抖动，则说明摆振原因在汽车转向桥部分。

③ 怀疑摆振的原因在前桥部分时，应架起前桥试转车轮，检查车轮是否晃动、车轮静平衡是否良好以及车轮轮辋是否偏摆过大。

④ 检查车架是否变形、铆钉有无松动以及前轴是否变形。另外还需检查前钢板弹簧的刚度。

⑤ 检查前轮定位是否正确。

⑥ 检查高速摆振的故障，有时还需借助一定的测试仪器。当缺少必要的测试仪器时，也可以采用替换法。例如在怀疑某车轮有动不平衡时，可以另换一车轮试验，或者将可能引起的高速摆振的车轮拆装到不发生摆振的车辆上进行对比试验。

4）行驶跑偏

（1）现象。

汽车在直线行驶时必须紧握方向盘，方能保持直线行驶。若稍放松方向盘，汽车会自动偏向一边行驶。

（2）原因。

① 前轮定位值不正确，前束调整不当，过大或过小。

② 左、右前轮主销后倾角或车轮外倾角不相等。

③ 制动鼓与制动蹄摩擦片间隙调整不均匀，一边过紧、一边过松。

④ 钢板弹簧一边折断，造成两边弹力不等。

⑤ 转向节或转向节臂弯曲变形。

⑥ 前轴或车架弯曲或扭转。

⑦ 左、右两边轮胎气压不相等。

⑧ 前轮毂轴承调整不当，左、右轮毂轴承松紧度不一致。

（3）诊断。

① 检查左、右前轮轮胎气压是否一致；如果是在换上新轮胎后出现跑偏现象，则应检查左、右轮胎规格以及轮胎花纹是否一致。

② 用手触摸一下跑偏一侧的制动鼓和轮毂轴承部位是否发热。若发热，说明制动拖滞或是车轮轮毂轴承调整过紧，造成一边紧、一边松的现象。

③ 测量左、右轴距是否相等。

④ 检查前钢板弹簧有无折断、前轴是否变形。

⑤ 若以上均属正常，应对前轮定位进行检查调整。

3.4 车轮与轮胎

车轮与轮胎是汽车行驶系中的重要组成部分，位于车身与路面之间。其功用是支撑汽车和装载质量；传递汽车与路面之间的各种力和力矩；缓冲车轮受路面颠簸时引起的振动；保持汽车的行驶方向等。

3.4.1 车轮

1. 车轮的功用、组成

车轮是介于轮胎和车轴之间承受负荷的旋转组件，它由轮毂、轮辋、轮辐所组成。

2. 车轮的构造

1) 轮辐

按轮辐结构的不同，车轮可以分为两种形式：辐板式车轮和辐条式车轮。

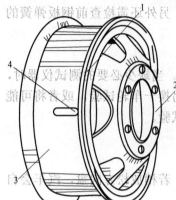

图 3.25　辐板式车轮
1—挡圈；2—辐板；3—轮辋；
4—气门嘴伸出口

(1) 辐板式车轮。如图 3.25 所示，辐板式车轮由挡圈、轮辋、辐板和气门嘴伸出口组成。车轮中用以连接轮毂和轮辋的钢质圆盘称为辐板，大多是冲压制成的，少数和轮毂铸成一体，后者主要用于重型汽车。

轿车的辐板所用板料较薄，常冲压成起伏多变的形状，以提高其刚度。目前广泛采用的轿车车轮为铝合金车轮，如图 3.26 所示，且多为整体式的，即轮辋和轮辐铸成一体。其质量轻，尺寸精度高，生产工艺好，美观大方，可以明显改善车轮的空气动力学特性，降低汽车油耗。

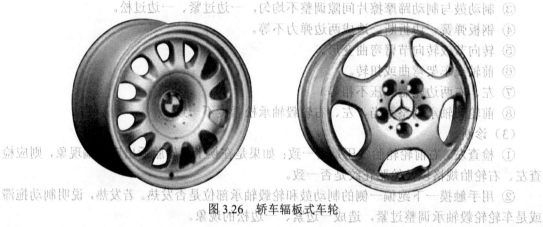

图 3.26　轿车辐板式车轮

(2) 辐条式车轮。这种车轮的轮辐是钢丝辐条或者是和轮毂铸成一体的铸造辐条，如图 3.27 所示。钢丝辐条车轮由于价格昂贵、维修安装不便，故仅用于赛车和某些高级轿车上。铸造辐条式车轮用于装载质量较大的重型汽车。

2) 轮辋

(1) 轮辋的类型和结构。轮辋用于安装和固定轮胎。按其结构不同，轮辋的常见结构形式有：深槽轮辋、平底轮辋和对开式轮辋，如图 3.28 所示。此外，还有半深槽轮辋、深槽宽轮辋、平底宽轮辋和全斜底轮辋等。

深槽轮辋主要用于轿车及轻型越野车，适宜安装尺寸小、弹性较大的轮胎，尺寸较大、较硬的轮胎则很难装进这样的整体轮辋内，如图 3.29 所示。深槽轮辋有带肩的凸缘，用以安放外胎的胎圈，其肩部通常略向中间倾斜，倾斜部分的最大直径即称为轮胎胎圈与轮辋

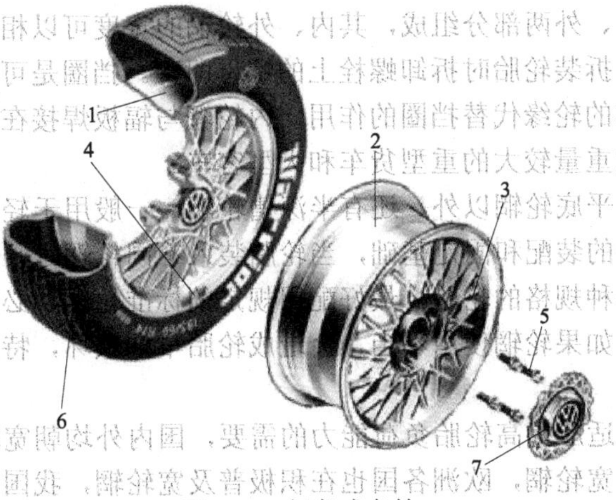

图 3.27 辐条式车轮

1—车轮；2—铝合金轮辋；3—铝合金铸造辐条；4—平衡块及夹子；
5—车轮螺栓；6—子午线轮胎；7—车轮饰板

的着合直径。为便于外胎的拆装，断面的中部制成深凹槽。深槽轮辋的结构简单，刚度大，质量较小。

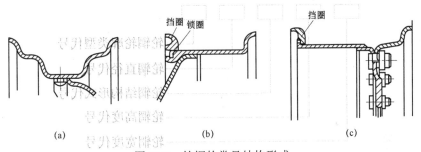

图 3.28 轮辋的常见结构形式
(a) 深槽轮辋；(b) 平底轮辋；(c) 对开式轮辋

平底轮辋如图 3.30 所示，多用于货车。其挡圈是整体式的，且用一个开口锁圈来防止挡圈脱出。在安装轮胎时，先将轮胎套在轮辋上，然后套上挡圈，并将它向内推，直至越过轮辋上的环形槽，再将开口的弹性锁圈嵌入环形槽中。

图 3.29 深槽轮辋 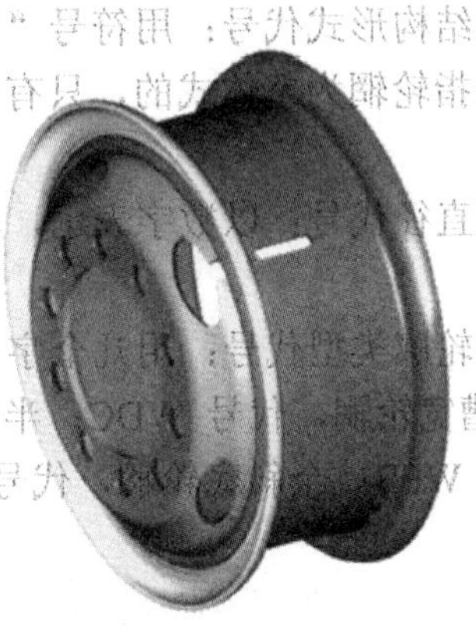　　　　　　图 3.30 平底轮辋

对开式轮辋由内、外两部分组成，其内、外轮辋的宽度可以相等，也可以不相等，二者用螺栓连成一体。拆装轮胎时拆卸螺栓上的螺母即可。挡圈是可拆的，有的无挡圈，而由与内轮辋制成一体的轮缘代替挡圈的作用，内轮辋与辐板焊接在一起，如图 3.28 所示。这种轮辋主要用于载重量较大的重型货车和大型客车。

除了深槽轮辋和平底轮辋以外，还有半深槽轮辋，一般用于轻型货车上。

由于轮辋是轮胎的装配和固定基础，当轮胎装入不同轮辋时，其变形位置与大小也将发生变化。因此，每种规格的轮胎，最好配用规定的标准轮辋，必要时也可配用规格与标准轮胎相近的轮辋。如果轮辋使用不当，会造成轮胎早期损坏，特别是使用于过窄的轮辋上时。

近几年来，为了适应提高轮胎负荷能力的需要，国内外均朝宽轮辋的方向发展，如美国的货车已全部采用宽轮辋，欧洲各国也在积极普及宽轮辋，我国也在进行由窄轮辋向宽轮辋的过渡。试验表明，采用宽轮辋可以提高轮胎的使用寿命，并可改善汽车的通过性和行驶稳定性。

（2）国产轮辋规格的表示方法。国产轮辋规格用一组数字、字母和符号组合表示，分为几部分，各部分的含义及具体内容如下：

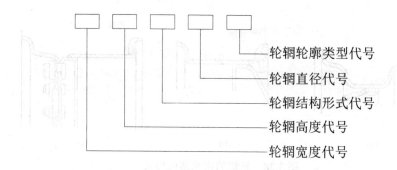

轮辋宽度代号：以数字表示，一般取小数点后两位，单位为英寸[①]（当以 mm 表示时，要求轮胎与轮辋的单位一致）。

轮辋高度代号：用一个或几个拉丁字母表示，如 C、D、E、F、J、K、L、V 等，常用代号及相应高度值（mm）见表 3.1。

轮辋结构形式代号：用符号"×"表示一件式轮辋；用"—"表示多件式轮辋。一件式轮辋是指轮辋为整体式的，只有一件，而多件式轮辋由轮辋体、挡圈、锁圈等多个部件组成。

轮辋直径代号：以数字表示，单位为英寸（当以 mm 表示时，要求轮胎与轮辋的单位一致）。

轮辋轮廓类型代号：用几个字母表示，目前，轮辋轮廓类型有 7 种：深槽轮辋，代号 DC；深槽宽轮辋，代号 WDC；半深槽轮辋，代号 SDC；平底轮辋，代号 FB；平底宽轮辋，代号 WFB；全斜底轮辋，代号 TB；对开式轮辋，代号 DT。

[①] 1 英寸（in）= 2.5 厘米（cm）。

表 3.1 轮辋的高度代号及高度值　　　　　　　　　　　　　　　mm

C	D	E	F	G	H	J	K
15.88	17.45	19.81	22.23	27.94	33.73	17.27	19.26
L	P	R	S	T	V	W	
21.59	25.40	28.58	33.33	38.10	44.45	50.80	

对于不同形式的轮辋，以上代号不一定同时出现。例如，解放 CA1092 型汽车轮辋的规格为 6.5—20，表明该轮辋宽度为 6.5 英寸，轮辋直径为 20 英寸，属于多件式轮辋；奥迪 A6 型汽车前轮辋为 7J×16，表明该轮辋宽度为 7 英寸，轮辋直径为 16 英寸，轮缘轮廓代号为 J 的一件式深槽式轮辋。

3.4.2 轮胎

轮胎安装在轮辋上，直接与路面接触。

1. 轮胎的功用和类型

（1）轮胎的功用是：支撑车辆的全部质量；轮胎与路面直接接触，将车辆的驱动力和制动力传至路面，从而控制其起动、加速、减速\停车和转向；减弱由于路面不平所造成的振动。

（2）轮胎的类型。

按照轮胎的花纹分：普通花纹轮胎、越野花纹轮胎和混合花纹轮胎。

按照轮胎胎体帘布层分：斜交轮胎和子午线轮胎。

按照轮胎的充气压力分：高压胎（0.5～0.7 MPa）、低压胎（0.15～0.45 MPa）和超低压胎（0.15 MPa 以下）。低压胎弹性好、断面宽、接地面积大、壁薄、散热好，提高了汽车行驶的平顺性、稳定性及轮胎的使用寿命，所以在汽车上几乎全部都使用低压胎。

2. 充气轮胎的结构

充气轮胎按组成结构不同主要分为有内胎轮胎和无内胎轮胎两种。

1）有内胎的充气轮胎

有内胎充气轮胎的构造如图 3.31 所示，主要由外胎、内胎和垫带等组成。内胎中充满压缩空气；外胎是用以保护内胎的、强度高而富有弹性的外壳；垫带放在内胎与轮辋之间，防止内胎被轮辋及外胎的胎圈擦伤和磨损。

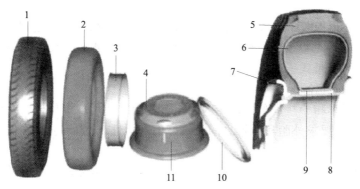

图 3.31 有内胎的充气轮胎构造
1，5—外胎；2，6—内胎；3，8—垫带；4—轮辐；7—挡圈；9—轮辋；10—挡圈

（1）外胎。

外胎是轮胎的主体，其结构如图 3.32 所示。外胎具有承担车重和变形、缓和汽车振动和冲击的作用，一般要求它应具有很高的强度和一定的弹性。它由胎面橡胶层（包括胎冠和胎肩）、胎侧、胎体（包括缓冲层和帘布层）及胎圈等四部分组成。

胎冠亦称行驶面，它与路面接触，直接承受冲击和磨损，并使轮胎与路面产生很大的附着力，故胎冠应具有较高的弹性、强度和耐磨性能。为增加轮胎的附着力，避免轮胎纵横打滑，胎冠

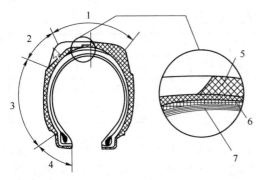

图 3.32　外胎构造
1—胎冠；2—胎肩；3—胎侧；4—胎圈；5—胎面；
6—缓冲层（带束层）；7—帘布层

制有各种花纹。

胎肩是较厚的胎冠与较薄的胎侧间的过渡部分，一般也制有各种花纹，以提高该部位的散热性能。

胎侧是贴在胎体帘布侧壁的薄橡胶层，它的主要作用是保护胎体侧部帘布层免受损伤。由于胎侧不受很大的压力且不与地面接触，故它的厚度较小。

胎体是外胎的骨架，由帘布层和缓冲层组成，其作用是承受负荷，保持轮胎外缘尺寸和形状。帘布层用浸胶的棉线、人造丝、尼龙（聚酰胺纤维）、聚酯纤维和钢丝等材料制成。在帘布层与胎面之间，还有用上述材料制成的缓冲层。因缓冲层弹性较大，故能缓和汽车在行驶时所受到的不平路面的冲击，并防止汽车紧急制动时胎面与帘布层脱离。

胎圈是指轮胎安装在轮辋上的部分，由钢丝圈、帘布层包边和胎圈包布组成，有很大的刚度和强度。它的作用是防止轮胎脱离轮辋。

（2）内胎。

内胎是一个环形的橡胶管，管内充满压缩空气，装入外胎以后，使轮胎保持一定的内压，从而获得缓冲性能和承载能力。为此，内胎必须具有良好的弹性、耐热性和密封性能。为使内胎在充气状态下不产生褶皱，其有效尺寸应稍小于外胎内腔尺寸。内胎上装有一个带有气门嘴的弹性橡胶管，其作用是充气和排气，并对压缩空气保持气密性。

（3）垫带。

垫带是一个环形橡胶带，边缘较薄，表面光滑，安装在内胎与轮辋之间。其作用是防止内胎被轮辋及外胎的胎圈擦伤和磨损，并能防止尘土和水进入胎内。垫带按其结构分为有型式、无型式和平带式三种。

2）无内胎的充气轮胎

近年来，在轿车和一些货车上，无内胎充气轮胎的使用日渐广泛，空气直接压入此种轮胎的外胎中，因此要求外胎和轮辋之间有很好的密封性。无内胎充气轮胎的结构如图 3.33 所示。

无内胎轮胎在外观上与有内胎轮胎近似，不同的是无内胎轮胎的外胎内壁上附加一层厚 2～3 mm 的橡胶气密层，专门用来密封压缩空气。

无内胎轮胎的优点是：当轮胎被刺穿后，气密层的橡胶处于压缩状态而紧箍刺穿物，

使得轮胎不漏气或漏气很慢,压力不会急剧下降,能安全地继续行驶;由于没有内胎以及内胎与轮辋之间的垫带,内、外胎之间的摩擦得到消除,热量容易从轮辋直接散出。所以,无内胎轮胎行驶时的温度较普通轮胎行驶时低 20%～30%,这样有利于提高车速,且使用寿命长;另外,无内胎轮胎的结构简单,质量较小。但无内胎轮胎也有它的缺点:途中修理较为困难;自粘层只有在穿孔尺寸不大时方能粘合;天气炎热时自粘层可能软化而向下流动,从而破坏车轮平衡。为此,一般多采用无自粘层的无内胎轮胎。无内胎轮胎只有在轮胎爆破时才会失效。

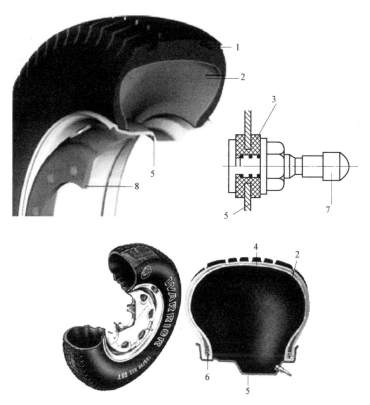

图 3.33 无内胎充气轮胎的构造
1—轮胎;2—自粘层;3—橡胶密封衬垫;4—胎面;
5—轮辋;6—钢丝圈;7—气门嘴;8—轮辐

3. 普通斜交轮胎和子午线轮胎

按胎体中帘线排列方向不同,轮胎分为普通斜交轮胎和子午线轮胎。

1)普通斜交轮胎

斜交轮胎帘布层和缓冲层各相邻层帘线交叉。帘线与胎面中心线约成35°角,由一侧胎边穿过胎面到另一侧胎边,如图 3.34 所示。由这种斜置帘线组成的帘布层通常有多层,它们交错叠合起来,成为胎体的基础。帘布层的斜交排列增加了轮胎胎面和胎侧的强度。

图 3.34 普通斜交轮胎

2）子午线轮胎

子午线轮胎用钢丝或纤维织物作帘布层。帘线与胎面中心线约成 90°角，从一侧胎边穿过胎面到另一侧胎边。这样的分布就像地球上的子午线，因此被称为子午线轮胎，如图 3.35 所示。

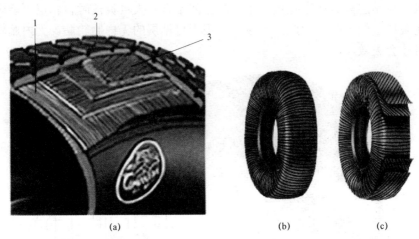

图 3.35 子午线轮胎
(a) 结构；(b) 胎体；(c) 带束层
1—帘布层；2—胎面；3—带束层

由于子午线轮胎帘线的特殊环形排列方式使帘线的强度得到充分利用，故子午线轮胎帘布层数比斜交轮胎可减少 40%～50%，胎体较柔软。帘线在圆周方向上只靠橡胶来联系，难以承担行驶时产生的切向力，所以子午线轮胎增加了若干层帘线与胎面中心线成 10°～20°角、强度高、不易拉伸的周向环形带束层。带束层的作用类似于缓冲层，故又称硬缓冲层或固紧层。

子午线轮胎的结构特点使其具有比斜交轮胎更优越的性能，其主要优点是：

（1）行驶里程长。因轮胎胎体大，可增加与地面的接触面积，附着性能好，胎面滑移小，对地面单位压力也小，且压力分布均匀，所以滚动阻力小，可增加行驶里程、延长使用寿命。

（2）节约燃料。子午线轮胎的胎冠较厚且有坚硬的带束层，不易刺穿；行驶时变形小，胎温低、散热快，可降低油耗 3%～8%。

（3）散热性能好。由于子午线轮胎的帘布层数少，且帘布层之间不产生剪切作用，胎侧薄，比斜交轮胎温升低，所以散热性能好，有利于提高车速。

（4）承载能力大。因径向弹性大，缓冲性能好，附着性能好，胎面耐穿刺且不易爆破，所以承载能力较大。例如国产 1 层钢丝帘布的 9.00R20 子午线轮胎的负荷能力为 1 800 kg，而有 10 层棉帘布的同尺寸的普通轮胎的负荷能力仅为 1 350 kg。

（5）节约原料。由于轮胎质量轻，故可节约原料、提高经济性。

4. 轮胎花纹

汽车轮胎按胎面花纹不同，可分为普通花纹轮胎、越野花纹轮胎和混合花纹轮胎等，如图 3.36 所示。

图 3.36 轮胎类型

(a) 普通花纹轮胎；(b) 混合花纹轮胎；(c) 越野花纹轮胎

普通花纹轮胎的花纹细而浅，花纹接地面积大，其耐磨性和附着性较好，因而适于硬路面行驶。该种轮胎的花纹有纵向和横向之分：纵向花纹滚动阻力小，方向性好，附着性和防滑性较好，散热良好，适于高速行驶，轿车、货车均可选用；横向花纹轮胎耐磨性和抓地性比较好，花纹集中不打滑，抛土性能好，一般只能用于货车。

越野花纹轮胎的花纹凹部深而粗，附着性和抛土性好，不夹石子，散热好，能发挥汽车在恶劣路面的牵引性和通过性，因而适用于矿山、建筑工地、林区等软路面行驶。如在硬路面上行驶，则花纹磨损会较快。有些越野花纹（如人字形花纹）有固定的行驶方向，使用时应使驱动轮胎面花纹的尖端与旋转方向一致。

混合花纹轮胎的花纹是介于普通花纹和越野花纹之间的过渡性花纹，兼有两者的特点，中部为菱形，纵向为锯齿形或烟斗形，两边为横向越野花纹。混合花纹轮胎具有良好的抗滑性与附着力，纵、横附着力几乎相等，可有效避免汽车行驶打滑，一般适用于在城市、乡村之间的路面上行驶。现代货车驱动轮多选用混合花纹轮胎。

5. 轮胎的规格与表示方法

我国轮胎现执行的标准为 GB 9743—2015《轿车轮胎》和 GB 9744—2015《载货汽车轮胎》，2015 年 2 月 4 日发布，2016 年 2 月 1 日开始实施，代替 GB 9743—2007《轿车轮胎》和 GB 9744—2007《载货汽车轮胎》。标准规定了我国汽车轮胎规格表示方法，具体示例如下。

1）轿车轮胎规格表示方法

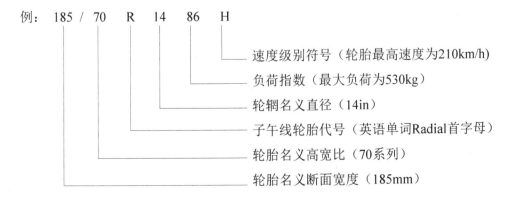

此外，增强型轮胎需要增加负荷识别标志"ExtraLord（或 XL）"或"ReinForced（或 REINF）"；T 型临时使用的备用轮胎应增加规格附加标志"T"，例如：Tl35/90D16；最高速度超过 240 km/h 的轮胎，结构类型代号可用"ZR"代替"R"。

2）载货汽车轮胎规格表示方法

（1）载货汽车普通断面斜交轮胎。

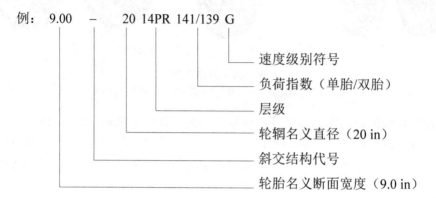

（2）载货汽车普通断面子午线轮胎。

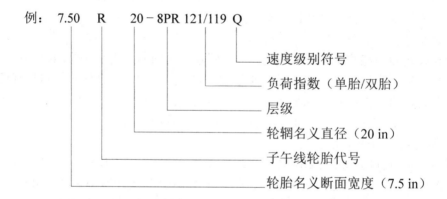

（3）载货汽车公制子午线轮胎。

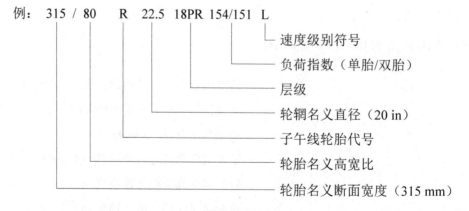

此外，微型载货汽车轮胎标志为"ULT"；轻型载货汽车轮胎标志为"LT"；特种专用

挂车轮胎标志为"ST";房屋汽车轮胎标志为"MH"。

3) 轮胎的主要尺寸与规格

(1) 轮胎的主要尺寸是指轮胎断面宽度(B)、轮辋名义直径(d)、轮胎断面高度(H)、轮胎外直径(D)等,如图3.37所示。

(2) 轮胎的高宽比和轮胎系列。

轮胎的高宽比是指轮胎的断面高度 H 与轮胎断面宽度 B 的百分比,表示为 H/B(%)。轮胎的高宽比又称扁平率,如图3.38所示。

轮胎通常根据扁平率划分系列,用轮胎的高宽比的名义值大小(不带%)表示,例如80系列、75系列等。目前汽车轮胎常见扁平率为80、75、70、65、60、55、50、45等,相对应的轮胎系列分别为80系列、75系列、70系列、65系列、60系列、55系列、50系列、45系列等。

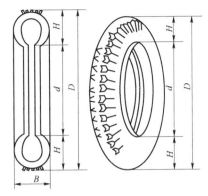

图3.37 轮胎主要尺寸标记

D—轮胎外直径; d—轮胎内径或轮辋名义直径;
B—轮胎断面宽度; H—轮胎断面高度

轮胎发展的方向是扁平率越来越小,即扁平化。轮胎的扁平率小,说明轮胎的断面高度小、断面宽度大,因而在相同承载能力下,宽断面轮胎较普通轮胎的直径小,从而可降低整车质心、提高汽车的行驶稳定性。另外,宽断面轮胎还有接地面积大、接地比压小、磨损小、滚动阻力小、抗侧倾稳定性强等优点,因此宽断面轮胎在高速轿车上得到了广泛的应用。

图3.38 轮胎扁平率

(3) 轮胎的层级。

轮胎的层级是表示轮胎承载能力的相对指数,主要用于区别尺寸相同但结构和承载能力不同的轮胎,常用PR(Ply Rating)表示。轮胎的层级数不代表轮胎帘布层的实际层数,而是表示载质量与棉帘线相当的棉帘线的层数。如9.00R20-14PR的全钢子午线轮胎,其实际胎体钢丝帘线只有一层,但它的载质量却相当于14层棉帘线的9.00-20斜交轮胎,所以它的层级数为14PR。

(4) 轮胎最高速度和速度级别符号。

轮胎最高速度是指在规定条件(路面级别、轮辋名义直径)下,在规定的持续行驶时间(持续行驶最长时间为1 h)内,允许使用的最高速度。将轮胎最高速度(km/h)分为若干级,用字母表示,即为速度级别符号。

随着现代科技的不断发展,汽车速度在不断提高,为了使轮胎的速度性能与汽车最高速度相匹配,一般需标注轮胎的速度级别,以便能根据最高设计车速正确配装汽车轮胎。有关轮胎速度级别的表示符号和允许的最高行驶速度见表3.2。表3.2规定的速度级别符号既适用于轿车轮胎,也适用于货车轮胎,但它们的含义不完全相同。对于轿车轮胎,它是指不允许超过的最高速度;对于货车轮胎,它是指随负荷降低可以超过的参考速度。对轿车轮胎而言，在限定最高行驶速度的前提下，如选用不同名义直径的轮辋，则轮胎速度级别符号所表示的最高行驶速度也不同，见表3.3（摘录）。

表3.2 轮胎速度级别符号与允许的最高行驶速度

轮胎速度符号	最高行驶速度/（km·h^{-1}）	轮胎速度符号	最高行驶速度/（km·h^{-1}）
A1	5	K	110
A2	10	L	120
A3	15	M	130
A4	20	N	140
A5	25	P	150
A6	30	Q	160
A7	35	R	170
A8	40	S	180
B	50	T	190
C	60	U	200
D	65	H	210
E	70	V	240
F	80	W	270
G	90	Y	300
J	100		

表3.3 轮胎速度级别符号在不同轮辋名义直径时表示的轿车轮胎最高行驶速度（摘录）

轮胎速度符号	轮胎最高行驶速度/（km·h^{-1}）		
	轮辋名义直径 10 in	轮辋名义直径 12 in	轮辋名义直径≥13 in
P	120	135	150
Q	135	145	160
S	150	165	180
T	165	175	190

（5）轮胎负荷指数和轮胎负荷能力。

轮胎负荷指数是指轮胎在最高速度、最大充气压等规定条件下负荷能力的参数，以数字表示。轮胎负荷指数目前有0、1、2、…、279共280个，表3.4仅摘录了一部分。

表3.4 轮胎负荷指数与轮胎负荷能力对应关系（摘录）

轮胎负荷指数	轮胎负荷值/kg	轮胎负荷指数	轮胎负荷值/kg
85	515	92	630
86	530	93	650
87	545	94	670
88	560	95	690
89	580	96	710
90	600	97	730
91	615	98	750

3.4.3 轮胎的拆装、检查及故障诊断

1. 轮胎的拆装

（1）拆装轮胎要在清洁、干燥、无油污的地面上进行。

（2）拆装轮胎要用专用工具，不允许用大锤敲击或其他尖锐的用具拆装轮胎。

（3）外胎、内胎、垫带、轮辋必须符合规格要求才能组装，要特别注意子午线轮胎胎圈部分的完好。

（4）内胎装入外胎前，须紧固气门嘴，以防漏气，并在外胎内部和垫带上涂上滑石粉。

（5）气门嘴的位置应装在轮辋气门嘴孔中。胎侧有平衡标记（彩色胶片）的，标记应在与气门嘴相对的位置上，以便于平衡。轮辋上有平衡块的，应用动平衡机进行平衡调整。

（6）安装有向花纹的轮胎，应注意滚动方向的标记。拆装子午线胎应做记号，以保证安装后的子午线胎滚动方向保持不变。

 特别提示

目前轿车几乎都是采用无内胎的子午线轮胎，最常见的拆装轮胎的专用设备是轮胎拆装机。

2. 轮胎的检查

轮胎的检查主要是检查轮胎的磨损程度和轮胎气压，轮胎磨损程度的检查包括胎面花纹深度的检查和轮胎异常磨损的检查。轮胎磨损过甚、花纹过浅，是行车中重要的不安全因素。过度磨损的轮胎，除容易爆破外，还会使汽车操纵稳定性变坏。汽车在雨中高速行驶时，由于不能把水全部从胎下排出，轮胎将会出现水滑现象，致使汽车失控。花纹越浅，水滑的倾向越严重。而轮胎（包括备胎）气压的检查对于行车也是非常重要的。轮胎气压不足，会导致轮胎过热，并因轮胎的接地面积不均匀而产生不均匀磨损或胎肩和胎侧快速磨损，缩短轮胎的使用寿命。同时会增加滚动阻力、加大耗油，而且会影响车辆的操控，严重时甚至引发交通事故。轮胎气压过高则使车身重量集中在胎面中心上，导致胎面中心快速磨损，不但会缩短轮胎的使用寿命，而且会降低车辆的舒适性。所以在日常维护和各级维护时，对于轮胎的检查是非常必要的。

1）胎面花纹深度的检查

GB 7258—1997《机动车运行安全技术条件》规定，轿车轮胎胎冠上花纹磨损至花纹深度小于 1.6 mm（磨损标志），载货汽车转向轮胎冠上的花纹深度小于 3.2 mm，其余轮胎胎冠花纹深度小于 1.6 mm 时，应停止使用。

轮胎花纹深度可用深度尺进行测量。

胎面磨耗标志位于胎面花纹沟底部，当胎面磨损到此处时，花纹沟断开，表明轮胎必须停止使用并送去翻新。为便于用户找到磨耗标志所在的位置，通常在磨耗标志对应的胎肩处标出"TWI"或者"△"等符号。

2）轮胎异常磨损的检查

检查轮胎的异常磨损，可以发现故障的早期征兆和原因，以便及时排除影响轮胎寿命的不良因素，防止早期磨损和损坏。具体内容见下面"3. 轮胎常见故障诊断"。

3）轮胎气压的检查

轮胎气压可用气压表进行检查。不同的车辆，轮胎的气压值也许不同，检查时应参考相应车辆的维修手册。

3. 轮胎常见故障诊断

轮胎的常见故障是轮胎的异常磨损。

1）胎肩或胎面中间磨损

（1）现象。

如图3.39所示，轮胎的胎肩和胎面出现了磨损。

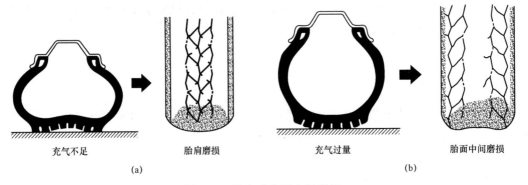

图3.39 胎肩或胎面中间磨损

（2）故障原因。

集中在胎肩上或胎面中间的磨损，主要是由于未能正确保持充气压力所致。如果轮胎充气压力过低，轮胎的中间便会凹入，将载荷转移到胎肩上，使胎肩磨损快于胎面中间。另一方面，如果充气压力过高，轮胎中间便会凸出，承受了较大的载荷，使轮胎中间磨损快于胎肩。

（3）故障排除步骤。

① 检查是否超载。

② 检查充气压力。如果充气过量或充气不足，应调整充气压力。

③ 调换轮胎位置。

2）内侧或外侧磨损

（1）现象。

图3.40所示为轮胎的内侧或外侧磨损。

（2）原因。

① 在过高的车速下转弯会造成转弯磨损。转弯时轮胎滑动，便产生了斜向磨损。

这是较常见的轮胎磨损原因之一，驾驶员所能采取的唯一补救措施就是在转弯时降低车速。

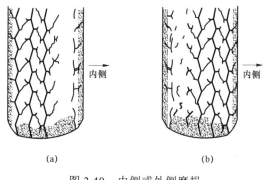

图 3.40 内侧或外侧磨损

（a）内侧磨损；（b）外侧磨损

② 悬架部件变形或间隙过大，会影响前轮定位，造成不正常的轮胎磨损。

③ 如果轮胎面某一侧的磨损快于另一侧的磨损，其主要原因可能是外倾角不正确。由于轮胎与路面接触面积大小因载荷而异，故对具有正外倾角的轮胎而言，其外侧直径要小于其内侧直径。因此胎面必须在路面上滑动，以便其转动距离与胎面的内侧相等。这种滑动便造成了外侧胎面的过量磨损。反之，具有负外倾角的轮胎，其内侧胎面磨损较快。

（3）故障排除步骤。

① 询问驾驶员是否高速转弯，如果是则要避免。

② 检查悬架部件。如松动，则将其紧固；如变形和磨损，则应修理或更换。

③ 检查外倾角。如不正常，应校正。

④ 调换轮胎位置。

3）前束和后束磨损（羽状磨损）

（1）现象。

如图 3.41 所示，车轮出现了前束和后束磨损。

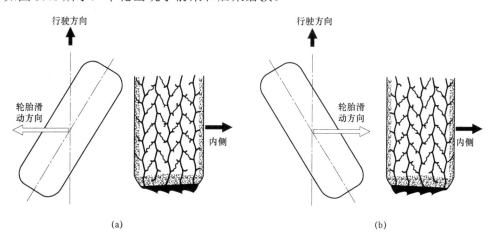

图 3.41 前束和后束磨损

（a）前束磨损；（b）后束磨损

（2）故障原因。

胎面的羽状磨损主要是由于前束调节不当所致，过量的前束会迫使轮胎向外滑动，并使胎面的接触面在路面上朝内拖动，造成前束磨损。如图 3.41 所示，胎面呈明显的羽毛状，一般用手指从轮胎的内侧至外侧划过胎面，便可加以辨别。另一方面，过量的后束会将轮胎向内拉动，并使胎面的接触面在路面上朝外拖动，造成如图 3.41 所示的后束磨损。

（3）故障排除步骤。

① 检查前束和后束。如果前束过量或后束过量，应该加以调整。

② 调换轮胎位置。

4）前端和后端磨损

（1）现象。

图 3.42 所示为前端和后端磨损。

（2）故障原因。

① 前端和后端磨损是一种局部磨损，常常出现在具有横向花纹和区间花纹的轮胎上，胎面上的区间发生斜向磨损（与鞋跟的磨损方式相同），最终变成锯齿状。

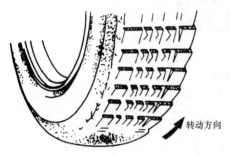

图 3.42　前端和后端磨损

② 具有纵向折线花纹的胎面，磨损时会产生波状花纹。

③ 非驱动轮的轮胎只受制动力的影响，而不受驱动力的影响，因此往往会有前后端形式的磨损，如反复使用和放开制动器，便会使轮胎每次发生短距离滑动而磨损，前后端磨损的形式便与这种磨损相似。

④ 另一方面，如果是驱动轮的轮胎，则驱动力所造成的磨损会在制动力所造成的磨损的相反方向上出现，所以驱动轮轮胎极少出现前后端磨损。客车和大货车由于制动时产生了大得多的摩擦力，故具有横向花纹的轮胎便会出现与非驱动轮相似的前后端磨损。

（3）故障排除步骤。

① 检查充气压力。如果充气不足，则将其充至规定值。

② 检查车轮轴承。如果磨损或松动，应更换或调整。

③ 检查外倾角和前束。如果不正确，应加以调整。

④ 检查轴颈或悬架部件。如果损坏，应修理或更换。

⑤ 调换轮胎位置。

3.4.4　车轮与轮胎的维护

车轮和轮胎的维护应结合车辆的维护强制执行。因为车轮和轮胎的维护以轮胎的维护为主，所以我们将详述轮胎的维护。车辆分日常维护、一级维护和二级维护。轮胎维护的分级和周期与车辆维护相同。

1. 一级维护轮胎作业项目

（1）紧固轮胎螺母，检查气门嘴是否漏气、气门帽是否齐全，如发现损坏或缺少应立即修理或补齐。

（2）挖出轮胎夹石和花纹中的石子、杂物，如有较深伤洞应用生胶填塞。特别是子午线胎，刺伤后若不及时修补，水汽会进入胎体锈蚀钢丝帘线，造成早期损坏。

（3）检查轮胎磨损情况，如有不正常磨损或起鼓、变形等现象，应查找原因，予以排除。

（4）如需检查外胎内部，应拆卸解体，如有损伤应及时修补。
（5）检查轮胎搭配和轮辋、挡圈、锁圈是否正常。
（6）检查轮胎（包括备胎）气压，并按标准补足。

 特别提示

备胎气压应高于使用中轮胎的气压。厂家一般推荐至少每月或每次长途旅行前检查一次胎压，包括备胎。

（7）检查轮胎有无与其他机件刮碰现象，备胎架是否完好、紧固，如不符合要求，应予排除。
（8）必要时（如单边偏磨严重）应进行一次轮胎换位，以保持胎面花纹磨耗均匀。
完成上述作业后应填写维护记录。

2. 二级维护轮胎作业项目

（1）除执行一级维护的各项作业外，还应进行下列项目：
拆卸轮胎，按轮胎标准测量胎面花纹磨耗、周长及断面宽的变化，作为换位和搭配的依据。
（2）轮胎解体检查：
① 胎冠、胎肩、胎侧及胎内有无内伤、脱层、起鼓和变形等现象。
② 内胎、垫带有无咬伤、折皱现象，气门嘴、气门芯是否完好。
③ 轮辋、挡圈和锁圈有无变形、锈蚀，并视情况涂漆。
④ 轮辋螺栓承孔有无过度磨损或损裂现象。
（3）排除解体检查所发现的故障后，进行装合和充气。
（4）高速车应进行轮胎的动平衡试验。
（5）按规定进行轮胎换位。
（6）发现轮胎有不正常的磨损或损坏，应查明原因，予以排除。
完成上述作业后应填写维护记录。

3. 轮胎维护操作要点

1）充气
（1）轮胎充气应按照该型汽车使用说明书上规定的标准气压执行，并在冷态时用气压表测量，若在热态时测量，应略高于标准气压，取适当的修正值。气压表应定期校准，以保证读数准确。
（2）轮胎装好后，先充入少量空气，待内胎充气伸展后再继续充至要求气压。
（3）充气前应检查气门芯与气门嘴是否配合平整，并擦净灰尘。充气后应检查是否漏气，并将气门帽装紧。
（4）充入的空气不得含有水分和油雾。
（5）充气时应注意安全防护，充气开始时用手锤轻击锁圈，使其平稳嵌入轮辋圈槽内，以防锁圈跳出。

2）轮胎换位

（1）按时换位可使轮胎磨损均匀，约可延长 20%的使用寿命，应结合车辆二级维护定期换位。在路面拱度较大的地区或夏季，轮胎磨损差别较大，可适当增加换位次数。

提示：厂家一般推荐 8 000～10 000 km 应将轮胎换位一次。

（2）轮胎换位方法常用的有交叉换位法、循环换位法和单边换位法，如图 3.43 和图 3.44 所示。

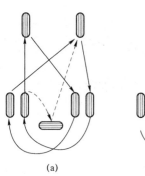
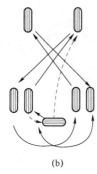

图 3.43 六轮二桥汽车轮胎换位法
（a）循环换位；（b）交叉换位

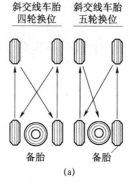
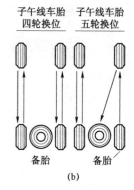

图 3.44 四轮二桥汽车轮胎换位法
（a）交叉换位；（b）单边换位

装用普通斜交轮胎的六轮二桥汽车，常采用图 3.43 中的交叉换位法，具体做法是：左右两交叉，主胎（后内）换前胎，前胎换帮胎（后外），帮胎换主胎。这样，通过三次换位每只轮胎就可轮到一次担负内挡（主力）胎。

四轮二桥汽车，斜交胎也可采用交叉换位法，如图 3.44（a）所示。子午线胎宜用单边换位法，如图 3.44（b）所示。

子午线轮胎的旋转方向应始终不变。若反向旋转，会因钢丝帘线反向变形产生振动，汽车平顺性变差。所以一些轿车使用手册推荐采用单边换位法。

（3）轮胎换位后，应按所换的胎位要求，重新调整气压。

（4）轮胎换位后须作好记录，下次仍要按上次选定的换位方法换位。

3.4.5 车轮动平衡试验

1. 车轮不平衡的危害及原因

1）车轮不平衡的危害

汽车车轮是旋转构件，如果车轮不平衡，在高速行驶时会引起车轮上下跳动和横向摇摆，不仅会影响汽车的乘坐舒适性，而且会使驾驶员难以控制行驶方向，导致汽车制动性能变差，影响行车安全。车轮不平衡还会大大增加各部件所受的力，加大轮胎的磨损和行驶噪声等。因此，汽车在使用和维修中必须进行车轮平衡试验和校准。

2）车轮不平衡的原因

（1）质量分布不均匀，如轮胎产品质量欠佳，翻新胎、补胎、胎面磨损不均匀及在外胎与内胎之间垫带等。

(2)轮辋、制动鼓变形。

(3)轮毂与轮辋加工质量不佳,如中心不准、轮胎螺栓孔分布不均、螺栓质量不佳等。

2. 车轮动平衡试验

由于车轮动不平衡对汽车危害很大,因此,必须对车轮的动不平衡进行试验,并进行调平衡工作。车轮的不平衡包括静不平衡和动不平衡,由于动平衡的车轮一定处于静平衡状态,因此,只要检测了动平衡,就没有必要检测静平衡。

车轮的动平衡试验有离车式和就车式两种方法,常见的为离车式车轮的动平衡试验。

1)离车式车轮动平衡机的基本组成

利用离车式车轮动平衡机对车轮进行动平衡检测时,需将车轮从车上拆下。图3.45所示为常见的离车式车轮动平衡机。该动平衡机主要由驱动装置、转轴与支承装置、显示与控制装置、制动装置及防护罩组成。

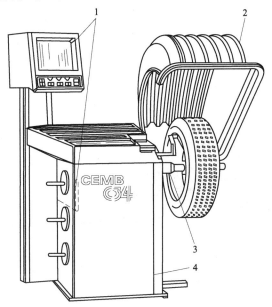

图 3.45 离车式车轮动平衡机
1—显示与控制面板;2—车轮防护罩;3—转轴;4—机箱

2)离车式车轮动平衡机的使用方法

(1)对被测车轮进行清洗,去掉泥土、砂石,拆掉旧平衡块。

(2)检查轮胎气压,并充气至规定气压值。

(3)根据轮辋中心孔的大小选择锥体,将车轮安装于平衡机上。

(4)打开电源开关,检查指示装置是否指示正确。

(5)键入轮辋直径、宽度,测出轮辋边缘到机箱之间的距离并键入。

(6)放下防护罩,按下起动键,开始测量。

(7)当车轮自动停转后,从指示装置读出车轮内、外动不平衡量和位置。

(8)抬起车轮防护罩,用手慢慢旋转车轮,当动平衡机指示装置发出信号时,停止转动车轮。

(9)根据动平衡机显示的动不平衡量,在轮辋内侧或外侧上部(时钟十二点位置)的边缘加装平衡块。内、外侧要分别进行,平衡块要装卡牢固。

(10) 重新起动动平衡机,进行动平衡试验,直至动不平衡量<5 g,机器显示"00"或"OK"时为止。

(11) 取下车轮,关闭电源,测试结束。

3.5 普通悬架

3.5.1 悬架的功用、组成与类型

1. 悬架的组成

悬架是车架(或车身)与车桥(或车轮)之间一切传力连接装置的总称。现代汽车的悬架虽有不同的结构形式,但一般都由弹性元件、减震器、导向机构等组成,轿车一般还有横向稳定杆。悬架的组成如图 3.46 所示。

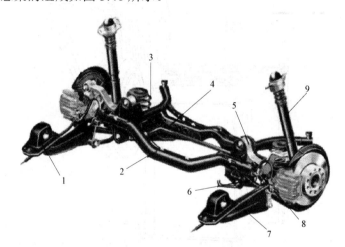

图 3.46 悬架的组成
1—支架;2—副车架;3—螺旋弹簧;4—稳定杆;5—上横摆臂;
6—横拉杆;7—纵摆臂;8—下横摆臂;9—减震器

弹性元件使车架(或车身)与车桥(或车轮)之间做弹性连接,可以缓和由于不平路面带来的冲击,并承受和传递垂直载荷。

减震器可以衰减由于路面冲击产生的振动,使振动的振幅迅速减小。

导向机构包括纵向推力杆和横向推力杆,用于传递纵向载荷和横向载荷,并保证车轮相对于车架(或车身)的运动关系。

横向稳定杆可以防止车身在转向等情况下发生过大的横向倾斜。

2. 悬架的功用

从悬架的组成可以总结出悬架具有以下功用:

(1) 连接车架(或车身)和车轮,把路面作用到车轮的各种力传给车架(或车身)。

(2) 缓和冲击、衰减振动,使乘坐舒适,具有良好的平顺性。

（3）保证汽车具有良好的操纵稳定性。

第（2）、（3）项功用与弹性元件和减震器的性能有关，具体来说是与弹性元件的刚度和减震器的阻尼力有关。只有悬架系统软、硬合适，才能使车辆乘坐舒适、操纵稳定。

3. 悬架的类型

如图 3.47 所示，汽车悬架有非独立悬架和独立悬架两种类型。

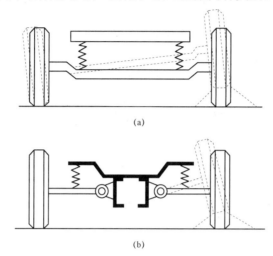

图 3.47　非独立悬架与独立悬架的示意图
（a）非独立悬架；（b）独立悬架

非独立悬架的结构特点是两侧车轮安装在一根整体式车桥上，车轮和车桥一起通过弹性悬架悬挂在车架（或车身）下面，所以一侧车轮发生位置变化后会导致另一侧车轮的位置也发生变化。独立悬架的结构特点是两侧车轮分别独立地与车架（或车身）弹性相连，与其配用的车桥为断开式车桥，所以两侧车轮的运动是相对独立、互不影响的。

3.5.2　弹性元件

汽车上常用的弹性元件包括钢板弹簧、螺旋弹簧、扭杆弹簧和气体弹簧等。

1. 钢板弹簧

钢板弹簧广泛应用于汽车的非独立悬架中，其构造如图 3.48 所示。

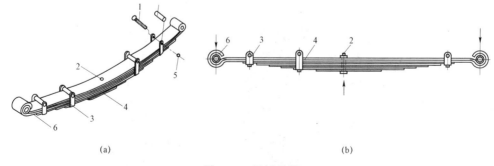

图 3.48　钢板弹簧
（a）对称式钢板弹簧；（b）非对称式钢板弹簧
1—螺栓；2—中心螺栓；3—弹簧夹；4—钢板弹簧；5—螺母；6—卷耳

钢板弹簧由若干片长度不等的合金弹簧钢片叠加而成,构成一根近似等强度的弹性梁。最长的一片称为主片,其两端卷成卷耳,内装衬套,以便用弹簧销与固定在车架上的支架或吊耳做铰链连接。

各弹簧片用中心螺栓连接,并保证各弹簧片的相对位置。中心螺栓距两端卷耳中心的距离可以是相等的,称为对称式钢板弹簧,如图3.48(a)所示;也可以是不相等的,称为非对称式钢板弹簧,如图3.48(b)所示。

为了防止汽车在行驶过程中各弹簧片分开,在钢板弹簧上装有若干弹簧夹,以免主片独自承载。弹簧夹通过铆钉与最下片弹簧片相连,弹簧夹两边通过螺栓相连,螺栓上有套管,装配时要求螺母朝向轮胎,以免螺栓脱落时刮伤轮胎,甚至飞崩伤人。

钢板弹簧在载荷作用下变形时,各片之间会相对滑动而产生摩擦,这可以衰减车架的振动。但摩擦会加速弹簧片的磨损,所以在装配钢板弹簧时,各片之间要涂抹石墨润滑脂或装有塑料垫片以减磨。

一般来说,钢板弹簧越长就越软,而钢板数目越多,其承载能力就越强,但钢板数目多,弹簧会变硬而有损乘坐舒适性。

 特别提示

钢板弹簧除了起到弹性元件的功用外,还起到了减震器和导向机构的功用。上面已经提到,钢板弹簧各片之间的相对滑动产生摩擦,可以衰减车架的振动,即起到减震器的功用。另外,钢板弹簧还可以承受纵向、横向载荷,所以又起到了导向机构的功用。在轻、中型货车中你会发现,它的后悬架只有钢板弹簧,而没有减震器和导向机构,其道理即在于此。

2. 螺旋弹簧

螺旋弹簧广泛应用于独立悬架,特别是前轮独立悬架,有些轿车的后轮非独立悬架也采用螺旋弹簧作弹性元件。由于螺旋弹簧只能承受垂直载荷,且变形时不产生摩擦力,所以悬架中必须装有减震器和导向机构,如图3.49所示,将特殊的弹簧钢杆卷成螺旋状,就成了螺旋弹簧,可以制成圆柱形或圆锥形,也可以制成等螺距或不等螺距。圆柱形等螺距

图3.49 螺旋弹簧

螺旋弹簧的刚度是不变的，圆锥形或不等螺距螺旋弹簧的刚度是可变的。在螺旋弹簧上施加载荷时，随着弹簧的收缩，整条钢杆扭曲。这样便储存了外力的能量，缓冲了振动。

3. 扭杆弹簧

扭杆弹簧（通常简称为扭杆）是用其自身扭转弹性抵抗扭曲力的弹簧钢杆。扭杆的一端固定在车架上，另一端通过摆臂与车轮相连，当车轮跳动时，摆臂便绕扭杆轴线摆动，使扭杆产生扭转弹性变形，如图 3.50 所示。与螺旋弹簧一样，扭杆弹簧也不能控制振荡，所以需要与减震器一起使用。

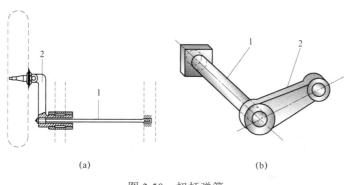

图 3.50　扭杆弹簧

1—扭杆；2—摆臂

 特别提示

由于扭杆弹簧在制造时使之具有一定的预应力，且左、右扭杆弹簧预应力方向是不同的，所以左、右扭杆弹簧不能互换或装错。为此，左、右扭杆上标有不同的标记。

4. 气体弹簧

气体弹簧主要有空气弹簧和油气弹簧两种。空气弹簧是以空气作弹性介质，即在一个密闭的容器内装入压缩空气（气压为 0.5～1 MPa），利用气体的可压缩性实现弹簧的作用。空气弹簧又可分为囊式和膜式两种，这种弹簧随着载荷的增加，容器内压缩空气压力升高，其刚度也随之增加；载荷减小，刚度也随空气压力降低而下降，因而这种弹簧具有理想的变刚度特性。

囊式空气弹簧由夹有帘线的橡胶制成的气囊和密闭在其中的压缩空气构成。气囊外层由耐油橡胶制成单节或多节，节数越多，弹簧越软，节与节之间围有钢质腰环，以防止两节之间摩擦。气囊上、下盖板将空气封于囊内。

膜式空气弹簧由橡胶片和金属压制件组成。它比气囊空气弹簧的弹性曲线更为理想，固有频率更低些，且尺寸小，便于布置，因而多用于轿车上。但其造价较贵，寿命较短，如图 3.51 所示。

油气弹簧以气体（如氮等惰性气体）作为弹性介质，用油液作为传力介质，利用气体的可压缩性实现弹簧作用，如图 3.52 所示。油气弹簧的球形室固定在工作缸上，室内腔用橡胶隔膜将油与气隔开，充入高压氮气的一侧为气室，与工作缸相通并充满油液的一侧为油室。工作缸内装有活塞和阻尼阀及阀座。

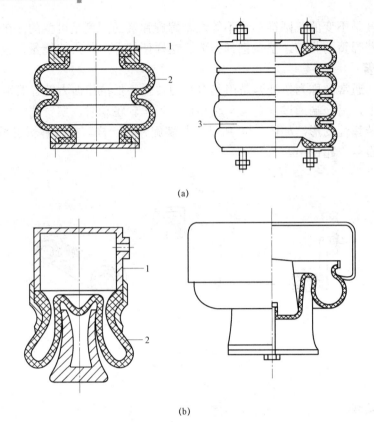

图 3.51 空气弹簧
（a）囊式空气弹簧；
1—盖板；2—气囊；3—腰环
（b）膜式空气弹簧
1—金属座；2—橡胶膜片

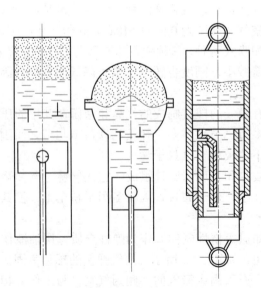

图 3.52 油气弹簧

当汽车受到载荷增加且车架与车桥相互靠近时，活塞上移，使工作缸内容积减小，油压升高，油液顶开阻尼阀进入球形室，推动隔膜向气室方向移动，使气室容积减小、氮气压力升高、油气弹簧的刚度增大。当载荷减小时，在高压氮气的作用下隔膜向油室方向移动，室内油液经阻尼阀流回工作缸，推动活塞下移，这时气室容积增大、氮气压力下降、弹簧刚度减小。当氮气压力通过油液传递作用在活塞上的力与载荷平衡时，活塞便停止移动。随着载荷的变化，气室内氮气也随之变化，相应地活塞处于工作缸中不同位置。可见，油气弹簧具有变刚度的特性。

油气弹簧具有良好的行驶平顺性，而且体积小、质量轻。但是对密封性要求很高，维护相对麻烦。

由于空气和油气弹簧只能承受垂直载荷，因此采用这种弹簧的悬架也必须加设导向装置和减震器。

3.5.3 减震器

汽车悬架系统中通常采用液力减震器，其工作原理是当车架或车身与车桥间受振动出现相对运动时，减震器内的活塞上下移动，减震器内的油液便反复地从一个腔经过不同的阀门流入另一个腔内。此时，孔壁与油液间的摩擦和油液分子间的内摩擦消耗了振动的能量，而对振动形成阻尼力，使汽车振动能量转化为油液热能，再由减震器吸收散发到大气中。

悬架中的弹性元件与减震器共同承担着缓冲和减振的任务，若阻尼力过大，振动衰减变得过快，使悬架的弹性元件的缓冲作用变差，甚至使减震器连接件及车架损坏。一般汽车在行驶中可能处于3种状态：第1种是在良好的路面上行驶，此时要求弹性元件充分发挥作用；第2种是相对于汽车承受中等强度的振动，这种情况减震器起主导作用；第3种情况是车辆受到剧烈振动，这时与轮胎的接地性有密切关系。减震器要想在以上3种情况下与弹性元件均能协调工作，必须满足以下要求：

（1）在悬架压缩行程中（车桥和车架相互靠近），减震器阻尼力较小，以便充分发挥弹性元件的弹性作用，缓和冲击。这时，弹性元件起主要作用。

（2）在悬架伸张行程中（车桥和车架相互远离），减震器阻尼力应较大，以迅速减振，此时减震器起主要作用。

（3）当车架或车身与车桥间的相对运动速度过大时，要求减震器能自动加大流液量，使阻尼力始终保持在一定限度之内，以避免车架或车身承受过大的冲击载荷。

目前汽车悬架系统中广泛采用的液力减震器是筒式减震器，由于其在压缩和伸张行程中均能起减振作用，因此又称为双向作用筒式减震器。近年来，在高级轿车上有的采用充气式减震器。

1. 双向作用筒式减震器

双向作用筒式减震器的基本组成如图3.53所示，它有3个同心钢筒，外面的钢筒是防尘罩，其上部的吊耳与车架相连；中间是储油缸筒，内装有一定量的油液，其下端的吊耳与车桥相连；里面是工作缸筒，其内装满油液。它还有4个阀，即压缩阀、伸张阀、流通阀和补偿阀。流通阀和补偿阀是一般的单向阀，其弹簧很弱，当阀上的油压作用力与弹簧弹力同向时，阀处于关闭状态，完全不通油液；而当油压作用力与弹簧弹力反向时，只要很小的油压，阀便能开启。压缩阀和伸张阀是卸载阀，其弹簧刚度较大，预紧力较大，只有当油压增高到一定程度时，阀才能开启；而当油压减低到一定程度时，阀即自行关闭。

双向作用筒式减震器的工作过程如下：压缩行程时，减震器被压缩，汽车车轮移近车身，减震器内的活塞向下移动，下腔的容积减小、油压升高。大部分油液冲开流通阀流入上腔，由于上腔被活塞杆占去了一部分空间，因而上腔增加的容积小于下腔减小的容积，于是另一部分油液就推开压缩阀，流回到储油缸内。油液通过阀孔时，所形成的节流作用就产生了对悬架受压缩运动的阻尼作用。在伸张行程中，减震器受拉伸，车轮远离车身，这时减震器的活塞向上移动，上腔油压升高，流通阀被关闭，上腔内的油液压开伸张阀流入下腔。由于活塞杆的存在，自上腔流来的油液不足以充满下腔增加的容积，促使下腔产生一定的真空度，这时储油缸中的油液推开补偿阀流进下腔进行补充。这些阀的节流在伸张运动时对悬架起到阻尼作用。

2. 充气式减震器

有些车型的悬架系统采用充气式减震器，如图 3.54 所示。充气式减震器的缸筒上部装有一个浮动活塞，在浮动活塞和缸筒一端形成一个封闭气室，内部装有高压氮气。浮动活塞（封气活塞）的下面是油液，活塞上装有大断面的 O 形密封圈，其作用是把油和气完全隔开。工作活塞上装有压缩阀和伸张阀，此二阀可随活塞运动速度的大小而自动改变通道截面积，且由于油液的来回流动而产生阻尼力，从而达到衰减振动的目的。

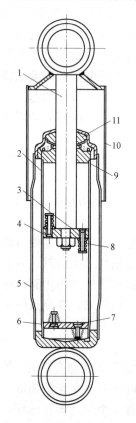

图 3.53 双向作用筒式减震器

1—活塞杆；2—工作缸筒；3—活塞；4—伸张阀；5—储油缸筒；6—压缩阀；7—补偿阀；8—流通阀；9—导向座；10—防尘罩；11—油封

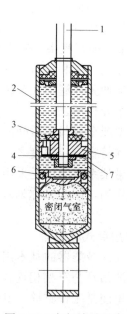

图 3.54 充气式减震器

1—活塞杆；2—工作缸；3—压缩阀；4—伸张阀；5—工作活塞；6—O 形密封圈；7—浮动活塞

与双向作用筒式减震器相比，充气式减震器有以下优点：

（1）采用浮动活塞而减少了一套阀的系统，使结构简化、质量减轻。

（2）由于减震器里充有高压氮气，故能减少车轮受突然冲击时的振动，并可消除噪声。

（3）由于充气式减震器的工作缸和活塞直径都大于相同条件的双向作用筒式减震器，因而其阻尼更大、工作可靠性更强。

（4）充气式减震器内部的高压气体和油液被浮动活塞隔开，消除了油的乳化现象。

充气式减震器的不足之处是油封要求高，充气工艺复杂，不易维修，当缸筒受外界较大冲击而变化时，则不能工作。

3.5.4 横向稳定器

现代轿车悬架很软，即固有频率很低。汽车高速行驶转弯时，车身会产生较大的侧向倾斜和侧向角振动。为了提高悬架的侧倾角刚度，减小侧倾，常在悬架中加设横向稳定器，如图 3.55 所示。

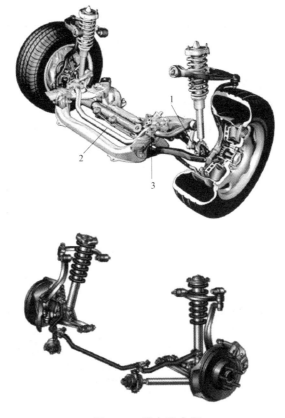

图 3.55 横向稳定器
1—连接杆；2—横向稳定杆；3—横向稳定杆支座

由弹簧钢制成的横向稳定杆呈 U 形，安装在汽车紧靠悬架的前端或后端（有的轿车前后都装有横向稳定器）。稳定杆的中部自由支撑在 2 个固定于车架上的橡胶套筒内，而套筒固定在车架上，稳定杆两侧纵向部分的末端通过支杆与悬架下摆臂上的弹簧支座相连。

当车身受到振动而两侧悬架变形相同时，横向稳定杆在套管内自由转动，此时横向稳定杆不起作用。当两侧悬架变形不等，车身相对路面发生倾斜时，弹性的稳定杆产生扭转内力矩就阻碍了悬架弹簧的变形，从而减小了车身的侧倾和侧向角振动，即车架的一侧移近弹簧下支座，稳定杆的同侧末端就相对车架向上抬起；而另一侧车架远离弹簧座，相应一侧横向稳定杆的末端应相对车架下移。同时，横向稳定杆中部对于车架没有相对运动，而稳定杆两边的纵向部分向不同方向偏转，于是稳定杆被扭转。

3.5.5 非独立悬架与独立悬架

非独立悬架由于结构简单、工作可靠，被广泛用于一般货车和客车上，而用在轿车上往往只作为后悬架。钢板弹簧常用作非独立悬架的弹性元件，由于它起导向装置的作用，并有一定的减振作用，使得悬架系统大为简化。

独立悬架采用断开式车桥，两侧车轮分别通过独立悬架与车架或车身相连，每侧车轮可单独运动，互不干扰。轿车和载质量在 1 000 t 以下的货车的转向轮广泛采用独立悬架，这样可以满足行驶平顺性、操纵稳定性等方面的要求。独立悬架中的弹性元件往往都使用螺旋弹簧和扭杆弹簧，钢板弹簧和其他形式的弹簧很少使用。根据悬架导向装置的不同，独立悬架可分为双横臂、单横臂、纵臂式、单斜臂、多杆式及滑柱连杆式（麦弗逊式）等多种。

1. 非独立悬架

1）钢板弹簧式非独立悬架

这种悬架的钢板弹簧一般纵向布置，所以也称为纵置板簧式非独立悬架，如图 3.56 所示。钢板弹簧中部通过 U 形螺栓（骑马螺栓）固定在车桥上。钢板弹簧的前端卷耳用弹簧销与前支架相连，形成固定式铰链支点，起传力和导向作用；而后端卷耳则用吊耳销与可在车架上摆动的吊耳相连，形成摆动式铰链支点，从而保证了弹簧变形时两卷耳中心线间的距离有改变的可能。减震器的上、下两个吊环通过橡胶衬套和连接销分别与车架上的上支架和车桥上的下支架相连接。

图 3.56 钢板弹簧式非独立悬架示意图

2）螺旋弹簧非独立悬架

螺旋弹簧非独立悬架常用于轿车的后悬架，由于使用螺旋弹簧作为弹性元件，仅仅能承受垂直荷载，因此，其悬架系统需要安装导向装置和减震器，如图3.57所示。导向装置包括纵向推力杆和横向导向杆。纵向推力杆用以传递牵引力、制动力等纵向力及其力矩；横向导杆用以传递悬架系统的横向力。当后桥与车身之间的距离发生变化时，横向导杆也可绕其连接点做上、下横向摆动。两个减震器的上端接在车身支架上，下端铰接在车桥的支架上。

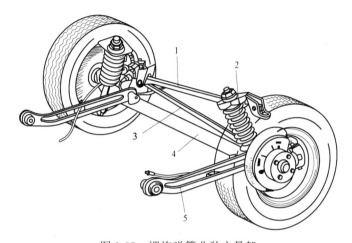

图3.57 螺旋弹簧非独立悬架
1—加强杆；2—螺旋弹簧和减震器总成；3—横向推力杆；4—后轴；5—纵向推力杆

3）空气弹簧非独立悬架

为了提高行驶的平顺性，适应载荷和路面的变化，要求悬架刚度随之变化。当空车时车身被抬高，满载时车身则被压得很低。对于轿车，要求在好路面上降低车身高度，提高行驶速度；在坏路面上提高车身高度，以增大通过能力。因此，对于不同类型的汽车提出不同的要求，而空气弹簧非独立悬架可以满足其要求，如图3.58所示。

囊式空气弹簧的上下端分别固定在车架和车桥上，由压气机产生的压缩空气经油水分离器和压力调节器进入储气筒。压力调节器可使储气筒中的压缩空气保持一定压力。储气罐和

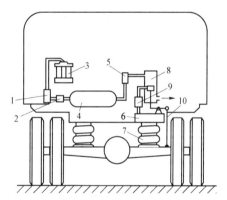

图3.58 空气弹簧非独立悬架
1—油水分离器；2—压力调节器；3—压气机；4—储气筒；5，9—空气滤清器；6—储气罐；7—空气弹簧；8—车身高度控制阀；10—控制杆

空气弹簧中的空气压力由车身控制阀控制。空气弹簧只承受垂直荷载，因而必须加设导向装置。车轮受到的纵向力和横向力及其力矩由悬架中的纵向推力杆和横向推力杆来传递。

空气弹簧非独立悬架多用于重型车和高级轿车中。现代电子控制主动或半主动悬架多采用空气弹簧作为弹性元件。

2. 独立悬架

现代汽车，特别是轿车上广泛采用独立悬架。由于独立悬架能使两侧车轮各自独立地

与车架或车身弹性连接,故具有以下优点:

(1) 由于左右车轮的运动相对独立、互不影响,故可以减少行驶时车架或车身的振动,同时可以减弱转向轮的偏摆。

(2) 独立悬架的非簧载质量小,可以减小来自路面的冲击和振动,提高了行驶的平顺性。

簧载质量是指汽车上由弹性元件支承的质量;而非簧载质量是指弹性元件下吊挂的质量。对于非独立悬架,整个车桥和车轮都属于非簧载质量,而对于独立悬架,只有部分车桥是非簧载质量,而主减速器、差速器、壳体等都装在车架或车身上,成了簧载质量,所以独立悬架的非簧载质量要比非独立悬架的小。

(3) 独立悬架与断开式车桥配用,可以降低汽车的重心,提高汽车行驶的平顺性。

独立悬架的结构类型很多,一般可按车轮的运动方式分为三类。

(1) 横臂式独立悬架:车轮在汽车横向平面内摆动的悬架。

(2) 纵臂式独立悬架:车轮在汽车纵向平面内摆动的悬架。

(3) 车轮沿主销移动的独立悬架,包括烛式悬架和麦弗逊式悬架。

1) 横臂式独立悬架

横臂式独立悬架分为单横臂式和双横臂式两种。目前单横臂式独立悬架应用较少,下面仅介绍双横臂式独立悬架。

不等长双横臂式独立悬架如图 3.59 所示,上摆臂和下摆臂的一端分别通过摆臂轴与车架连接,另一端分别通过上、下球头销与转向节相连接。上摆臂与上球头销铆接成一体,内部装有螺旋弹簧,能自动消除球头销与销座间磨损后的间隙。下摆臂与下球头销是可以拆卸的,通过减少垫片来消除球头销处的磨损间隙。螺旋弹簧的两端分别通过橡胶衬垫与车架和下摆臂上支撑盘相连,垂直力通过转向节、小球头销臂和螺旋弹簧传递给车架,而纵向力、侧向力及其力矩由转向节、上、下摆臂(导向机构)、上、下球头销传递给车架。由于此种悬架使用上下球头销来代替主销,故属于无主销式悬架。

上、下两摆臂选择合适的长度比例,可使车轮在跳动中与主销的角度及轮距变化不大。双横臂的臂也有制成 V 字形(或称 A 字形)的,上、下两个 V 形摆臂的一端以一定的距离分别与车轮连接,另一端则与车架连接。

不等长双横臂悬架的上臂比下臂短,当汽车车轮上下运动时,上臂比下臂运动弧度小,这将使轮胎上部轻微地内外移动,而底部影响很小,处于正常位置。双横臂悬架的螺旋弹簧有的安装于上、下摆臂之间,也有的安装于上摆臂与车架之间。

2) 纵臂式独立悬架

纵臂式独立悬架也分为单纵臂式和双纵臂式两种。

(1) 单纵臂式独立悬架。

单纵臂式独立悬架如果用于前轮,车轮上下跳动时会使主销后倾角变化很大,所以单纵臂式独立悬架都用于后轮,如图 3.60 所示,富康轿车的后悬架属于单纵臂式扭杆弹簧独立悬架。纵摆臂是一片宽而薄的钢板,一端与半轴套管铰接;另一端带有套筒,套筒通过花键与扭杆弹簧的外端相连,扭杆的内端固定在车架上。

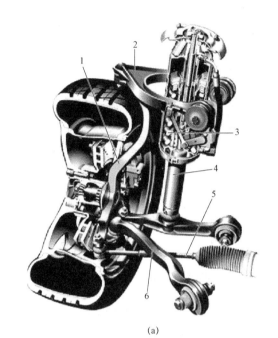

(a)

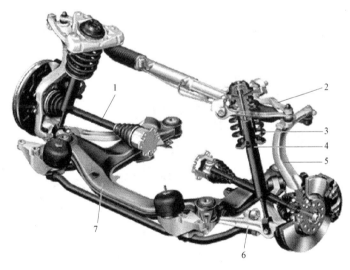

(b)

图 3.59 不等长双横臂式独立悬架
(a) 奔驰轿车不等长双横臂独立悬架;
1—转向节;2—上摆臂;3—螺旋弹簧;4—减震器;5—转向横拉杆;6—下摆臂
(b) 奥迪 A4 轿车不等长双横臂式螺旋弹簧独立悬架
1—万向传动装置;2—上摆臂;3—弹簧;4—减震器;5—转向节;6—下摆臂;7—车架前横梁

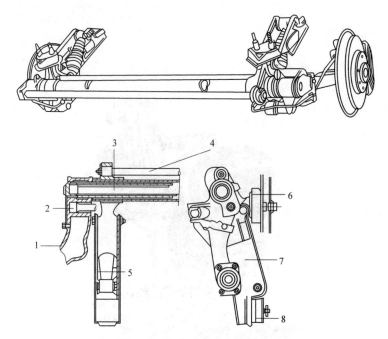

图 3.60 单纵臂式独立悬架

1—单纵臂；2—左扭杆弹簧；3—横向稳定杆；4—右扭杆弹簧；5—减震器；
6—前自偏转弹性垫块；7—扭杆弹簧支承架；8—后自偏转弹性垫块

（2）双纵臂式独立悬架。

图 3.61 所示为双纵臂式独立悬架。双纵臂式独立悬架的两个纵臂长度一般做成相等，形成平行四连杆机构。车轮上下跳动时，主销的后倾角保持不变，这种形式的悬架适用于转向轮。

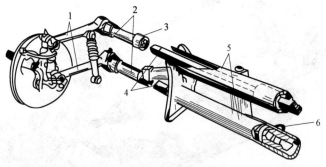

图 3.61 双纵臂式独立悬架

1—纵臂；2—纵臂轴；3—衬套；4—扭杆弹簧；5—横梁；6—螺钉

转向节和两个纵摆臂做铰链连接，在车架的两根管式横梁的内部装有由若干层矩形端面的薄弹簧钢片叠成的扭杆弹簧。两根扭杆弹簧的内端用螺栓固定在横梁中部，而外端则插入纵臂轴的矩形孔中。纵臂轴用衬套支承在管式横梁内，轴和纵臂刚性地连接。

3）车轮沿主销移动的独立悬架

车轮沿主销移动的独立悬架可以分为两种形式，一种是车轮沿固定不动的主销移动的烛式独立悬架，另一种是车轮沿摆动的主销轴线移动的麦弗逊式独立悬架。

（1）烛式独立悬架。

图 3.62 所示为烛式独立悬架，主销的上下两端刚性地固定在车架上，套在主销上的套管固定在转向节上，套管的中部固定装着螺旋弹簧的下支座。筒式减震器的下端与转向节相连，上端与车架相连。悬架的摩擦部分套着防尘罩，通气管与防尘罩内腔相通，以免罩中空气被密封而影响悬架的弹性。

汽车在不平路面上行驶时，车轮、转向节一起沿主销的轴线移动。螺旋弹簧只承受垂直载荷，而车轮上所受的纵向力、侧向力及其力矩则由转向节、套筒经主销传给车架，使得套筒与主销之间的磨损加剧。

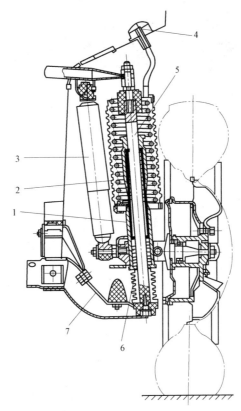

图 3.62 烛式独立悬架
1—套筒；2，6—防尘罩；3—减震器；4—通气孔；5—主销；7—车架

（2）麦弗逊式独立悬架。

麦弗逊式独立悬架目前在轿车中应用很广泛，其结构如图 3.63 所示，由减震器、螺旋弹簧、横摆臂、横向稳定杆等组成。减震器与套在它外面的螺旋弹簧合为一体，构成悬架的弹性支柱，支柱上端与车身挠性连接，支柱的下端与转向节刚性连接。横摆臂的外端通过球头销 B 点与转向节的下部连接，内端与车身铰接。

麦弗逊式独立悬架没有传统的主销实体，转向轴线为上下铰接中心的连线 AB（一般与弹性支柱的轴线重合）。当车轮上下跳动时，B 点随横摆臂摆动，因而主销轴线 AB 随之摆动（弹性支柱也摆动）。这说明车轮沿着摆动的主销轴线而运动。

麦弗逊式独立悬架结构较简单，布置紧凑，用于前悬架时能增大两前轮内侧的空间，故多用于发动机前置前轮驱动的轿车上。

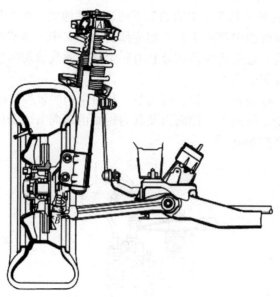

图 3.63 麦弗逊式独立悬架

4）多杆式独立悬架

独立悬架中的弹性元件多采用螺旋弹簧，对于侧向力、纵向力的承受和传递，就需加设导向装置即杆件来完成，因而在一些轿车上为减轻自重和简化结构多采用多杆式悬架。上连杆通过支架与车身相连，其外端与第三连杆相连，上连杆的两端都装有橡胶隔振套。第三连杆的上端通过推力轴承与转向节连接，下连杆与普通的下摆臂相同，其内端通过橡胶隔振套与前横梁相连接，外端通过球铰与转向节相连。主销轴线从下球铰一直延伸到上面的轴承处。多杆悬架系统具有良好的操纵稳定性，可有效地降低轮胎的磨损，延长其使用寿命。多杆式独立悬架系统总成如图 3.64 所示。

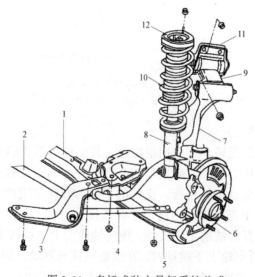

图 3.64 多杆式独立悬架系统总成

1—前悬架横梁；2—前稳定杆；3—拉杆支架；4—黏滞式拉杆；5—下连杆；6—轮毂转向节总成；
7—第三连杆；8—减震器；9—上连杆；10—螺旋弹簧；11—上连杆支架；12—减震器隔振块

3.5.6 悬架系统的维护和故障诊断

1. 悬架系统的维护

1）车辆升起前的检查

（1）减震器减振力检查。

在车前、车后通过上下晃动车身确定减震器的减振力大小，并且检查车身停止晃动的时间长短。

（2）车辆倾斜检查。

目视观察车辆是否倾斜。如果车辆倾斜，则还需检查轮胎气压、左右车轮的尺寸及车辆承载是否均匀。

2）车辆升起后的检查。

（1）减震器。

检查减震器是否有凹痕、是否漏油，检查防尘套是否有裂纹或损坏。

（2）弹性元件。

检查钢板弹簧或螺旋弹簧、扭杆弹簧等是否损坏。

（3）其他部位。

检查悬架的其他部位，如摆臂、稳定杆、推力杆等是否损坏。

（4）检查连接情况。

用手晃动悬架的主要元件，检查是否磨损或松动。最后用扭力扳手将螺母或螺栓按规定力矩紧固。

2. 非独立悬架的常见故障

1）钢板弹簧折断

钢板弹簧折断，尤其是主片折断，会因弹力不足等原因，使车身歪斜。前钢板弹簧一侧主片折断时，车身在横向平面内倾斜；后钢板弹簧一侧主片折断时，车身在纵向平面内倾斜。

2）钢板弹簧弹力过小或刚度不一致

当某一侧的钢板弹簧由于疲劳导致弹力下降，或者更换的钢板弹簧与原弹簧刚度不一致时，会使车身倾斜。

3）钢板弹簧销、衬套和吊耳磨损过量

此时，会出现以下故障：

（1）车身倾斜（不严重）。

（2）行驶跑偏。

（3）汽车行驶摆振。

（4）异响。

4）U形螺栓松动或折断

此时，会由于车辆移位倾斜，导致汽车跑偏。

3. 独立悬架和减震器的常见故障

1）独立悬架总成常见故障

独立悬架总成主要由螺旋弹簧、上下摆臂、横向稳定杆及减震器等组成，铰接点较多。

独立悬架总成的常见故障如下：

（1）现象。

① 异响，尤其是在不平路面上转弯时。

② 车身倾斜，汽车在转弯时车身过度倾斜等。

③ 前轮定位参数改变。

④ 轮胎异常磨损。

⑤ 车辆摆振及行驶不稳。

（2）原因。

① 螺旋弹簧弹力不足。

② 稳定杆变形。

③ 上、下摆臂变形。

④ 各铰接点磨损、松旷。

当汽车产生上述现象时，应对悬架系统进行仔细检查，即可发现故障部位及原因。

2）减震器的常见故障

减震器的常见故障为衬套磨损和泄漏。衬套磨损后，因松旷易产生响声。减震器轻微的油液泄漏是允许的，但泄漏过多会使减震器失去减振作用。

本项目小结

汽车行驶系的功用是支撑汽车的重量并承受、传递路面作用在车轮上各种力的作用；接收传动系传来的转矩并转化为汽车行驶的牵引力；缓和冲击，减少振动，保证汽车平顺行驶。汽车行驶系由车架、车桥、车轮和悬架等组成。

车架用来支撑、连接汽车各零部件总成，并且承受车内外各种载荷的作用。车架可以分为边梁式、中梁式、综合式和无梁式四种结构。

车桥位于悬架与车轮之间，其两端安装车轮，通过悬架与车架（或车身）相连，其功用是传递车架（或车身）与车轮之间各种载荷的作用。车桥按结构的不同可分为整体式和断开式，按功能的不同可分为转向桥、转向驱动桥、驱动桥和支持桥。为了保证汽车直线行驶稳定、转向轻便、减轻轮胎的磨损，在转向节、主销、前梁之间有一定的相对位置关系，称为转向轮定位。转向轮定位包括主销后倾、主销内倾、车轮外倾和前束。

汽车车轮总成由车轮和轮胎两大部分组成，是汽车行驶系的重要部件。车轮和轮胎（特别是轿车轮胎）是汽车重要的安全件，几乎所有的汽车行驶性能都与轮胎有关。车轮用来安装轮胎，承受轮胎与车桥之间各种载荷的作用，由轮毂、轮辋和轮辐组成。现代汽车都采用充气式轮胎。轮胎安装在轮辋上，直接与路面接触，它的功用是支撑、缓冲、减振和提高附着性。轮胎的类型很多，目前轿车上应用的轮胎主要是低压（超低压）、无内胎的子午线轮胎。

悬架是车架（或车身）与车桥（或车轮）之间一切传力连接装置的总称。现代汽车的悬架虽有不同的结构形式，但一般都由弹性元件、减震器、导向机构等组成，轿车一般还有横向稳定器。汽车上常用的弹性元件包括钢板弹簧、螺旋弹簧、扭杆弹簧和气体弹簧等。汽车悬架有非独立悬架和独立悬架两种类型。

习　题

一、选择题

1. 目前大多数轿车都采用（　　）
   A. 边梁式车架　　　B. 中梁式车架　　　C. 综合式车架　　　D. 承载式车身
2. 轿车通常采用（　　）悬架。
   A. 独立　　　　　　B. 非独立　　　　　C. 平衡　　　　　　D. 非平衡
3. 越野汽车的前桥属于（　　）。
   A. 转向桥　　　　　B. 驱动桥　　　　　C. 转向驱动桥　　　D. 支持桥
4. 转向轮绕着（　　）摆动。
   A. 转向节　　　　　B. 主销　　　　　　C. 前梁　　　　　　D. 车架
5. 能使转向车轮转向后自动回正的是（　　）。
   A. 主销后倾和车轮外倾　　　　　　　　B. 车轮前束和主销内倾
   C. 主销后倾和主销内倾　　　　　　　　D. 主销内倾和车轮前束
6. 关于子午胎与斜交胎，下面说法不正确的是（　　）。
   A. 子午胎与斜交胎不能混装　　　　　　B. 子午胎比斜交胎寿命长
   C. 9.00－20 表示子午胎　　　　　　　　D. 目前轿车上几乎都装用子午胎
7. 前轮前束的调整由（　　）来保证。
   A. 转向节臂　　　　B. 横拉杆　　　　　C. 梯形臂　　　　　D. 横向稳定杆
8. 汽车用减震器广泛采用的是（　　）。
   A. 单向作用筒式　　　　　　　　　　　B. 双向作用筒式
   C. 摆臂式　　　　　　　　　　　　　　D. 阻力可调式
9. 外胎结构中，起承受负荷作用的是（　　）。
   A. 胎面　　　　　　B. 胎圈　　　　　　C. 帘布层　　　　　D. 缓冲层
10. 胎面中央迅速磨损，主要是由（　　）所致。
    A. 轮胎气压过低　　　　　　　　　　　B. 轮胎气压过高
    C. 车轮前束调整不当　　　　　　　　　D. 轮胎动平衡不良

二、判断题

1. 钢板弹簧本身可兼起导向机构的作用，并有一定的减振作用。　　　　（　　）
2. 一般载货汽车的前桥是转向桥，后桥是驱动桥。　　　　　　　　　　（　　）
3. 越野汽车前桥的功用通常是转向兼驱动。　　　　　　　　　　　　　（　　）
4. 斜交胎比子午线轮胎接地面积大，附着性能好，胎侧薄，散热好，使用寿命长。
　　　　　　　　　　　　　　　　　　　　　　　　　　　　　　　　（　　）
5. 所有汽车的悬架组成都包含弹性元件和减震器。　　　　　　　　　　（　　）

6. 减震器在汽车行驶中出现发热是正常的。　　　　　　　　　　（　　）
7. 采用独立悬架的车桥通常为断开式。　　　　　　　　　　　　（　　）
8. 安装越野车转向轮胎时，人字花纹尖端应与汽车前进的方向相反。（　　）
9. 现在一般汽车均采用高压胎。　　　　　　　　　　　　　　　（　　）
10. 在良好的路面上行驶时，越野胎比普通胎耐磨。　　　　　　　（　　）

项目 4　汽车制动系结构与检修

学习目标

1. 掌握制动系统的功用、组成；
2. 了解制动系的分类；
3. 掌握制动系的基本组成和工作原理；
4. 掌握车轮制动器的功用；
5. 掌握各类型制动器的结构和工作原理；
6. 能正确调整和检修各类型制动器；
7. 了解驻车制动器的功用、类型；
8. 掌握制动传动装置的功用、分类、结构组成及工作原理；
9. 掌握制动传动装置的检修方法。

学习要求

能力目标	知识要点	权重
掌握汽车制动系的类型、组成	1. 制动系的类型； 2. 制动系的组成	10%
熟悉制动器的工作原理	1. 制动器的构造； 2. 制动器的工作原理； 3. 制动器的检修； 4. 制动器的故障诊断与排除	30%
熟悉驻车制动器的工作原理	1. 驻车制动器的构造； 2. 驻车制动器的工作原理； 3. 驻车制动器的检修； 4. 手驻车制动器的故障诊断与排除	30%
熟悉制动传动装置的检修方法	1. 制动传动装置的结构； 2. 制动传动装置的工作原理； 3. 制动传动装置的检修； 4. 制动传动装置的故障诊断与排除	20%
运用知识分析案例，知道制动系完整的拆装、检测与故障诊断过程，过程都包括什么内容，以及检测与诊断方法	1. 制动器的拆装步骤与方法； 2. 制动器的检测过程； 3. 制动器常见故障排除过程	10%

引例

故障现象：一辆 2014 款帕萨特 2.0TSI 型轿车，踩制动踏板感觉高低正常，行驶中踩制动踏板时感觉制动不灵敏，制动距离变长，性能下降。

4.1 汽车制动系概述

4.1.1 制动系的功用

使行驶中的汽车减速甚至停车，使下坡行驶的汽车速度保持稳定，以及使已静止的汽车保持不动，这些作用统称为汽车制动。

当汽车行驶在宽阔平坦、车流量较少的路况时，可以通过高速行驶提高汽车的运输效率。但汽车行驶过程中也会遇到复杂多变的路面状况，如进入弯道、行经不平道路、两车交会、突遇障碍物等，为了保证行驶安全，就要求汽车在尽可能短的距离内将车速降低甚至停车。

此外，汽车长下坡途中，在重力产生的下滑作用力下，汽车有不断加速到危险程度的趋势，此时，应将汽车的车速限制在一定的安全范围之内，并保持相对稳定；对静止的汽车，特别是在坡道上静止的汽车，应保证其在原地保持不动。

4.1.2 制动系的基本组成

汽车上设置有彼此独立的制动系统，虽然所用的时间不同，但它们的组成却是相似的。一般由以下四个部分构成：

（1）功能装置：包括供给、调节制动所需能量以及改善传能介质状态的各种部件，如气压制动系统中的空气压缩机、液压制动系中的液压制动泵。

（2）控制装置：包括产生制动动作和控制制动效果的各种部件，如制动踏板等。

（3）传动装置：将驾驶员或其他动力源的作用力传到制动器，同时控制制动器的工作，从而获得所需的制动力矩，包括将制动能量传输到制动器的各个部件，如制动主缸、制动轮缸等。

（4）制动器：产生阻碍车辆的运动或运动趋势的力的部件。

较为完善的制动系还具有制动力调节装置以及报警装置、压力保护装置等附加装置。

4.1.3 制动系的分类

1. 按制动系的功用分类

（1）行车制动系：用于使行驶中的汽车减速或停车，制动器安装在全部车轮上，通常由驾驶员用脚操纵。

（2）驻车制动系：用于使静止的汽车保持原地不动，通常由驾驶员用手操纵。

（3）第二制动系：在行车制动系失效的情况下保证汽车仍能实现减速或停车的一套装置。现如今，第二制动系已经是汽车必须具备的了。

（4）辅助制动系：在汽车长下坡时用以稳定车速的一套装置。例如，经常行驶在山区的汽车，若单靠行车制动系来达到长下坡时稳定车速的目的，则可能导致行车制动系的制动器过热而制动效能下降，甚至完全失效，故山区汽车还应具备起缓速作用的辅助制动系。

2. 按制动系的制动能源分类

（1）人力制动系：以驾驶员的肌体作为唯一的制动能源的制动系。

（2）动力制动系：完全靠由发动机的动力转化的气压或液压行驶的势能进行制动的制动系。

（3）伺服制动系：兼用人力和发动机动力进行制动的制动系。

按照制动能量的传输方式，制动系又可分为机械式、液压式、气压式和电磁式等。同时，采用两种以上传能方式的制动系可称为组合式制动系。

传动装置采用单一的气压或液压回路的制动系称为单回路制动系。这种制动系存在的缺陷是：只要存在损坏或者漏气现象，整个系统失效。所以，现如今的汽车在制动系中都采用了双回路制动系，在此系统中，所有行车制动器的气压或液压管路分别属于两个相互独立的回路，这样即使其中一个回路失效，还能利用另一个回路获得一定的制动力，以达到行车安全的目的。

4.1.4 制动系的工作原理

行车制动系由车轮制动器和液压传动机构两大部分构成，车轮制动器的旋转部件是制动鼓 8，它固定在轮毂上与车轮一起旋转。固定部件是制动蹄 10、制动底板 11 等。制动蹄上安装有摩擦片，其下端套在支撑销上，上端用复位弹簧拉紧压靠在制动轮缸 6 内的活塞上，支撑销和轮缸都固定在制动底板上，制动底板用螺钉与转向节凸缘（前桥）或桥壳凸缘（后桥）固定在一起。制动蹄靠液压缸使其张开。如图 4.1 所示。

不制动时，制动鼓的内圆柱面与摩擦片之间保留一定间隙，制动鼓可以随车轮一起旋转。

制动时，驾驶员踩下制动踏板，主缸推杆便推动轮缸活塞 7 前移，迫使制动液经管路进入轮缸，推动轮缸的活塞向外移动，使制动蹄克服复位弹簧的拉力绕支撑销转动而张开，消除制动蹄和制动鼓之间的间隙后压紧在制动鼓上。此时，不旋转的制动蹄摩擦片对旋转的制动鼓就产生一个摩擦力矩，其方向与车轮的旋转方向相反。制动鼓将此力矩传到车轮后，由于车轮与路面的附着作用，车轮即对路面作用一个向前的圆周力 F_μ，与此相反，路面会给车轮一个向后的反作用力，这个力就是车轮受到的制动力 F_B。各车轮制动力的综合就是汽车受到的总制动力。

放松制动踏板，在复位弹簧的作用下，

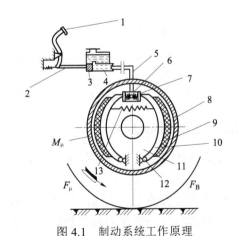

图 4.1　制动系统工作原理

1—制动踏板；2—推杆；3—主缸活塞；4—制动主缸；
5—油管；6—制动轮缸；7—轮缸活塞；8—制动鼓；
9—摩擦片；10—制动蹄；11—制动底板；
12—偏心支撑销；13—制动蹄复位弹簧

制动蹄与制动鼓的间隙又得以回复，从而解除制动。

4.1.5 汽车制动系的要求

汽车制动系必须满足下列要求：
（1）良好的制动效能：短时间内减速甚至停车。
（2）操纵轻便：操纵力不应过大。
（3）稳定性好：前、后车轮制动力合理分配，左、右车轮制动力基本相等，使汽车制动过程不跑偏、不甩尾。
（4）平顺性好：制动力矩能迅速平稳地增加，也可保证迅速而彻底地解除。
（5）散热性好：连续制动时，制动鼓和制动蹄上的摩擦片因高温引起的摩擦系数下降要小，水湿后恢复要快。
（6）对挂车制动系，还要求挂车的制动要略早于主车，挂车自行脱挂时能自动进行应急制动。

4.2 制 动 器

制动性能直接影响汽车的行驶安全性，随着经济的迅速发展，车辆几乎普及至每一个家庭当中，车流密度也随之日益增大，人们对车辆的安全性、可靠性的要求也越来越高。所以为保证人身和车辆的安全，必须具备可靠的制动性能。凡利用固定元件与旋转元件工作表面的摩擦而产生制动力矩的制动器都称为摩擦制动器。行车、驻车制动以及第二制动系的制动器几乎都属于摩擦制动器。

目前，各类型汽车所用的摩擦制动器可分为鼓式和盘式两大类，前者摩擦副中的旋转元件为制动鼓，其工作表面为圆柱面；后者的旋转元件为圆盘状的制动盘，其断面为工作表面。

旋转元件固定在车轮或半轴上，即制动力矩直接分别作用于两侧车轮上的制动器称为车轮制动器。旋转元件固定在传动系的传动轴上，其制动力矩须经过驱动桥再分配到两侧车轮上的制动器则称为中央制动器。车轮制动器一般用于行车制动，也有兼用于第二制动（或应急制动）和驻车制动的。中央制动器一般只用于驻车制动。

4.2.1 鼓式制动器

鼓式制动器有内张型和外束型两种，前者的制动鼓以内圆柱面为工作表面，在汽车上应用广泛，后者制动鼓的工作表面则是外圆柱面，只有极少数汽车用作驻车制动器。

按张开装置的型式不同，鼓式车轮制动器可分为以液压轮缸作为制动蹄张开装置的轮缸式制动器和以凸轮作为张开装置的凸轮式制动器。按制动时两制动蹄对制动鼓作用的径向力是否平衡，鼓式车轮制动器又可分为简单非平衡式、平衡式和自增力式制动器。

1. 鼓式制动器的组成

简单的鼓式制动器由旋转部分、固定部分、促动装置和定位调整机构组成。

1）旋转部分

旋转部分多为制动鼓。制动鼓通常为浇铸件，对于受力小的制动鼓也可用钢板冲压而成，如图 4.2 所示。

2）固定部分

固定部分是制动底板和制动蹄。制动底板固定在车桥的凸缘盘上，通过支撑销与制动蹄相连。制动蹄常用钢板冲压后焊接而成或由铸铁或轻合金烧铸，采用 T 形截面，以增大刚度，摩擦片采用黏结或铆接的方式固定于制动蹄上。

图 4.2　制动鼓

3）促动装置

促动装置的作用是对制动蹄施加力使其向外张开，常用的促动装置有制动凸轮和制动轮缸。

4）定位调整

制动蹄在不工作时，其摩擦片与制动鼓之间应有合适的间隙，此间隙一般在 0.25～0.5 mm，间隙过小易造成制动解除不彻底，但间隙过大又将使制动踏板行程过大，以致使驾驶员操作不便，同时也会推迟制动器起作用的时刻。但是在制动过程中，摩擦片的不断磨损必将导致此间隙逐渐增大，因此，各种型式的制动器均设有检查、调整此间隙的装置。

2. 鼓式制动器的工作过程

汽车行驶中不需要制动时，制动踏板处于自由状态，制动主缸无制动液输出，制动蹄在复位弹簧的作用下压靠在轮缸活塞上，制动鼓的内圆柱面与摩擦片之间保留一定的间隙，制动鼓可以随车轮一起旋转。

制动时，驾驶员踩下制动踏板，主缸推杆便推动主缸内的活塞前移迫使制动液经管路进入制动轮缸，推动轮缸的活塞向外移动，使制动蹄克服复位弹簧的拉力绕支撑销转动而张开，消除制动蹄与制动鼓之间的间隙后压紧在制动鼓上。此时，不旋转的制动蹄摩擦片对旋转的制动鼓就产生一个摩擦力矩，其方向与车轮的旋转方向相反。

放松制动踏板，在复位弹簧的作用下，制动蹄与制动鼓的间隙得以恢复，从而解除制动。

制动蹄的增势和减势。

如图 4.3 所示，汽车前进时制动鼓的旋转方向如箭头所示。在制动过程中，两制动蹄在相等的促动力 F_s 的作用下，分别绕各自的支撑点向外偏转紧压在制动鼓上。同时旋转的制动鼓对两蹄分别作用着法向反力 N_1 和 N_2，以及相应的切向反力 T_1 和 T_2，T_1 作用的结果使得前制动蹄在制动鼓上压得更紧，则 N_1 变得更大，这种情况称为"助势"作用，相应的制动蹄被称为"领蹄"；与此相反，T_2 作用的结果则使得后制动蹄有放松制动鼓的趋势，即 N_2 和 T_2 有减小的趋势。这种情况称为"减势"作用，相应的制动蹄被称为"从蹄"。

制动蹄对制动鼓的作用力不相等，则两蹄法向力之和只能由车轮轮毂轴承的反力来平衡，这

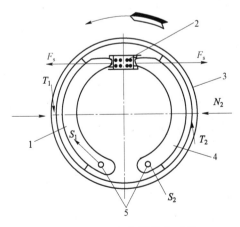

图 4.3　制动蹄的增势和减势
1—领蹄；2—制动分泵；3—制动鼓；
4—从蹄；5—支撑销

样对轮毂轴承造成了附加径向载荷，轴承寿命缩短。

3. 鼓式制动器的分类

为解决上述问题，出现了各种不同的鼓式制动器。

1）领从蹄式制动器

领从蹄式制动器的结构特点是两制动蹄的支撑点都位于蹄的一端，两支撑点与张开力作用点的布置都是轴对称式，轮缸中两活塞的直径相等。图 4.3 所示为领从蹄式制动器受力图。设汽车前进时制动鼓旋转方向如图 4.3 中箭头方向所示，沿箭头方向看去，左侧制动蹄的支撑点在其前端，轮缸所施加的促动力作用于其后端，因而该制动蹄张开时的旋转方向与制动鼓的旋转方向相同，具有这种属性的制动蹄称为领蹄。与此相反，右侧制动蹄的支撑点在后端，促动力加于其前端，其张开时的旋转方向与制动鼓的旋转方向相反，具有这种属性的制动蹄称为从蹄。当汽车倒向行驶，即制动鼓反方向旋转时，领蹄变为从蹄，从蹄变为领蹄。这种在制动鼓正向旋转和反向旋转时，都有一个领蹄和一个从蹄的制动器即称为领从蹄式制动器。

因两制动蹄与制动鼓之间的法向力不等而不能平衡，二力差使车轮的轮毂轴承承受附加载荷，因而称为简单非平衡式制动器。其多用于轻型汽车的后轮制动。

图 4.4 所示为北京 BJ2020N 型汽车的后轮制动器。

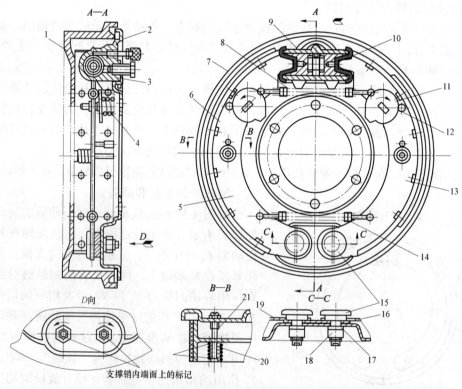

图 4.4 北京 BJ2020N 型汽车的后轮制动器

1—制动鼓；2，7—制动底板；3—制动分泵；4—调整凸轮压器弹簧；5，19—前制动蹄；6—摩擦片；
8，14—制动蹄复位弹簧；9—制动分泵活塞；10—分泵活塞顶块；11—调整凸轮；12—调整凸轮锁销；
13，16—后制动蹄；15—制动蹄支撑销；17—弹簧垫圈；18—锁紧螺母；
20—制动蹄限位弹簧；21—制动蹄限位杆

2）单向双领蹄制动器

单向双领蹄制动器的结构如图 4.5 所示，其结构特点是：两制动蹄各用一个单向活塞制动轮缸，且前后制动蹄与其轮缸、调整凸轮等零件在制动底板上的布置是中心对称的，两轮缸用油管连接。其性能特点是：前进制动时两蹄均为"领蹄"，有较强的增力，倒车制动时两蹄均为"从蹄"，制动力较小。

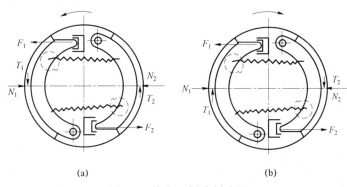

图 4.5　单向双领蹄制动器
（a）前进制动时；（b）倒车制动时

3）双向双领蹄制动器

双向双领蹄制动器的结构如图 4.6 所示，其结构特点是：制动蹄、制动轮缸、复位弹簧均为成对地对称布置，两制动蹄的两端采用浮式支撑，且支点在径向位置浮动，用复位弹簧拉紧。其性能特点是：汽车前进或倒车中制动时，两个制动蹄均为"领蹄"，均有较强的增力，制动效果好，蹄片磨损均匀。

4）单向自增力式制动器

单向自增力式制动器的结构如图 4.7 所示，其结构特点是：只采用一个单活塞轮缸；两制动蹄上端贴靠在一支撑销上，下端分别浮支在浮动顶杆的两端。其性能特点是：前进制动时，两制动蹄均为领蹄，制动鼓旋转时能借蹄与鼓摩擦起自动增力作用，使第二制动蹄的制动力矩大于第一制动蹄的制动力矩；倒车制动时，第一制动蹄虽为领蹄，但因制动力臂大为减少，而第二制动蹄不起制动作用，故制动效能很低。

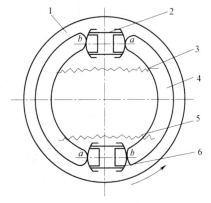 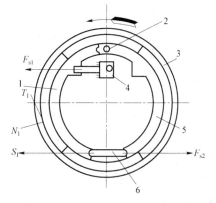

图 4.6　双向双领蹄制动器
1—制动底板；2，6—制动轮缸；
3，5—复位弹簧；4—制动蹄

图 4.7　单向自增力式制动器
1—第一制动蹄；2—支撑销；3—制动鼓；
4—制动分泵；5—第二制动蹄；6—顶杆

5）双向自增力式制动器

双向自增力式制动器的结构如图 4.8 所示，其结构特点是：采用一个双活塞轮缸；两制动蹄上端贴靠在一支撑销上，下端分别浮支在浮动的顶杆的两端。其性能特点是：制动鼓正向和反向旋转时均能借蹄与鼓摩擦起自动增力作用，制动效能高，且制动效能对称。但两制动蹄对制动鼓的法向力和摩擦力是不相等的，属于非平衡式制动器。

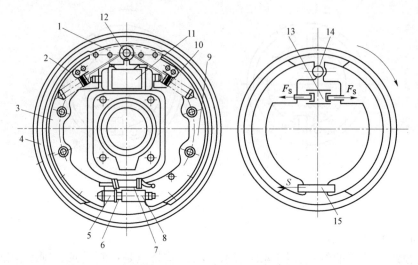

图 4.8　双向自增力式制动器

1—夹板；2—后制动蹄复位弹簧；3—后制动蹄；4—制动底板；5—顶杆套；6—调整螺杆；7—拉紧弹簧；8—可调顶杆体；9—前制动蹄；10—前制动蹄复位弹簧；11，13—制动轮缸；12，14—支撑销；15—顶杆

6）鼓式制动器检修

使用车轮制动器时，制动蹄与制动鼓之间存在着磨损，磨损引起制动蹄上摩擦片厚度减小、制动鼓内径增大，使得蹄、鼓间的间隙增大，制动器起作用时刻推迟，制动效能下降。因此，汽车行驶一定里程或出现制动不良的故障时，应对车轮制动器进行必要的调整和检修。

（1）制动鼓的检修。

车轮制动主要是由制动鼓与摩擦片相互摩擦产生制动力而迫使车辆减速和停车。长期使用会使制动鼓磨损，造成制动鼓失圆、工作面出现沟槽等，在汽车制动时，发生跑偏、响声或抖动现象。所以制动鼓内孔的工作表面必须平整光滑并与摩擦片贴合，符合技术标准。用直观及敲击等方法检查制动鼓内孔，应无烧损、刮痕、凹陷和裂纹，若不能修磨，应换用新件。

用弓形内径规或百分表检测制动鼓的磨损和圆度误差，检测方法如图 4.9 所示。制动鼓内圆面的圆度误差不得大于 0.125 mm，且无明显的沟槽，否则应对制动鼓在专用镗毂机上进行镗削加工。镗削后制动鼓内径不得大于 424 mm，也不得超过允许的最大修理尺寸，且同一轿车上左、右制动鼓的内径尺寸差应小于 1 mm。若制动鼓内径超过使用极限，则一律换用新件。

（2）制动蹄及摩擦片的检修。

用直观及敲击法检查，制动蹄及其摩擦片应无裂纹。制动蹄按样板检查，若弯曲、扭

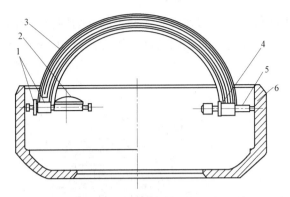

图 4.9 检查制动鼓内圆面的圆度误差
1—锁紧装置；2—百分表；3—弓形架；4—锁紧螺母；5—调节杆；6—制动鼓

曲或变形较小，可冷压校正。用游标卡尺深度尺测量摩擦片铆钉头距摩擦片表面应不小于 0.80 mm，衬片厚度应不小于 9 mm，否则换用新衬片或制动蹄总成。若摩擦片油污较轻，衬片只有少量磨损，可用汽油清洗油污。清洗后必须加温烘干，然后用锉刀和粗砂布修磨平整，再与制动鼓表面试测贴合面积，达到技术标准后允许继续使用。图 4.10 所示为将摩擦衬片夹持在制动蹄上。

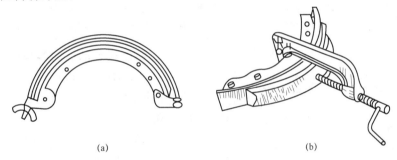

图 4.10 将摩擦衬片夹持在制动蹄上

新摩擦片的安装，一般采用铆接法，铆接的工艺基本与离合器摩擦片铆接相同，但应注意以下几点：

① 避免在使用中摩擦衬片折断和保持散热良好，应用专用夹持器夹紧，如图 4.10 所示。
② 防止车轮制动时，摩擦片两端与制动鼓发卡、衬片两端头应锉成斜角，斜角一般为 75°。

4.2.2 盘式制动器

1. 结构和工作原理

如图 4.11 所示。它的旋转元件制动盘 9 和车轮固装在一起旋转，以其端面为摩擦工作表面。其固定的摩擦元件是：制动块 4、导向支撑销 5 和轮缸活塞 3，都跨装在制动盘两侧的钳体上，总称制动钳。制动钳用螺栓与转向节或桥壳上的凸缘固装，并用调整垫片 2 来调节钳与盘之间的相对位置。另外，尚有防尘护罩和其他零件。制动时，油液被压入内、外两轮缸中，其活塞在液压作用下将两制动块压紧在制动盘上，产生摩擦力矩而制动。此时，轮缸槽中的矩形橡胶密封圈的刃边在活塞摩擦力的作用下产生微量的弹性变形。放松制动时，活塞和制动块依靠密封圈的弹力和弹簧 8 的弹力回位。由于矩形密封圈刃边变形量很微小，在不制动时，摩擦片与盘之间的间隙每边只有 0.1 mm 左右，它足以保证制动的解除，如图 4.12 所示。

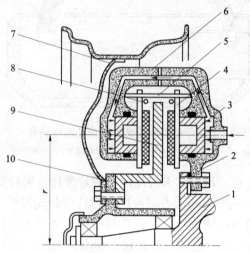

图 4.11 钳盘式制动器基本结构图

1—转向节或桥壳凸缘；2—调整垫片；3—活塞；4—制动块；5—导向支撑销；6—钳体；7—轮盘；8—复位弹簧；9—制动盘；10—轮毂凸缘；r—制动盘摩擦半径

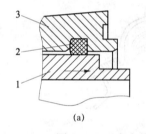
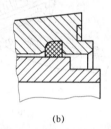

图 4.12 活塞密封圈工作情况

（a）制动时；（b）解除制动时

1—活塞；2—矩形橡胶密封圈；3—轮缸

2. 钳盘式制动器的类型

钳盘式制动器以制动钳固定在支架上的结构形式来分，有固定式制动钳和浮动式制动钳两大类。

1）固定式制动钳的制动器

图 4.11 所示为固定式制动钳的制动器，它的制动钳体的轴向位置是固定的，其轮缸布置在制动盘的两侧，为双向轮缸，可单缸对置或双缸对置，除活塞和制动块外无滑动件。制动时，制动液被压入左、右轮缸，活塞在其压力作用下将摩擦块总成压紧在制动盘上，产生摩擦力矩。车轮与制动盘连接，从而受到制动力的作用。解除制动时，活塞和摩擦片总成在复位弹簧的作用下回到原始位置。这种结构的轮缸间需用油道或油管连通，难于把驻车制动机构附装在一起，钳体尺寸较大，外侧的轮缸散热差，热负荷大，油液易汽化膨胀，制动热稳定性差。

2）浮动式制动钳的制动器

图 4.13 所示为浮动式制动钳的示意图。

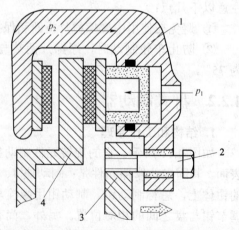

图 4.13 浮动式制动钳示意图（滑销式）

1—钳体；2—滑销；3—支架；4—制动盘

它的特点是制动钳体在轴向处于浮动状态，轮缸只布置在制动钳的内侧，外侧摩擦衬块则固定在钳体上，数目只有固定式的一半，为单向轮缸。制动钳可相对于制动盘轴向移动。

制动时，制动液的压力作用在活塞上，带动活动摩擦衬块运动，并推动制动盘，利用制动钳上的反作用力推动制动钳体移动，将固定摩擦衬块同时推到制动盘上，继而压紧制动盘，产生制动力。其外侧无液压元件，不会产生气阻，且占据的空间也小，还可以利用内侧活塞附装驻车制动机构。但是，其内外摩擦片的磨损速度不一致，内片磨损快于外片。根据浮动式制动钳在其支架上滑动支撑面的形式，又可分为滑销式和滑面式（榫槽式）两种。因滑销式制动钳易实现密封润滑，蹄盘间隙的回位能力稳定，故使用较广。

3）盘式车轮制动器的检修

（1）用百分表检测制动盘的端面跳动误差大于 0.06 mm，制动盘表面具有明显的磨损台阶及拉伤沟槽，可进行加工修复。

（2）检查制动盘的磨损极限厚度为 8 mm，厚度过小时应换用新件。

（3）检查制动蹄摩擦片厚度小于 7 mm（包括底板）时，必须更换摩擦片，且左、右轮必须成套更换（4 片摩擦片、4 片弹簧片）。

（4）检查制动钳体，若发现有漏油之处，应换用新的活塞密封圈。

4.3 驻车制动器

4.3.1 驻车制动器的功用

驻车制动器的功用：

（1）车辆停止后防止滑溜。

（2）使车辆在坡道上能够顺利起步。

（3）行车制动系失效后临时使用或配合行车制动器进行紧急制动。

4.3.2 驻车制动器的类型

驻车制动器按其安装位置可分为中央制动式和车轮制动式两种：中央制动式通常安装在变速器或分动器的后面，少数安装在后驱动桥输入轴前端，其制动力矩作用在传动轴上；车轮制动式通常与车轮制动器共用一个制动器总成，传动机构相互独立。

驻车制动器按其结构形式可分为鼓式、盘式、带式和弹簧作用式。

4.3.3 典型驻车制动器

图 4.14 所示为汽车驻车制动器的结构。

驻车制动器的工作原理：

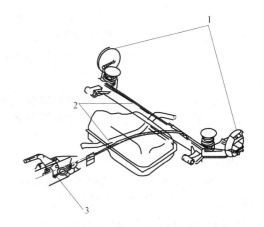

图 4.14　汽车驻车制动器

1—后轮鼓式制动器；2—手刹拉索；

3—手刹拉杆

不进行驻车制动时，制动杆处于立式，在复位弹簧作用下，两制动蹄与制动鼓保持一定间隙，不起制动作用。

进行驻车制动时，将驻车制动杆上端向后拉动，制动杆下端向前摆动，传动杆带动摇臂顺时针转动，拉杆则带动摆臂顺时针转动，凸轮轴亦顺时针转动，凸轮偏转使两制动蹄向外张开，压紧制动鼓，产生制动作用。当制动杆拉到制动位置时，棘爪嵌入齿扇上的棘齿内，起锁止作用。

解除制动时，按下驻车制动杆上的按钮，棘爪脱离棘齿，向前推动制动杆，则传动杆、拉杆、凸轮轴按逆时针方向转动，制动蹄在复位弹簧的作用下回位，制动蹄与制动鼓间恢复制动间隙，制动解除。

图4.15所示为汽车驻车制动器的结构简图，该制动器为强力弹簧驻车制动器。

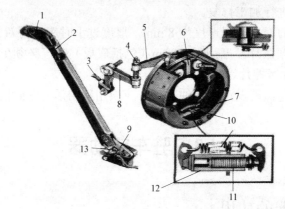

图 4.15　汽车驻车制动器的结构简图

1—手柄弹簧；2—操纵杆；3—传动杆；4—调整螺母；5—凸轮拉臂；6—凸轮；7—调整杆；
8—摇臂；9—齿板；10—弹簧；11—调整螺栓；12—调整螺套；13—棘爪

4.3.4　上汽桑塔纳型轿车驻车制动器的检修

上汽桑塔纳型轿车是利用两后轮兼作驻车制动器，操纵机构是机械式拉索机构，其驻车制动器的检修与调整如图4.16所示。

不制动时，制动蹄下端被制动蹄拉紧弹簧拉紧，上端由制动蹄调整螺钉限制，使制动蹄片与制动盘上、下端保持一定的间隙，制动器无制动作用。

制动时，将驻车制动杆上端向后扳动，传动拉杆带动拉杆臂逆时针方向摆动，推动前制动蹄臂和制动蹄臂后移。同时，通过拉杆拉动后制动蹄臂，将定位弹簧压缩，使后制动蹄前移，两制动蹄即夹紧制动盘，

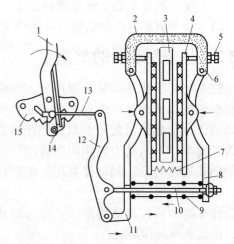

图 4.16　上海桑塔纳 IX 型轿车驻车制动器

1—驻车制动拉杆；2—支架；3—制动盘；4—制动蹄；
5—调整螺钉；6—销；7—拉杆；8—后制动蹄臂；
9—定位弹簧；10—蹄臂拉杆；11—前制动蹄臂；
12—拉杆臂；13—传动拉杆；14—棘爪；15—齿扇

产生制动作用,这时,棘爪将手制动杆锁止在制动位置。解除制动时,按下制动杆上端的拉杆按钮,使下端棘爪脱出,然后将制动杆推向前端位置,前、后蹄在复位弹簧作用下回位,制动解除。

4.3.5 驻车制动器常见故障诊断与检修

1. 驻车制动不良

1)现象

汽车停在坡路上时,因驻车不良而自行滑移。

2)原因

(1)驻车制动自由行程过大。

(2)制动鼓工作表面磨损、起槽、裂纹,摩擦片与制动鼓贴合不良或摩擦片与制动鼓配合间隙过大。

(3)摩擦片表面有油污、泥水,磨损过大或焦化。

(4)制动蹄片在支承底板中卡住,或支承底板变形致使制动蹄轴歪斜。

(5)汽车起步时操作失误,未拉驻车操纵杆导致摩擦片烧蚀。

3)诊断与排除

(1)将变速杆回到空挡位置,拉紧驻车制动操纵杆,支起后轮,这时用手转动传动轴,如能转动,则说明驻车制动不良。

(2)检查驻车制动操纵杆的自由行程是否过大。当把驻车操纵杆从放松的极限位置上拉起时,应听到6~9个响声,则为合适,否则进行调整,或检查各连接处是否松动。

(3)用塞尺检测摩擦片与制动鼓配合间隙是否符合技术标准,否则应进行调整。

(4)若上述情况良好,则检测驻车制动器制动鼓圆度误差,察看摩擦片是否有油污、与制动鼓贴合状况、制动底板是否变形、制动蹄轴是否锈蚀,若有问题,则应维修或换用新件。

2. 驻车制动拖滞

1)现象

变速器挂低速挡,松开离合器踏板,放松驻车制动器操纵杆,汽车难以起步,或虽然起步,但稍减供油,汽车急速降速,或行驶一般路程后,驻车制动鼓发热。

2)原因

(1)制动蹄摩擦片与制动鼓间隙过小,局部有粘连接触,制动蹄复位弹簧弹力小、过软或折断。

(2)制动蹄与制动蹄轴装配过紧,转动困难或锈蚀,导致制动蹄回位缓慢或不回位。

(3)由于齿板上限位片丢失或未装,当操纵杆向前放松时,造成制动凸轮反向转动,将蹄片张开与制动鼓接触。

3)诊断与排除

(1)若汽车在离合器良好状态下不能起步,车辆行驶无力,驻车制动鼓发热,则说明驻车制动拖滞。

(2)先检查齿板上的限位片是否丢失或未装。

(3)用塞尺检测摩擦片与制动鼓间隙是否符合技术标准,若不符合应调整。

（4）若以上良好，则应拆检驻车制动器。

特别提示

对于驻车制动器来说，最简单的检测方法是用手拉起手制动扶手，听到6~9个响声，并且在第一个响声之前，仪表中驻车制动器的指示灯就应该点亮。

4.4 制动传动装置

制动传动装置的作用是将驾驶员或其他动力源的作用传到制动器，同时控制制动器的工作，从而获得所需要的制动力矩。

制动传动装置按传力介质的不同可分为液压式、气压式和气液综合式；按制动管路的套数可分为单管路和双管路制动传动装置。按照交通法规的要求，现代汽车的行车制动系须采用双管路制动传动装置，单管路制动传动装置已被淘汰。

4.4.1 液压制动传动装置

液压式制动传动装置是利用特制油液作为传力介质，将制动踏板力转换为油液压力，通过管路传至车轮制动器，再将油液压力转变为制动蹄张开的机械推力，即产生制动作用。

液力制动具有以下特点：制动柔和灵敏，结构简单，使用方便，不消耗发动机功率。但操纵较费力，制动力不是很大，制动液受温度变化而降低其制动效能，流动性差，高温易产生气阻，如有空气侵入或漏油则会降低制动效能甚至失效。一般在液压传动制动装置中，增设制动增压式增力装置，减轻了驾驶员操作强度，提高了制动效能。液压制动传动装置已广泛应用于轿车和重型汽车上。

4.4.2 液压制动装置的基本组成

如图4.17所示，液压式制动传动装置由制动踏板、推杆、制动主缸、储油罐、制动轮缸、油管、制动开关、指示灯和比例阀等组成。

4.4.3 液压制动传动装置的类型

双管路液压制动传动装置是利用彼此独立的双腔制动主缸，通过两套独立管路，分别控制两桥或三桥的车轮制动器。其特点是若其中一套管路发生故障而失效，另一套管路仍能起作用，从而提高了汽车制动的可靠性和行车的安全性。

双管路的布置方案在各型汽车上各有不同，常见的有前后独立式和交叉式两种形式。

1. 前后独立式

如图4.18所示，前后独立式双管路液压制动传动装置由双腔制动主缸通过两套独立的管路分别控制前桥和后桥的车轮制动器。这种布置方式结构简单，如果其中一套管路损坏漏油，另一套仍能起作用，但会破坏前后桥制动力分配的比例，主要用于发动机前置后驱的汽车。

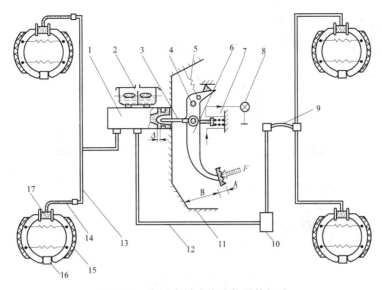

图 4.17 液压式制动传动装置的组成

1—制动主缸；2—储油罐；3—推杆；4—支撑销；5—复位弹簧；6—制动踏板；7—制动灯开关；8—指示灯；
9，14—软管；10—比例阀；11—底板；12—后桥油管；13—前桥油管；15—制动蹄；16—支撑座；
17—制动轮缸；Δ—自由间隙；A—自由行程；B—有效行程

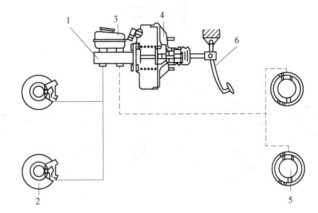

图 4.18 前后独立式双管路液压制动传动装置

1—串联式双腔制动总泵；2—前轮盘式制动器；3—储液室；4—真空助力器；
5—后轮鼓式制动器（兼驻车制动器）；6—制动踏板

2. 交叉式

如图 4.19 所示，交叉式双管路液压制动传动装置由双腔制动主缸通过两套独立的管路分别控制前后桥对角线方向的两个车轮制动器。这种布置方式在任一管路失效时，仍能保持一半的制动力，且前后桥制动力分配比例保持不变，有利于提高制动方向稳定性，主要用于发动机前置前驱的轿车。

4.4.4 液压式制动传动装置主要部件

1. 制动主缸

制动主缸又称为制动总泵，它位于制动踏板和管路之间，功用是将制动踏板输入的机械力转换成液压力。

图4.20所示为液压式制动主缸工作原理示意图。

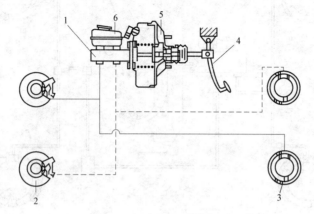

图4.19　交叉式双管路液压制动传动装置

1—串联式双腔制动总泵；2—前轮盘式制动器；3—后轮鼓式制动器（兼驻车制动器）；
4—制动踏板；5—真空助力器；6—储液室

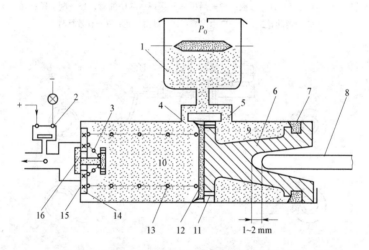

图4.20　液压式制动主缸工作原理示意图

1—储油室；2—油压制动开关；3—出油阀复位弹簧；4—补偿孔；5—进油孔；6—活塞；7—密封圈；8—推杆；
9—补油室；10—压力室；11—轴向孔；12—皮碗；13—复位弹簧；14—回油阀；15—回油阀座；16—出油阀

1）制动主缸的结构

双管路液压制动传动装置中的制动主缸一般采用串联式双腔制动主缸，主要由储液罐、制动主缸外壳、前活塞、后活塞及前后活塞弹簧、推杆和皮碗等组成，如图4.21所示。

主缸的壳体内装有前活塞、后活塞及复位弹簧，前后活塞分别用皮碗密封，前活塞用限位螺钉保证其正确位置。储油罐分别与主缸的前、后腔相通，前出油口、后出油口分别与轮缸相通，前活塞靠后活塞的推力推动，然后活塞直接由推杆推动。

2）制动主缸的工作原理

不制动时，两活塞前部皮碗均遮盖不住其旁通孔，制动液由储油罐进入主缸的内孔，如图4.22所示。

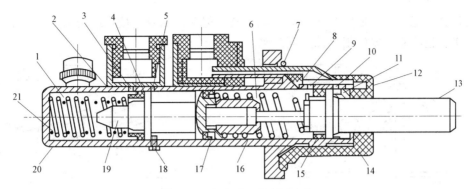

图 4.21　串联式双腔制动主缸

1—前工作腔；2—制动总泵壳体；3,9—补偿孔；4,15,17—皮碗；5,10—进油孔；6—后工作腔；7—密封环；8—密封圈；
11—制动主缸限位环；12—制动主缸油封；13—第一活塞；14—制动主缸密封套；16—第一活塞复位弹簧；
18—限位螺钉；19—第二活塞；20—第二活塞主复位弹簧；21—第二活塞副复位弹簧

正常状态下制动时，操纵制动踏板，经推杆推动后活塞左移，在其皮碗遮盖住旁通孔之后，后工作腔油液压力升高，油液一方面经出油阀流入制动管路，一方面推动前活塞左移。在后腔液压和弹簧弹力的作用下，前活塞向左移动，前腔油液压力也随之升高，油液推开出油阀流入管路，于是两制动管路在等压下对汽车进行制动，如图 4.23 所示。

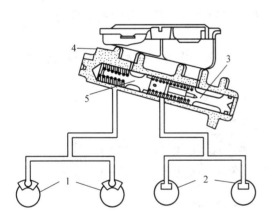

图 4.22　不制动时双活塞的位置

1—前制动器；2—后制动器；3—后活塞；
4—主缸；5—前活塞

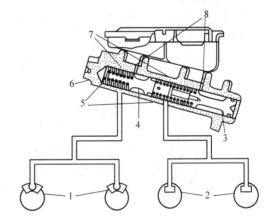

图 4.23　制动时双活塞的位置

1—前制动器；2—后制动器；3—后活塞；4—前活塞；
5—压力室；6—主缸；7—皮碗；8—旁通孔

解除制动时，抬起制动踏板，活塞在弹簧作用下复位，高压油液自制动管路流回制动主缸。如活塞复位过快，工作腔容积迅速增大，而制动管路中的油液由于管路阻力的影响，来不及充分流回工作腔，使工作腔内油压快速下降，便形成一定的真空度，于是储油罐中的油液便经补偿孔和活塞上的轴向小孔推开垫片及皮碗进入工作腔。当活塞完全复位后，旁通孔开放，制动管路中流回工作腔的多余油液经补偿孔流回储油罐。

若与前腔连接的制动管路损坏漏油，则在踩下制动踏板时只有后腔中能建立液压，前腔中无压力。此时，在压力差的作用下，前活塞迅速移到其前端顶到主缸缸体上。此后，后工作腔中液压方能升高到制动所需的值。如图 4.24 所示。

若与后腔连接的制动管路损坏漏油，则在踩下制动踏板时，开始只是后活塞前移，而不能推动前活塞，因而后腔工作油液不能建立。但在后活塞直接顶触前活塞时，前活塞便前移，使前腔建立必要的工作油压而制动。如图 4.25 所示。

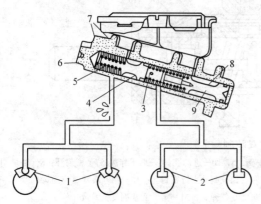 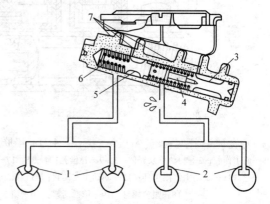

图 4.24 前轮液压油路故障后轮制动的情况
1—前制动器；2—后制动器；3—延长行程接触前活塞；
4—前活塞；5—前活塞弹簧；6—前活塞顶部；
7—低压制动液；8—后活塞；9—压力室

图 4.25 后轮液压油路故障时前轮制动的情况
1—前制动器；2—后制动器；3—后活塞；
4—活塞延长螺钉；5—前活塞；6—压力室；
7—低压制动液

2. 制动轮缸

制动轮缸的作用是将制动主缸传来的液压力转变为使制动蹄张开的制动推力。

1）制动轮缸的结构

制动轮缸的结构如图 4.26 所示，主要由缸体、活塞、皮碗、弹簧和放气螺钉组成。

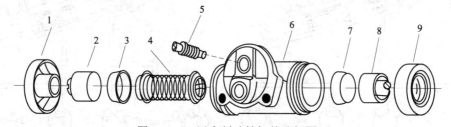

图 4.26 双活塞制动轮缸的分解图
1，9—防尘罩；2，8—活塞；3，7—皮碗；4—复位弹簧总成；5—放气螺钉；6—轮缸缸体

制动轮缸的缸体通常用螺钉固装在制动底板上，位于两制动蹄之间，内装铝合金活塞，密封皮碗的刃口方向朝内，并由弹簧压靠在活塞上与其同步运动。活塞外端压有顶块并与制动蹄的上端相抵紧。在缸体的另一端装有防护罩，可防止尘土及泥土侵入。缸体上方装有放气螺塞，以便放出液压系统中的空气。

2）制动轮缸的类型

常见的轮缸类型有双活塞式、单活塞式、阶梯式等，如图 4.27 所示。

单活塞式制动轮缸多用于单向增势平衡式车轮制动器，目前趋于淘汰；阶梯式制动轮缸用于简单非平衡式车轮制动器，它的大端推动后制动蹄，小端推动前制动蹄，其目的是使前、后蹄摩擦片均匀地磨损。

3）制动轮缸的工作情况

如图 4.27（b）所示，制动轮缸受到液压作用后，顶出活塞，使制动蹄扩张；松开制动踏板，液压力消失，靠制动蹄复位弹簧的力使活塞回位。

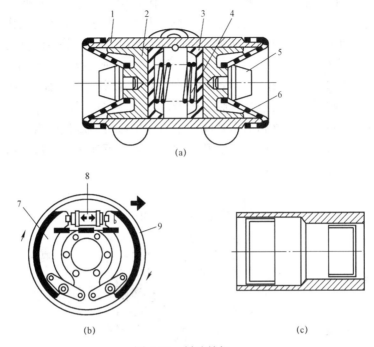

图 4.27　制动轮缸
（a）双活塞式制动轮缸；（b）单活塞式制动轮缸；（c）阶梯式制动轮缸
1—缸体；2—活塞；3—皮碗；4—弹簧；5—顶块；6—防护罩；7—制动蹄；8—制动轮缸；9—制动鼓

液力制动的特点：液力制动柔和灵敏，结构简单，使用方便，不消耗发动机功率；但操纵较为费力，制动力不大，制动液流动性差，高温易产生气阻，如有空气侵入或漏油会降低制动效能甚至失效。

4.4.5　真空液压制动传动装置

在普通的液压制动系统中，加装真空加力装置可以减轻驾驶员施加于制动踏板上的力，增加车轮制动力，达到操纵轻便、制动可靠的目的。真空加力装置是利用发动机工作时在进气管中形成的真空度（或利用真空泵）为力源的动力制动传动装置。它可分为增压式和助力式两种型式。增压式是通过增压器将制动主缸的液压进一步增加，增压器装在主缸之后；助力式是通过助力器来帮助制动踏板对制动主缸产生推力，助力器装在踏板与主缸之间。

1. 真空助力器

如图 4.28 所示，自然状态时，在阀圈弹簧和支撑弹簧的共同作用下，真空阀口 A 处于开启状态，而空气阀口 B 处于关闭状态，

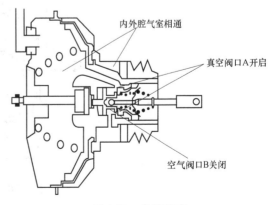

图 4.28　自然状态

所以，真空助力器的前后腔是连通的，同时它们又是与大气隔绝的。

真空阀口 A，阀圈底面与活塞外壳之间的间隙作用：连通前、后腔。空气阀口 B，阀圈底面与止动底座之间的间隙作用：连通后腔与大气。若发动机正在工作，由真空泵产生的真空会将真空助力器的真空阀（通常为单向阀）吸开，此时前后腔都处于真空状态。

如图 4.29 所示中间工作状态时，来自制动踏板的力推动操纵杆向前运动，止动底座也随之运动，使真空阀口 A 关闭，将前、后腔隔离，接着空气阀口 B 开启，大气进入后腔，由此产生的前、后腔压差推动膜片、膜板带着活塞外壳向前运动，此时，装配在推杆组件里的反馈板同时受到止动底座和活塞外壳的推力作用，再通过推杆组件施加在主缸第一活塞上，主缸内产生的油压一方面传递给制动轮缸，另一方面又作为反作用力经由助力器传递回制动踏板，使驾驶员产生踏板感。

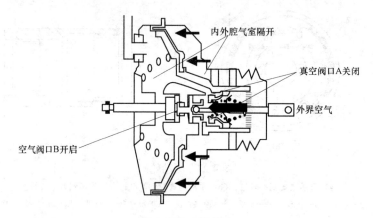

图 4.29 中间状态

如图 4.30 所示，如果制动踏板力保持不变，在经由反馈板传递的主缸向后的反作用力和膜片＋膜板＋活塞外壳＋阀碗＋支撑弹簧＋阀圈向前运动趋势的共同作用下，空气阀口 B 封闭，达到平衡状态。此时，任何踏板力的增长都将破坏这种平衡，使空气阀口 B 重新开启，大气的进入将进一步导致后腔原有真空度的降低，加大前、后腔压差。

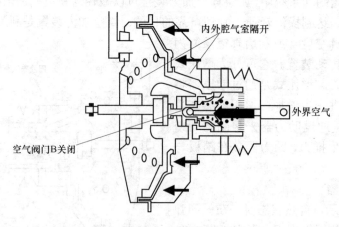

图 4.30 平衡状态

松开踏板,在阀圈弹簧的作用下,操纵杆带动止动底座向后运动,首先关闭空气阀口 B,继续运动将开启真空阀口 A,助力器前、后腔连通,真空重新建立,如图 4.31 所示。与此同时,在复位弹簧的作用下,膜片+膜板+活塞外壳组件回到初始位置。

2. 真空增压式

跃进 NJ1061A 型汽车装用真空增压器的液压制动传动装置比普通液压制动传动装置多装了一套真空增压系统,其中包括:由发动机进气管(真空源)、真空单向阀、真空筒组成的供能装置;作为真空加力装置的真空增压器,如图 4.32 所示。

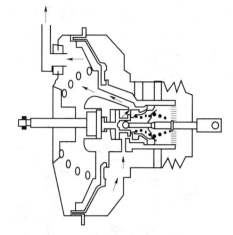

图 4.31 真空助力器工作过程

发动机工作时,在进气歧管真空度的作用下,真空罐中的空气经真空止回阀被吸入发动机,因而罐中也产生并积累一定的真空度,作为制动加力的力源。

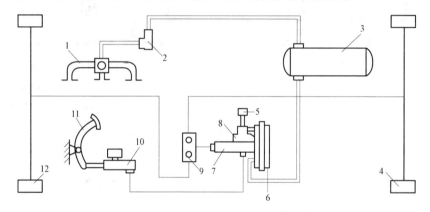

图 4.32 跃进 NJ1061A 型汽车的真空增压伺服双回路制动系统示意图
1—发动机进气歧管;2—真空单向阀;3—真空罐;4—后轮制动缸;5—进气滤清器;6—真空增压器;7—辅助缸;
8—控制阀;9—安全缸;10—制动主缸;11—制动踏板;12—前轮制动缸

踩下制动踏板时,制动主缸输出的制动液先进入辅助缸,由此一方面传入前后轮制动轮缸作为促动力,另一方面又作为控制压力输入控制阀,启动控制阀使真空伺服室产生的推力与来自制动主缸的液压力一起作用在辅助活塞上,从而使辅助缸输送到各制动轮缸的压力远高于制动主缸的压力。

安全缸的作用是当前后轮制动管路之一损坏漏油时,该管路上的安全缸即自动封堵,保证另一管路仍能保持其中的压力。

4.4.6 气压式制动传动装置

气压式制动传动装置是利用压缩空气作动力源的动力制动装置。制动时,驾驶员通过控制制动踏板的行程,便可控制制动气压的大小,得到不同的制动强度。其特点是:制动操纵省力、制动强度大、踏板行程小;但需要消耗发动机的动力,制动粗暴而且结构比较复杂。因此,一般在重型和部分中型汽车上采用。

1. 双管路气压制动传动装置的组成和管路布置

双管路气压传动装置是利用一个双腔（或三腔）的制动控制阀，两个或三个储气筒，组成两套彼此独立的管路，分别控制两桥（或三桥）的制动器。图 4.33 所示为解放 CA1092 型汽车双管路制动传动装置。

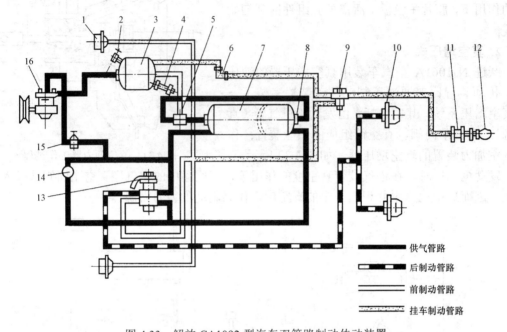

图 4.33 解放 CA1092 型汽车双管路制动传动装置
1—前制动气室；2—放气阀；3，7—储气筒；4—安全阀；5—三通管；6—低压报警开关；
8—单向阀；9—挂车制动阀；10—后制动气室；11—分离开关；12—连接头；
13—制动控制阀；14—气压表；15—低压调节器；16—空气压缩机

气压式制动传动装置主要部件的构造及工作原理。

1）空气压缩机和调压阀

空气压缩机一般固定在发动机缸的一侧，多由发动机通过皮带或齿轮来驱动，有的采用凸轮轴直接驱动。空气压缩机按缸数可分为单缸（用于东风 EQ1090E 型汽车）和双缸（用于解放 CA1092 型汽车）两种，其工作原理相同。

（1）风冷式单缸空气压缩机。

图 4.34 所示为东风 EQ1090E 型汽车采用的单缸风冷式空气压缩机，它主要由缸体、曲轴箱、曲轴、活塞、连杆、气缸阀盖总成和空气滤清器等组成。

空气压缩机具有与发动机类似的曲柄连杆机构。铸铁制造的气缸体下端用螺栓与曲轴箱连接，缸体外铸有散热片。铝制气缸盖用螺栓紧固在气缸体上曲轴端面，其间装有密封缸垫，缸盖上有进、排气室，里面各装一个方向相反的片状阀，用弹簧压紧于阀座上。排气阀经排气管与储气筒相通，进气阀经进气道与空气滤清器相通。进气阀上方装有卸荷装置（卸荷室或卸荷阀）。当储气筒气压达到规定值后，由调压器进入卸荷室，使卸荷阀下移，压开进气阀使空气压缩机卸荷空转。

工作过程：进气过程，当活塞由上止点向下止点运动时，气缸内产生真空，迫使进气

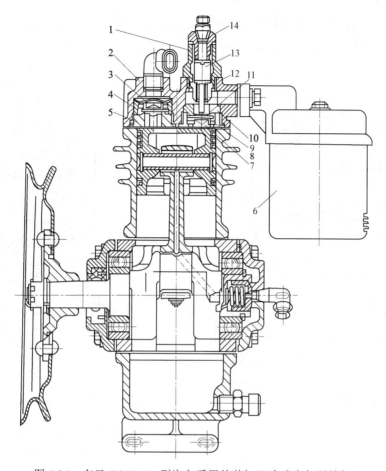

图 4.34 东风 EQ1090E 型汽车采用的单缸风冷式空气压缩机

1—卸荷装置壳体；2—气缸盖；3—出气阀门；4—出气阀门导向座；5—出气阀座；6—空气滤清器；7—进气阀门导向座；8—弹簧；9—进气阀；10—进气阀座；11—进气阀门；12—柱塞弹簧；13—卸荷柱塞；14—定位塞

阀打开、排气阀关闭，外界空气经空气滤清器、进气阀进入气缸。当活塞运动到接近下止点时，由于真空度的减弱，进气阀门在复位弹簧作用下关闭，进气过程结束。泵气过程，当活塞由下止点向上止点运动时，气缸内的空气被压缩，此时进气阀门关闭。当被压缩的空气压力超过排气阀复位弹簧预紧力时，排气阀打开，空气被压送到储气筒，压缩过程结束。

（2）风冷式双缸空气压缩机。

解放 CA1092 型汽车采用风冷式双缸空气压缩机，如图 4.35 所示。其结构与单缸空气压缩机基本相同，主要区别是两个缸交替不断地向储气筒充气，供气压力稳定均匀，且泵气效率高，一个卸荷室控制两个气缸的卸荷阀，风冷式双缸空气压缩机拆装、调整及工作过程与单缸式空气压缩机基本相同。

2）调压器

调压器的作用是使储气筒内气压能控制在规定的范围内，并在超过规定气压时使空气压缩机能卸荷空转，以减少发动机的功率损失。

（1）连接方式。

调压器的连接方式通常有两种：并联和串联。并联是把调压器与空气压缩机和储气筒并联，如东风 EQ1092 和解放 CA1092 型汽车均采用这一连接方式。串联是将调压器串联在空气压缩机和储气筒之间，如 JN1181 型汽车采用这一连接方式。图 4.36 所示为膜片式调压器。

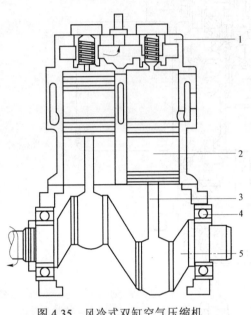

图 4.35　风冷式双缸空气压缩机
1—气缸；2—活塞；3—连杆；4—轴承；5—曲轴

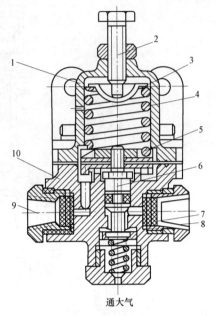

图 4.36　膜片式调压器
1—盖；2—调压螺钉；3—弹簧座；4—调压弹簧；
5—膜片；6—空心管；7—接卸荷室；8—排气阀；
9—接储气筒管接头；10—壳体

（2）工作过程。

图 4.37 所示为调压器的工作情况。当储气筒内气压低于规定值时，膜片下腔气压较低，不能克服调压弹簧的预紧力，膜片连同空心管被调压弹簧压到下极限位置，空心管下端面紧压着排气阀，并将它推离阀座。此时，由储气筒至卸荷室的通路被隔断，卸荷室与大气相通，卸荷阀在最高位置，进气阀处于密封状态，空气压缩机对储气筒正常充气。

当储气筒气压达到规定值时（CA1092 解放汽车为 800～830 kPa，EQ1092 东风汽车为 700～740 kPa），膜片下方气压便克服了调压弹簧的预紧力而推动膜片上拱，空心管和排气阀也随之上移，直到排气阀压靠阀座，切断卸荷室与大气的通路，并且空心管下端面也离开排气阀，而出现一相应的间隙。此时，卸荷室即与储气筒相通，压缩空气便经气管进入卸荷室，同时压下两卸荷阀和进气阀，使两气缸相通（EQ1092 东风汽车是与大气相通），失去了密封作用，停止泵气并卸掉了载荷。

随着储气筒内压缩空气不断消耗，膜片下面的气压降低，膜片和空心管组即在调压弹簧的作用下相应下移。当气压降到关闭气压时（CA1092 解放汽车为 600～680 kPa），空心管下端将排气阀压开，卸荷室与储气筒的通路被切断而与大气相通，卸荷室内的压缩空气即排入大气，卸荷阀在其弹簧作用下升高，进气阀恢复正常工作，空气压缩机对储气筒正常供气。

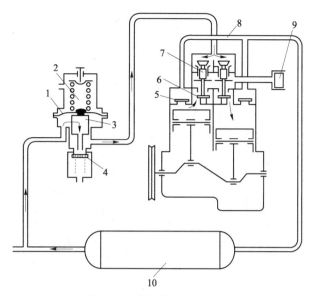

图 4.37 调压器的工作情况

1—调压膜片；2—调压弹簧；3—空气管；4—排气阀门；5—排气阀；6—进气阀；7—卸荷阀；
8—出气管；9—空气滤清器；10—储气筒

3）双管路并列双腔膜片式制动控制阀

图 4.38 所示为东风 EQ1092 型汽车并列双腔膜片式制动控制阀，它主要由上壳体、下壳体、平衡臂、膜片及阀门等部件组成。

当驾驶员踩下制动踏板时，拉动制动阀拉臂，将平衡弹簧上座下压，经平衡弹簧和下座、钢球，并通过推杆及钢球将平衡臂压下，从而推动两腔膜片总成下移。消除间隙后，先关闭排气阀口，再打开进气阀口。这时，储气筒内的压缩空气经制动阀进入各制动气室，推杆推动调整臂使凸轮转动，制动蹄压向制动鼓，产生制动作用。

当驾驶员踩下踏板某一位置不动时，由于压缩空气不断输送到前、后制动气室，同时压缩空气经节流孔进入平衡腔 V 的气压也随之增大。当膜片下方的总压力和复位弹簧的弹力之和大于平衡弹簧的弹力时，膜片总成上移，通过平衡臂顶动平衡弹簧下座上移。这时，平衡弹簧被压缩，阀门将进气阀和排气阀同时关闭，储气筒便停止对制动气室输送压缩空气，处于一种平衡状态。同样，各制动气室的压缩空气便保留在制动气室中，车轮应保持一定的制动强度，此时称为平衡过程。

当驾驶员放松制动踏板时，拉臂在复位弹簧的作用下回位，平衡弹簧座上端面的压力消除。这时，推杆、平衡臂、膜片总成均在复位弹簧及平衡腔内压缩空气的作用下向上移，排气阀口 E 被打开，制动气室及制动管路的压缩空气便经排气阀口，穿过芯管内孔通道，从上体排气口 B 排入大气。同时，制动蹄在复位弹簧作用下，摩擦片与制动鼓分离，解除制动。

4）制动气室

制动气室的作用是将输入的空气压力转变为制动凸轮的机械力，使车轮制动器产生摩擦力矩。制动气室分为膜片式和活塞式两种。

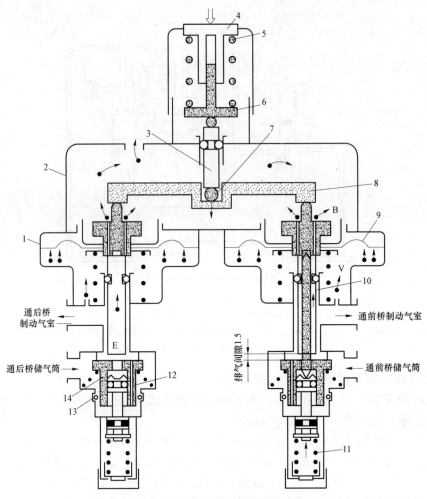

图 4.38 并列双腔膜片式制动控制阀

1—下体壳；2—上体壳；3—推杆；4—平衡弹簧上座；5—平衡弹簧；6—平衡弹簧下座；7—钢球；
8—平衡臂；9—膜片；10—膜片管芯；11—滞后弹簧；12—密封柱塞；13—密封圈；
14—两用阀总成；B—排气口；E—排气阀口；V—平衡腔

（1）结构。

图 4.39 所示为解放 CA1092 型汽车所采用的膜片式制动气室，它主要由盖、膜片、外壳及复位弹簧等部件组成。

（2）工作过程。

膜片式制动气室制动时，踩下制动踏板，压缩空气经制动阀进气口充入工作腔，膜片向右拱将推杆推出，使制动调整臂带动制动凸轮转动，从而推动制动蹄张开压向制动鼓，实现制动。松开制动踏板，工作腔中的压缩空气经制动控制阀（或快放阀）排入大气，膜片和推杆在弹簧作用下回位，从而解除制动。

（3）活塞式制动气室。

图 4.40 所示为 JN1181C13 型汽车前轮用的活塞式制动气室。冲压的壳体 1 和盖 8 用螺栓连接。活塞组件由活塞体 3、密封皮碗 2、密封圈 4、弹簧座 5 和导向套筒 13 等组成。

推杆 11 与活塞体接触的一端做成球头，因此，其在轴向移动的同时还可以摆动。其工作情况与膜片式相同。

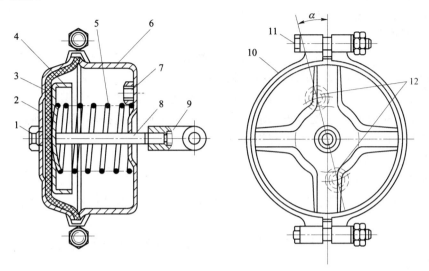

图 4.39 膜片式制动气室
1—通气孔；2—盖；3—膜片；4—支撑盖；5—复位弹簧；6—壳体；7，12—固定螺栓；
8—推杆；9—连接叉；10—卡箍；11—螺栓

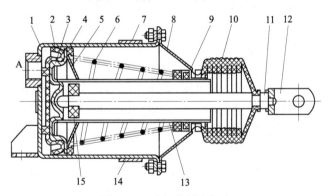

图 4.40 活塞式制动气室
1—壳体；2—密封皮碗；3—活塞体；4—密封圈；5—弹簧座；6—弹簧；7—气室固定卡箍；8—盖；9—毡垫；
10—防护套；11—推杆；12—连接叉口；13—导向套筒；14—气室固定板；15—密封垫

4.5 制动系统故障分析

1. 制动失效

1）故障现象

汽车在行驶中使用制动时不能减速，连续踏下制动踏板时各车轮不起制动作用。

2）故障原因

（1）制动主缸（总泵）内无制动油液或缺少制动油液。

(2) 制动主缸或轮缸内皮碗破损或踏翻。

(3) 制动油管破裂或接头漏油。

(4) 某机械连接部位脱开。

3) 故障的诊断

(1) 连续踩下制动踏板不升高,同时感到无阻力,应先检查主缸是否缺油,再检查油管和接头有无破损之处,如有应修理或更换。

(2) 若无漏油之处,应检查各机械连接部位有无脱开,如有应修复。

(3) 若主缸推杆防尘套处严重漏油,大多是主缸皮碗严重损坏或踏翻所致;若车轮制动鼓边缘有大量油液,则是轮缸皮碗损坏或顶翻所致。

2. 制动反应迟缓

1) 故障现象

汽车行驶中,将制动踏板踩到底后不能立即停车,制动减速度小,制动距离长。

2) 故障原因

(1) 制动主缸油液不足或变质;主缸阀门损坏。活塞与缸壁磨损严重,配合松旷;补偿孔和旁通孔堵塞。

(2) 制动鼓磨损失圆、过薄变形或有沟槽;制动摩擦片有油污、硬化或铆钉外露;制动鼓与制动蹄接触面积过小;制动间隙过大。

(3) 制动管路中渗入空气,油路不畅通,制动油液变质。

3) 故障的诊断

(1) 踏板位置踩下很低,制动效果差;连续数次踩下踏板后,踏板高度才逐渐升起,并有弹性感。这主要是因为管路中有空气,应予以排除。

(2) 踩下踏板,位置高度正常,但制动效果差。这大多是车轮制动鼓失圆,制动蹄接触不良、硬化、油污或铆钉外露等因素所致,应予以检修排除。

(3) 连续踩下踏板,踏板位置能升高,但不能保持,有下沉感觉。这说明制动系统中有漏油处或主缸关闭不严,应检修。

(4) 连续踩下踏板,踏板位置高度升高,制动效果好转。这可能是踏板自由行程太大,或制动间隙过大,或主缸回油阀关闭不严所致,应调整踏板自由行程或制动间隙,必要时检查主缸回油阀,若有损坏应更换。

(5) 连续数次踩踏板,踏板位置不能升高。这一般是制动主缸补偿孔或旁通孔堵塞所致,应检查疏通;或油液质量差,易受热蒸发导致严重亏缺。

3. 制动跑偏

1) 故障现象

汽车制动时,左、右车轮制动力不等或制动生效时间不一致,导致汽车向制动力较大或制动作用较早一侧行驶,以及紧急制动时出现扎头或甩尾现象。

2) 故障原因

(1) 左、右车轮制动间隙大小不一致;或接触面积相差太大;或摩擦片材料、质量不一样。

(2) 左、右制动鼓内径相差过多;或复位弹簧拉力相差太大;或轮胎气压高低不一样。

(3) 个别车轮摩擦片有油污、硬化或铆钉外露;或轮缸内活塞运动不灵活,皮碗发胀或油管堵塞；或制动鼓失圆，单边管路凹瘪或有气阻。

（4）车架变形；前轴外移；前、后轴不平行；两前钢板弹簧弹力不一样。

3）故障的诊断

（1）汽车行驶中使用制动，汽车向左偏斜，即为右轮制动性能差；反之则为左轮制动性能差。

（2）制动停车后，查看轮胎在路面上的拖印情况，拖印短或没有拖印的车轮即为制动有故障的车轮。

（3）查出有故障的车轮后，先检查该车轮制动管路是否漏油、轮胎气压是否充足，如果正常，检查制动间隙是否合乎规定，不符时予以调整，同时排出轮缸里的空气。若仍无效，应拆下制动鼓，按原因逐一检查各件，特别是制动鼓的尺寸和精度等。

（4）经上述检修后，若各车轮拖印基本符合要求，但制动仍跑偏，则故障不在制动系，应检查车架或前轴的技术状况；如果出现忽左忽右的跑偏现象，则应检查是否有前束或直、横拉杆球头销是否松旷。

4. 制动拖滞

1）故障现象

在行车制动中，当抬起制动踏板时，全部或个别车轮仍有制动作用，致使车辆起步困难，行驶阻力大，制动鼓发热。

2）故障原因

（1）制动踏板没有自由行程或复位弹簧过软、折断。

（2）踏板轴锈蚀、发卡而复位困难。

（3）主缸或制动轮缸皮碗、皮圈发胀，活塞变形或被污物粘住。

（4）主缸活塞复位弹簧过软或折断。

（5）制动间隙过小；制动蹄复位弹簧过软、失效，制动蹄在支撑销上不能自由转动。制动管路凹瘪、堵塞，导致回油不畅。制动油液太脏、黏度太大，回油困难。

3）故障的诊断

（1）汽车行驶一段路程后，用手抚摸各制动鼓，若全部发热，则说明故障在制动主缸；若个别车轮发热，则故障在该车轮制动轮缸。

（2）若故障在制动主缸，应先检查踏板自由行程。如果无自由行程，一般为主缸推杆与活塞的间隙过小或没有间隙，应调整。如果自由行程符合标准，则应拆下主缸储油室加油螺塞，踩下踏板慢慢回位，看其回油状况。若不回油，则为回油孔堵塞；若回油缓慢，则为皮碗、皮圈发胀或复位弹簧无力；或是油液太脏、黏度太大。此时，应检查油液清洁度。若油液清洁、黏度适当，则应检查主缸，同时检查踏板复位弹簧是否良好无损，必要时进行修理或更换。

（3）若故障在制动轮缸，可顶起有故障的车轮，旋松制动轮缸放气螺钉，如果制动液随之急速喷出，车轮也立即旋转自如，说明管路堵塞，轮缸不能回油，此时应疏通油管。如果旋转车轮仍有拖滞，可检查制动间隙和复位弹簧，若正常，应拆检制动轮缸，必要时应更换活塞、皮碗。

5. 摩擦片的拆卸

拆卸前请在需继续使用的制动摩擦片上做好标记，以便之后能安装在原来的位置上，否则会导致制动效果不均匀。

（1）拆下车轮。

（2）用螺丝刀将制动摩擦片的止动弹簧从制动钳中撬出并取下，如图4.41所示。

（3）脱开制动摩擦片磨损指示器的插头连接，如图4.42所示。

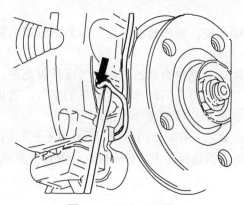

图4.41　取止动弹簧

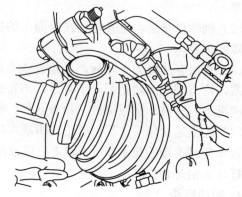

图4.42　脱开制动摩擦片磨损指示器的插头

（4）拆下盖罩，如图4.43所示。

（5）松开两个导向销，并从制动钳上取出。

从制动器支架上取下制动钳，如图4.44所示。

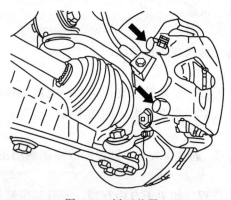

图4.43　拆下盖罩

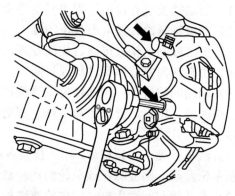

图4.44　取下制动钳

（6）用活塞复位装置完全压回活塞。

（7）用钢丝固定制动钳，以免制动钳的重量使制动软管受载或损坏，如图4.45所示。

（8）拆下制动摩擦片和摩擦片固定片并清洁。

注意：

（1）勿用压缩空气吹洗制动系统，因为其产生的粉尘对健康有害。

（2）彻底清洁制动器支架上制动摩擦片的接触面，清除锈蚀。

（3）清洁制动钳，尤其是制动摩擦片的黏

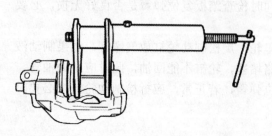

图4.45　固定制动钳

接面，其必须无油脂和其他附着物。

（4）只能用酒精清洁制动钳壳体。

6. 摩擦片的安装

（1）复位活塞。

（2）去除外侧制动摩擦片底板上的保护膜，如图4.46所示。

（3）将外侧制动摩擦片安装在制动器支架上。

（4）将带有止动弹簧的内部制动摩擦片装入制动钳（活塞）。

（5）安装制动钳时，确保制动摩擦片在没有正确定位前不要卡在制动钳内。

（6）不得损坏接触面。

（7）用两个导向销将制动钳固定到制动器支架上，如图4.47所示。

（8）装上两个盖罩。

（9）将止动弹簧装入制动钳里。

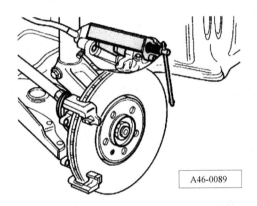

图4.46 去除外侧摩擦片底板上的保护膜

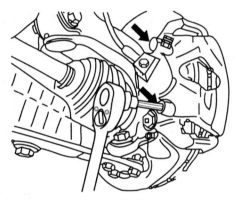

图4.47 固定制动钳

（10）连接制动摩擦片磨损指示器的插头。

（11）安装车轮。

7. 制动系统排气

必须严格遵守制动系统的排气工作步骤。

1）制动系统预排气

连接制动液加注和排气装置。

以规定的顺序打开排气阀并对制动钳排气：左前制动钳→右前制动钳→左后制动钳→右后制动钳。

使用合适的排气软管，它必须紧固在排气阀上，以避免空气进入制动系统。

在插上排气瓶的软管后打开制动钳排气阀，直至排出的制动液无气泡为止。

2）制动系统再排气

此操作需要两个维修工：

（1）踩下制动踏板并保持，安装制动踏板加载器。

（2）打开制动钳上的排气阀。

（3）将制动踏板踩到底。

（4）在踏板踩下时关闭排气阀。

（5）慢慢松开制动踏板。

（6）必须对每个制动钳进行5次排气操作。

（7）以规定的顺序打开排气阀并对制动钳排气：左前制动钳→右前制动钳→左后制动钳→右后制动钳。

（8）排气后必须进行试车以检验制动效果。

（9）安装后车轮。注意车轮螺栓的拧紧力矩需符合规定。

 应用案例

【案例概况】

2015款天籁汽车常规制动时踩制动踏板沉重费力。

【案例解析】

一是不产生真空度或产生缓慢。发动后，空转时的真空度应为20~27 kPa。可将真空增压器接头处的管子拆下，用拇指堵住管端，如没有吸力或吸力微弱，故障可能是接头松动漏气、进气管扭曲或破裂、单向阀不工作等，应逐个检查排除。二是真空保持不良。其故障除管道和接头外，还有单向阀污秽且附有尘土，空气阀、真空阀、活塞密封圈及膜片的气密状况差等，应逐个检查排除。三是继动阀不工作。

故障排除：继动阀油道中的小量孔堵塞。堵塞原因是制动液太脏或内有杂质，应予更换。

本项目小结

汽车制动系的作用是使行驶中的汽车按照驾驶员的要求进行强制减速甚至停车；使已停驶的汽车在各种道路条件下（包括在坡道上）稳定驻车；使下坡行驶的汽车速度保持稳定。

对汽车起制动作用的只能是作用在汽车上且方向与汽车行驶方向相反的外力，而这些外力的大小都是随机、不可控制的，因此汽车上必须装设一系列专门装置来实现制动功能。

汽车制动系统是为了在技术上保证汽车的安全行驶、提高汽车的平均速度等，而在汽车上安装的专门的制动机构。一般来说，汽车制动系统包括行车制动和停车制动两套独立的装置。其中行车制动装置是由驾驶员用脚来操纵的，故又称脚制动装置；停车制动装置是由驾驶员用手操纵的，故又称手制动装置。

行车制动装置的功用是使正在行驶的汽车减速或在最短的距离内停车。而停车制动装置的功用是使已经停在各种路面上的汽车保持不动。但是，有时在紧急情况下，两种制动装置可同时使用而增加汽车制动的效果。有些特殊用途的汽车和经常在山区行驶的汽车，长期而又频繁地制动将导致行车制动装置过热，因此在这些汽车上往往增设各种不同型式

的辅助制动装置，以便在下坡时稳定车速。

按照制动能源情况，制动系还可分为人力制动系、动力制动系和伺服制动系等三种。人力制动系以驾驶员的体力作为制动能源；动力制动系以发动机动力所转化的气压力或液压力作为制动能源；而伺服制动系则是兼用人力和发动机动力作为制动能源。此外，按照制动能量的传递方式，制动系又可分为机械式、液压式和气压式等几种。

一级维护的时间一般按汽车生产厂家推荐或规定的行驶里程或使用时间进行。一级维护的间隔里程为 7 500~15 000 km 或 6 个月，以行驶里程或使用时间先达到为准。一级维护由专业维修工负责执行，其作业中心内容除日常维护作业外，以清洁、润滑、紧固为主，并检查有关制动、操纵等安全部件。

习　　题

一、填空题

1. 任何制动系都由（　　）、（　　）、（　　）和（　　）等四个基本部分组成。
2. 制动器的领蹄具有（　　）作用，从蹄具有（　　）作用。
3. 车轮制动器由（　　）、（　　）、（　　）和（　　）等四部分构成。
4. 凸轮式制动器的间隙是通过（　　）来进行局部调整的。
5. 动力制动系包括（　　）、（　　）和（　　）三种。
6. 真空增压器由（　　）、（　　）和（　　）三部分组成。
7. 伺服制动系是在（　　）的基础上加设一套（　　）而形成的，即兼用（　　）和（　　）作为制动能源的制动系。
8. 汽车制动时，前、后轮同步滑移的条件是（　　）。
9. ABS 制动防抱死装置是由（　　）、（　　）和（　　）等三部分构成的。

二、选择题

1. 汽车制动时，制动力的大小取决于（　　）。
   A. 汽车的载质量　　　　　　　　　B. 制动力矩
   C. 车速　　　　　　　　　　　　　D. 轮胎与地面的附着条件
2. 我国国家标准规定任何一辆汽车都必须具有（　　）。
   A. 行车制动系　　B. 驻车制动系　　C. 第二制动系　　D. 辅助制动系
3. 国际标准化组织 ISO 规定（　　）必须能实现渐进制动。
   A. 行车制动系　　B. 驻车制动系　　C. 第二制动系　　D. 辅助制动系
4. 汽车制动时，制动力 F_B 与车轮和地面之间的附着力 F_A 的关系为（　　）。
   A. $F_B < F_A$　　B. $F_B > F_A$　　C. $F_B \leqslant F_A$　　D. $F_B \geqslant F_A$
5. 汽车制动时，当车轮制动力 F_B 等于车轮与地面之间的附着力 F_A 时，则车轮（　　）。
   A. 做纯滚动　　B. 做纯滑移　　C. 边滚边滑　　D. 不动
6. 在汽车制动过程中，当车轮抱死滑移时，路面对车轮的侧向力（　　）。
   A. 大于零　　　B. 小于零　　　C. 等于零　　　D. 不一定

7. 领从蹄式制动器一定是（　　）。
   A. 制动力制动器　　　　　　　　B. 制动力制动器
   C. 非平衡式制动器　　　　　　　D. 以上三个都不对
8. 双向双领蹄式制动器的固定元件的安装是（　　）。
   A. 中心对称　　　　　　　　　　B. 轴对称
   C. 既是 A 又是 B　　　　　　　　D. 既不是 A 也不是 B
9. （　　）制动器是平衡式制动器。
   A. 领从蹄式　　　B. 双领蹄式　　　C. 双向双领蹄式　　　D. 双从蹄式
10. 在结构形式、几何尺寸和摩擦副的摩擦系数一定时，制动器的制动力矩取决于（　　）。
    A. 制动管路内的压力　　　　　　B. 车轮与地面间的附着力
    C. 轮胎的胎压　　　　　　　　　D. 车轮与地面间的摩擦力
11. 在汽车制动过程中，如果只是前轮制动到抱死滑移而后轮还在滚动，则汽车可能（　　）。
    A. 失去转向性能　　B. 甩尾　　C. 正常转向　　D. 调头
12. 制动控制阀排气阀门开度的大小会影响（　　）。
    A. 制动效能　　B. 制动强度　　C. 制动状态　　D. 制动解除时间

三、名词解释
1. 汽车制动
2. 行车制动系
3. 驻车制动系
4. 制动踏板的自由行程
5. 制动器
6. 车轮制动器
7. 中央制动器
8. 轮缸式制动器
9. 凸轮式制动器
10. 领蹄
11. 从蹄
12. 钳盘式制动器

四、简答题
1. 什么是制动力？制动力是如何产生的？
2. 什么是汽车制动系？制动系又是如何分类的？
3. 什么是领从蹄式制动器？简述其结构及其工作原理，并指出哪一蹄是领蹄、哪一蹄是从蹄。
4. 钳盘式制动器分成哪几类？它们各自的特点是什么？
5. 盘式制动器与鼓式制动器相比有哪些优缺点？
6. 气压制动系统各元件之间的连接管路包括哪三种？它们各是怎样定义的？

7. 气压制动系的供能装置主要包括哪些？它们的作用是什么？这些装置在气压制动系中的作用是什么？是否是必不可少的？

8. 制动阀的作用是什么？

9. 气顶液式制动系主要由哪些零件组成？试述其工作情况。

参 考 文 献

[1] 关文达. 汽车构造 [M]. 北京：清华大学出版社，2009.
[2] 刘远东. 汽车维修技术 [M]. 重庆：重庆大学出版社，2008.
[3] 王霄峰. 汽车底盘设计 [M]. 北京：清华大学出版社，2010.
[4] 张朝山. 汽车拆装与调整 [M]. 北京：机械工业出版社，2003.
[5] 朱建柳，黄立新. 汽车底盘构造与维修 [M]. 上海：上海科学技术出版社，2010.
[6] 秦桂云，马建永. 汽车底盘维修经典案例 [M]. 北京：科学技术文献出版社，2008.
[7] 韩东，汽车传动系检修 [M]. 北京:北京理工大学出版社，2016.
[8] 周林福. 汽车底盘构造与维修 [M]. 北京：人民交通出版社，2002.
[9] 陈家瑞. 汽车构造 [M]. 北京：人民交通出版社，1995.
[10] 屠卫星. 汽车底盘构造与维修 [M]. 北京：人民交通出版社，2001.
[11] 肖兴宇. 汽车底盘构造 [M]. 重庆：重庆大学出版社，2008.